ESV

Grundzüge der Corporate Finance

Einführung in die Investition und Finanzierung

mit Aufgaben und Lösungen

Von

Dr. Carsten Padberg
Dr. Thomas Padberg

ERICH SCHMIDT VERLAG

Bibliografische Information der Deutschen Bibliothek
Die Deutsche Bibliothek verzeichnet diese Publikation in der Deutschen
Nationalbibliografie; detaillierte bibliografische Daten sind im Internet über
dnb.ddb.de abrufbar.

Weitere Informationen zu diesem Titel finden Sie im Internet unter
ESV.info/3 50309759 7

ISBN-13: 978 3 503 09759 7
ISBN-10: 3 503 09759 3
Alle Rechte vorbehalten
© Erich Schmidt Verlag GmbH & Co., Berlin 2006
www.ESV.info

Dieses Papier erfüllt die Frankfurter Forderungen
der Deutschen Bibliothek und der Gesellschaft für das
Buch bezüglich der Alterungsbeständigkeit und entspricht
sowohl den strengen Bestimmungen der US Norm
Ansi/Niso Z 39.48-1992 als auch der ISO-Norm 9706.

Druck: Hubert & Co., Göttingen

Vorwort

Der Kapitalmarkt hat sich in Deutschland in den vergangenen Jahren stark weiterentwickelt. Unter anderem die Entwicklung der Steuerung der Unternehmen hin zum Shareholder Value, aber auch die Internationalisierung der Rechnungslegung haben dies unterstützt.

Übernahmen deutscher Unternehmen im Ausland haben gerade in der jüngsten Zeit deutlich zugenommen. Fälle wie Linde/BOC, Tui/CP Ships oder E.On/Endesa haben zur Frage der „richtigen" Finanzierung geführt. Mit Instrumenten wie Hybridkapital haben die Unternehmen dabei teilweise innovative Instrumente gewählt, die in Deutschland bis dahin fast unbekannt waren. Solche Entwicklungen müssen auch zu einer verstärkten Beachtung in der Literatur führen.

Üblicherweise werden in Deutschland die Bereiche Investitionsrechnung und Finanzierung in getrennten Büchern behandelt. Hier sollen diese Bereiche gemeinsam behandelt werden, insbesondere auch, um die Zusammenhänge darstellen zu können.

Die Gliederung orientiert sich gleichwohl an der getrennten Bearbeitung der Themengebiete. Es werden aber immer wieder an den geeigneten Stellen die Zusammenhänge zwischen den Bereichen aufgezeigt, um die starke Verbindung klarzustellen.

Aufgrund des breiten Themenspektrums können hier die Themen natürlich nicht so umfangreich wie in spezifischen Fachbüchern behandelt werden. Deshalb konzentrieren sich die Autoren insbesondere auf die neueren Entwicklungen in den jeweiligen Bereichen. Das Buch ist als Lehrbuch aufgebaut, was auch der umfangreiche Aufgaben/Lösungen-Teil unterstreicht.

Ein Schwerpunkt wird hier auf den Bereich Risikomanagement gelegt, da die Erfassung und Messung von Risiken gerade im Bereich der Kapitalkosten auf beide Themenbereiche wirkt. Bislang wird dem Themengebiet Risikomanagement bei Fragen der Investitionsrechnung und Finanzierung eine zu geringe Bedeutung beigemessen.

Für Anregungen sind wir sehr dankbar. Sie erreichen uns unter der E-Mail-Adresse carsten.padberg@online.de. Zukünftige Leser und die Autoren werden es ihnen danken.

Meschede und Paderborn im Juni 2006

Carsten Padberg und Thomas Padberg

Inhaltsverzeichnis

Vorwort	V
Inhaltsverzeichnis	VII
Abbildungsverzeichnis	IX
Tabellenverzeichnis	XI
Abkürzungsverzeichnis	XIII

1	Einleitung		1
2	Investitionsrechnung		3
2.1	Barwertgedanke als Kern der Investitionsrechnung		3
	2.1.1	Grundgedanke des Barwerts	3
	2.1.2	Kapitalkostenermittlung	6
	2.1.3	Interner Zinssatz	13
2.2	Statische Investitionsrechenverfahren als praktische Alternative zum Barwertansatz		13
	2.2.1	Kostenvergleichsrechnung	19
	2.2.2	Gewinnvergleichsrechnung	20
	2.2.3	Rentabilitätsvergleichsrechnung	21
	2.2.4	Statische Amortisationsrechnung	22
3	Unternehmensbewertung		23
3.1	Unternehmensbewertung durch Multiples		23
3.2	Kurs-Gewinn-Verhältnis		24
3.3	Einbeziehung von Multiples in die Unternehmenssteuerung		28
4	Finanzierung		29
4.1	Einführung		29
	4.1.1	Kreditkostenkalkulation nach den Vorgaben von Basel II	35
	4.1.2	Steuerung der Risikokosten	41
4.2	Eigenkapitalfinanzierung		44
4.3	Finanzierung durch spezielle Fremdkapitalinstrumente mit Eigenkapitalverknüpfung		48
	4.3.1	Wandelanleihen	48
	4.3.2	Optionsanleihen	57
	4.3.3	Aktienanleihen	58

	4.3.4	Umtauschanleihen	61
4.4		Mezzanine-Kapital	62
	4.4.1	Genussrechtskapital	62
	4.4.2	Hybridkapital	65
4.5		Fremdkapitalfinanzierung	70
4.6		Derivative Finanzinstrumente zur Risikosteuerung	83
	4.6.1	Unbedingte Termingeschäfte	83
	4.6.1.1	Futures, Forwards und Devisentermingeschäfte	84
	4.6.1.2	Swaps	85
	4.6.2	Bedingte Termingeschäfte	87
	4.6.3	Zusammenfassende Erläuterungen	88
5		**Risiken und Risikomanagement**	**91**
5.1		Wechselkursrisiken	91
	5.1.1	Risikoarten	91
	5.1.2	Risikomessung	95
	5.1.2.1	Exposure-Konzepte	95
	5.1.2.2	Kennzahlen	97
5.2		Zinsänderungsrisiken	97
	5.2.1	Zinsstrukturkurven	99
	5.2.2	Steuerung des Zinsänderungsrisikos	101
	5.2.3	Vergleich von Wertpapieren anhand der mittleren Kapitalbindungsdauer	106
	5.2.4	Risikomessung mit Hilfe der Durationsmethode	110
	5.2.5	Anwendung der Durationsmethode im Risikomanagement	120
	5.2.6	Zinsspannenrisiko	121
5.3		Länderrisiko	122
	5.3.1	Arten des Länderrisikos	125
	5.3.1.1	Politische Risiken	126
	5.3.1.2	Wirtschaftliche Risiken	130
	5.3.2	Erfassungsmodelle des Länderrisikos	138

Aufgaben	**147**
Lösungen	**171**
Stichwortverzeichnis	**195**

Abbildungsverzeichnis

Abbildung 1:	Der Leverage-Effekt	31
Abbildung 2:	Zusammenhang zwischen Verschuldungsgrad, Fremdkapitalkosten und Leverage-Effekt	32
Abbildung 3:	Zuordnung der Instrumente zu den Finanzierungsarten (Quelle: Gräfer/Beike/Scheld, „Finanzierung", 5. Auflage, 2001, S. 28)	34
Abbildung 4:	Bilanz von Beiersdorf (Geschäftsbericht 2004, S. 51)	72
Abbildung 5:	Bilanz von Bayer (Geschäftsbericht 2004, S. 69)	73
Abbildung 6:	Bilanz von BMW (Geschäftsbericht 2004, S. 53)	74
Abbildung 7:	Wechselkursrisiken bei offenen Fremdwährungspositionen (Quelle: Schierenbeck, H., „Ertragsorientiertes Bankmanagement", 4. Auflage, Wiesbaden, 1994, S. 598)	92
Abbildung 8:	Kennzahlen für das Fremdwährungsrisiko	97
Abbildung 9:	Verschiedene Konzepte zur Erfassung von Zinsänderungsrisiken	98
Abbildung 10:	Renditestrukturkurven (Quelle: Eller, R., „Festverzinsliche Wertpapiere", Wiesbaden, 1995, S. 189)	100
Abbildung 11:	Effekte von Zinsänderungen auf den Ertrag des Anlegers (vgl. Eller, R./Kempfle, W., „Die Finanzkennzahl „Duration" in der Anlageberatung", in: Die Bank, 12/1989, S. 677)	103
Abbildung 12:	Beispiel für eine Hantelstrategie	109
Abbildung 13:	Beispiel für eine Leiterstrategie	109
Abbildung 14:	Beispiel für eine Bulletstrategie	110
Abbildung 15:	Berechnung des Schätzfehlers der Convexity	116
Abbildung 16:	Debt Relief Laffer-Curve	141

Tabellenverzeichnis

Tabelle 1:	Kapitalkostenbestimmung bei RWE 2004 (Quelle: RWE, „Geschäftsbericht 2005", S. 177)	7
Tabelle 2:	Beta-Faktoren der DAX-Unternehmen am 08.10.2004 (Quelle: Handelsblatt)	8
Tabelle 3:	Eigenkapitalkosten nach Steuern der DAX-Unternehmen	9
Tabelle 4:	Faires KGV in Abhängigkeit von Gewinnwachstum und deren Dauer bei einer Marktrendite von 10%	27
Tabelle 5:	Moody's Ratings 1970-1998 (in % in Abhängigkeit des Ratings und der Laufzeit) (Quelle: Moody's Investors Service (1999), „Historical default rates of corporate bond issuers (1920-1998)", New York, 1999, S. 26, in: Hirszowicz, Christine; Jovic, Dean (2000), „New BIS Capital Framework", Zürich, 2000, S. 12.)	37
Tabelle 6:	Ratings börsennotierter deutscher Industrieunternehmen durch Moody's (Stand: 24.02.2006)	38
Tabelle 7:	Rating und Eigenkapitalquoten	39
Tabelle 8:	3-Monats-Zinssätze 1978-1984	123
Tabelle 9:	Verschuldungsstand der Entwicklungsländer seit 1980	124
Tabelle 10:	Internationale Organisationen	129
Tabelle 11:	Moody's Ratings 1970-1998 (in % in Abhängigkeit des Ratings und der Laufzeit)	145

Abkürzungsverzeichnis

BAFin	Bundesaufsichtsamt für Finanzdienstleistungsaufsicht
CAPM	Capital Asset Pricing Model
DAX	Deutscher Aktienindex
EStG	Einkommensteuergesetz
EU	Europäische Union
GE	Geldeinheiten
GuV	Gewinn- und Verlustrechnung
HGB	Handelsgesetzbuch
IFRS	International Financial Reporting Standards
k. A.	keine Angabe
KGV	Kurs-Gewinn-Verhältnis
KonTraG	Gesetz zur Kontrolle und Transparenz im Unternehmensbereich
KWG	Kreditwesengesetz
OECD	Organization for Economic Cooperation and Development
OTC	over the counter
p. a.	per annum
RAROC	Risk-adjusted Return on capital
US-GAAP	US Generally Accepted Accounting Principles

1 Einleitung

Investitionsrechnung und Finanzierung stellen wichtige Bereiche eines Unternehmens dar, deren Management notwendige Voraussetzung für den Unternehmenserfolg ist. Während es zu beiden Themenbereichen bereits eine Reihe von (Lehr-)Büchern gibt, ist eine gemeinsame Bearbeitung in Deutschland bislang nur selten vorgenommen worden. In diesem Buch werden die Themenbereiche deshalb gemeinsam mit einem besonderen Schwerpunkt auf aktuelle Entwicklungen wie Fragen des Risikomanagements und moderne Instrumente der Finanzierung bearbeitet.

Das Buch gliedert sich in vier Abschnitte. In Kapitel 2 wird die Investitionsrechnung, unterteilt in dynamische und statische Investitionsrechenverfahren, dargestellt. Der Schwerpunkt liegt dabei auf der dynamischen Investitionsrechnung, da statische Investitionsrechenverfahren, obwohl in der Praxis weit verbreitet, aus theoretischer Sicht zu große Probleme aufweisen.

Auf den dynamischen Investitionsrechenverfahren bauen auch die Verfahren der Unternehmensbewertung auf, die in Kapitel 3 näher beleuchtet werden.

Die Kapitel 4 und 5 befassen sich mit der Finanzierungsseite. Während sich Kapitel 4 mit der Finanzierungsseite befasst – Schwerpunkte sind dabei die Folgen von Basel II, der daraus abgeleitete optimale Verschuldungsgrad und Aussagen zum Risikogehalt. In Kapitel 5 werden dagegen Verfahren des finanziellen Risikomanagements vorgestellt, die zum Management des Risikos eines Unternehmens eingesetzt werden.

2 Investitionsrechnung

2.1 Barwertgedanke als Kern der Investitionsrechnung

2.1.1 Grundgedanke des Barwerts

Für eine Investition – unabhängig davon, ob es sich um eine private Investition handelt oder um die eines Unternehmens – muss, sofern es keine übergeordneten nicht-ökonomische Gründe gibt, immer eine Regel gelten:

> Die erwarteten Rückflüsse aus der Investition müssen größer sein als die Höhe der Investition selbst.

Hierbei werden zwei Probleme angesprochen, die in der Investitionsrechnung gelöst werden müssen:

1. Es handelt sich immer um Erwartungen, nicht um Fakten. Erwartungen sind aber nicht sicher, sondern immer mit Unsicherheit verbunden. Diese Unsicherheit – das Risiko – muss in die Investitionsrechnung einbezogen werden.
2. Erwartungen betreffen die Zukunft. Wenn Rückflüsse in der Zukunft mit heutigen Investitionen verglichen werden, muss einkalkuliert werden, dass die Zeit einen Wert hat. Dieser Wert wird über den Zins einkalkuliert.

Somit ist es Kerngedanke der Investitionsrechnung, eine heutige Investition mit ihren erwarteten, risikobehafteten Rückflüssen in der Zukunft zu vergleichen. Welcher Zins mindestens für diesen Vergleich einbezogen werden muss, lässt sich relativ einfach erklären. Zusätzlich zu einer Investition besteht immer mindestens eine Opportunität, tatsächlich sind es sehr viele Opportunitäten. Die einfachste Opportunität ist aus privater Sicht natürlich der Konsum, dieser wird hier aber nicht betrachtet. Stattdessen soll die Opportunität eines Unternehmens betrachtet werden. Statt eine Maschine zu kaufen, kann ein Unternehmen das Kapital auch am Kapitalmarkt anlegen. Neben risikoreichen Investitionen wie Aktien stehen hier auch risikofreie Anlagemöglichkeiten zur Verfügung. Auch wenn etwa Einlagen bei Banken relativ risikoarm sind, gibt es nur wenige risikolose bzw. quasi risikolose Anlagemöglichkeiten. Hier können etwa Bundesanleihen genannt werden. Unabhängig von der aktuellen Verschuldungsproblematik des Staates haben aber auch Staatsanleihen immer ein Risiko. Da es keine risikoloseren Anlagen gibt, werden Staatsanleihen von soliden Staaten deshalb als risikolos bezeichnet. Angenommen, eine Bundesanleihe rentiert zurzeit mit 3%. Wenn 100 € in eine Bundesanleihe investiert werden, sind nach einem Jahr 103 € vorhanden. Jede andere Investition muss also mindestens eine Verzinsung von 3% versprechen, um mit der Investition in die Bundesanleihe mithalten zu können. Damit ist der zweite oben angesprochene Punkt einkalkuliert.

Andererseits hat eine Investition aber immer ein höheres Risiko als eine Bundesanleihe, es sei denn, sie basiert auf absolut sicheren Erwartungen. Ansonsten muss eine Anlage eine höhere Rendite erbringen als die risikolose Anlageform, da ein Anleger – bei gleicher Renditeerwartung – immer die risikoärmere Investition wählen würde (sofern sich der Anleger rational verhält). Tatsächlich muss die Investition also eine Rendite von mehr als 3% erwirtschaften, angenommen 7%. Aus einer Investition von heute 100 € müssen damit in einem Jahr mindestens 107 € werden. Sofern es einen geringeren Betrag geben würde, wäre es sinnvoller, auf die Investition zu verzichten und eine andere Anlagemöglichkeit zu suchen. Wenn die Investition mehr als 107 € verspricht, beispielsweise 108 €, wäre die Investition dagegen vorteilhaft, da der Anleger für sein Risiko ein höheres Ergebnis erreichen kann als er eigentlich erwarten konnte.

Das Risiko für den Anleger besteht darin, dass – obwohl er 108 € erwartet hat, am Ende nur 90 € oder sogar 125 € herauskommen. Es handelt sich bei den 108 € ebenso wie bei den anderen oben angegebenen Werten nur um Erwartungen. Wären die Werte sicher, wären sie risikolos. Bei allen Rechenverfahren zur Investitionsrechnung sollte beachtet werden, dass es sich immer um eindeutige mathematische Lösungen handelt, sich dahinter aber unterschiedliche ökonomische Ergebnisse verbergen können.

Zum Vergleich wurden oben die Werte nach einem Jahr aus einer Investition verglichen. Nahe liegender ist dagegen der Vergleich der Werte heute. Dies lässt sich formeltechnisch über den Barwert abbilden:

$$\text{Barwert} = \sum_{t=0}^{\infty} \frac{\text{Cash-flow}_t}{(1+i)^t}$$

Während der Cash-flow bei einer normalen Investition im Anfangsjahr negativ ist (Anschaffungsauszahlung), ist der Cash-flow in den weiteren Jahren positiv.

Der Barwert hängt von drei Faktoren ab:

- die Cash-flows der jeweiligen Jahre,
- die Anzahl der Jahre sowie
- der Abzinsungssatz i.

Der Abzinsungssatz i bildet das Risiko der Investition wie oben dargestellt ab. Im Folgenden werden aus didaktischen Gründen einfache Zinssätze wie 10% verwendet. Die Probleme bei der tatsächlichen praktischen Ermittlung werden in Kapitel 2.1.2 ausführlicher erläutert.

Die Anwendung des Barwertes für die Investitionsrechnung sei an nachfolgendem Beispiel verdeutlicht.

Beispiel:
Aus der Investition A erwartet die A-AG nach einer Anschaffungsauszahlung von 500 Geldeinheiten (GE) jährliche Rückflüsse von 100 GE, die sechs Jahre andauern. Der Zinssatz beträgt 10%. Der Barwert der Anschaffungsauszahlung beträgt -500 GE. Die jährlichen Rückflüsse haben folgende Barwerte:

Jahr 1	Jahr 2	Jahr 3	Jahr 4	Jahr 5	Jahr 6
90,91	82,64	75,13	68,30	62,09	56,45

Die Summe der Barwerte beträgt 435,53, womit sich zusammen mit der Anschaffungsauszahlung ein Nettobarwert von -64,47 ergibt. Es wäre somit für die A-AG sinnvoller, eine Alternativanlage zu wählen, die 10% Rendite verspricht.

Bei einem Zinssatz von 5% ergeben sich dagegen folgende Barwerte:

Jahr 1	Jahr 2	Jahr 3	Jahr 4	Jahr 5	Jahr 6
95,24	90,70	86,38	82,27	78,35	74,62

Die Summe der Barwerte ergibt damit 507,57 und der Nettobarwert 7,57. Bei einem Zinssatz von 5% wäre die Investition A somit vorteilhaft und sollte vorgenommen werden.

Der Barwert ist zwar zunächst nur ein mathematischer Wert, allerdings kann er von einem Anleger sofort entnommen werden. Wenn die Investition A richtig kalkuliert wurde, sollte für die Anschaffungsauszahlung ein Kredit zu 5% aufgenommen werden, der aber nicht nur 500 GE umfassen muss, sondern sogar 507,57 GE. Mit den Rückflüssen aus der Investition kann der Kredit dann genau bedient werden, so dass dem Anleger bereits sofort 7,57 GE für andere Investitionen oder für den Konsum zur Verfügung stehen.

2.1.2 Kapitalkostenermittlung
Während aus didaktischen Gründen mit glatten Zinssätzen wie 10% gearbeitet wird, muss in den Unternehmen natürlich mit genaueren Werten gearbeitet werden. Generell gilt: nur wenn ein Unternehmen mehr erwirtschaftet als seine Kapitalkosten, hat es Wert steigernd gearbeitet, womit es auch attraktiv für Investoren wäre. Ein Unternehmen, das nachhaltig weniger als die Kapitalkosten erwirtschaftet, vernichtet damit einen Teil des Eigenkapitals.

Praktisch stellt sich aber das Problem, wie Kapitalkosten bestimmt werden, insbesondere, wenn die Eigenkapitalkosten berechnet werden, d. h. der Zinssatz, mit dem das Eigenkapital mindestens verzinst werden muss.

Regelmäßig werden die Eigenkapitalkosten über das so genannte CAPM („Capital Asset Pricing Model") bestimmt. Tabelle 1 zeigt die Berechnung der Eigenkapitalkosten beispielhaft für RWE, wobei die Werte direkt aus dem Jahresabschluss stammen.

Tabelle 1: Kapitalkostenbestimmung bei RWE 2004 (Quelle: RWE, „Geschäftsbericht 2005", S. 177)

Risikoloser Zinsfuß	5,0%	Zins für risikolose Anleihen
Marktprämie	5,0%	Mehrrendite eines Marktes gegenüber risikolosen Papieren (Gesamtrendite des Marktes = 5,5% + 5,0% = 10,5%)
Beta-Faktor	0,7	Schwankung der RWE-Aktie gegenüber relevantem Markt (Markt = 1)
Eigenkapitalkosten nach Steuern	8,5%	= risikoloser Zinsfuß + Marktprämie × Beta-Faktor
Fremdkapitalkosten vor Steuern	5,75%	lt. Unternehmen
Tax Shield	-1,65%	Steuervorteil durch Abziehbarkeit der Zinsaufwendungen beim steuerlichen Ergebnis; Tax Shield = Fremdkapitalkosten vor Steuern × Steuersatz für Fremdkapital
Fremdkapitalkosten nach Steuern	4,1%	
Anteil Eigenkapital	40%	lt. Unternehmen
Anteil Fremdkapital	60%	lt. Unternehmen
Kapitalkosten nach Steuern	5,8%	= Anteil Eigenkaptial × Eigenkapitalkosten nach Steuern + Anteil Fremdkapital × Fremdkapitalkosten nach Steuern
Steuersatz für pauschale Umrechnung	35%	Pauschalierter Steuersatz der Aktionäre
Kapitalkosten vor Steuern	9,0%	= Kapitalkosten nach Steuern / (1 − Steuersatz für pauschale Umrechnung)

Die Vorgehensweise ist dabei typisch für die Kapitalkostenermittlung. Basierend auf dem risikolosen Zinssatz (Vorjahr: 5,5%) wird eine Risikoprämie zuaddiert, die über den Beta-Faktor ermittelt wird. Die daraus ermittelten Eigenkapitalkosten werden mit den Fremdkapitalkosten zusammen zu den Kapitalkosten nach Steuern vereinigt, wobei der jeweilige Eigen- und Fremdkapitalanteil für die Berechnung herangezogen wird. Letztendlich wird der Steuerfaktor der Aktionäre zur Berechnung der Kapitalkosten vor Steuern einbezogen. Bereits bei der Zusammenführung von Eigen- und Fremdkapitalkosten wird der „Tax Shield", der wegen der steuerlichen Abzugsfähigkeit der Fremdkapitalkosten entsteht, berücksichtigt.

Die entscheidende Komponente bei der Kapitalkostenermittlung stellt der Beta-Faktor dar. Der Beta-Faktor ist nichts anderes als die Schwankungsanfälligkeit einer Aktie normiert auf den Gesamtmarkt. Das Beta des Gesamtmarktes beträgt 1. Schwankt eine Aktie stärker als der Markt, ist das Beta größer als 1, schwankt sie schwächer, ist es kleiner als 1. Die Beta-Faktoren der DAX-Unternehmen zeigt Tabelle 2. Dabei handelt es sich um die Beta-Faktoren basierend auf den letzten 250 Handelstagen. Prinzipiell lässt sich das Beta für jeden beliebigen Zeitraum berechnen. 250 Handelstage entsprechen einem Kalenderjahr, weshalb über diesen Zeitraum regelmäßig berichtet wird.

Tabelle 2: Beta-Faktoren der DAX-Unternehmen am 08.10.2004 (Quelle: Handelsblatt vom 19.07.2006, S. 36)

	Beta 08.10.2004	Beta 17.07.2006
Adidas-Salomon	0,5828	0,7626
Allianz	1,3037	1,1824
Altana	0,3567	0,3901
BASF	0,8926	0,9722
Bayer	1,1271	0,9898
BMW	0,9361	0,8211
Commerzbank	1,1625	1,3260
Continental	0,9910	1,1753
DaimlerChrysler	0,9795	1,2186
Deutsche Bank	1,0580	1,0548
Deutsche Börse	0,4505	1,1422
Deutsche Post	0,9729	0,6564
Deutsche Telekom	0,9314	0,5994
E.On	0,6575	1,0575
FMC	0,4175	0,6745
Henkel	0,5178	0,6459
Hypo Real Estate	-	0,9306
Infineon	1,3716	1,0545
Linde	0,7733	0,8167
Lufthansa	1,1493	0,7746
MAN	1,0373	1,4068
Metro	0,8307	0,6956
Münchener Rück	1,0989	0,9699
RWE	0,8216	0,9019
SAP	1,1525	0,9647
Schering	0,4143	0,3141
Siemens	1,2166	1,1421

ThyssenKrupp	1,2203	1,2670
TUI	1,1582	0,6743
Volkswagen	0,9832	0,9729

Zunächst fällt für RWE auf, dass der Beta-Faktor am 08.10.2004 0,82 und am 17.07.2006 0,90 beträgt und nicht 0,70, wie im Jahresabschluss berichtet. Die Eigenkapitalkosten nach Steuern betragen auf dieser Basis 5% + 5,0% × 0,90 = 9,5% und damit deutlich mehr als im Jahresabschluss berichtet. Da das Beta im Zeitablauf relativ starken Schwankungen unterliegt, verändern sich die Eigenkapitalkosten damit ebenfalls relativ stark.

Da die Marktprämie für alle DAX-Unternehmen gleich hoch ist, lassen sich mit obiger Formel für alle DAX-Unternehmen die Eigenkapitalkosten nach Steuern bestimmen. Tabelle 3 zeigt diese Werte.

Tabelle 3: Eigenkapitalkosten nach Steuern der DAX-Unternehmen

	Eigenkapitalkosten nach Steuern = 5% + 5% × Beta
Adidas-Salomon	8,8%
Allianz	10,9%
Altana	7,0%
BASF	9,9%
Bayer	9,9%
BMW	9,1%
Commerzbank	11,6%
Continental	10,9%
DaimlerChrysler	11,1%
Deutsche Bank	10,3%
Deutsche Börse	10,7%
Deutsche Post	8,3%
Deutsche Telekom	8,0%
E.On	10,3%
FMC	8,4%
Henkel	8,2%
Hypo Real Estate	9,7%
Infineon	10,3%
Linde	9,1%
Lufthansa	8,9%
MAN	12,0%

Metro	8,5%
Münchener Rück	9,8%
RWE	9,5%
SAP	9,8%
Schering	6,6%
Siemens	10,7%
ThyssenKrupp	11,3%
TUI	8,4%
Volkswagen	9,9%

Die geringsten Eigenkapitalkosten, d. h. die geringste Renditeanforderung der Aktionäre, weisen danach mit Altana und Schering zwei Pharmaunternehmen sowie mit Fresenius Medical Care ein Krankenhausbetreiber aus. Dies ist auf den ersten Blick sehr überraschend. Altana ist hauptsächlich von seinem Hauptumsatzträger Pantoprazol abhängig. Der Patentschutz für Pantoprazol läuft zwar bis 2009 in Europa und 2010 in den USA, allerdings müssen bis dahin Medikamente gefunden werden, die den Umsatz dann ersetzen. Mit Altana wird somit im Wesentlichen der Erfolg eines Medikamentes und die Hoffnung auf das Erforschen weiterer erfolgreicher Medikamente gekauft. Trotz dieses hohen Risikos, das zweifellos mit der Aktie verbunden sein muss, ist das Beta das Geringste aller DAX-Unternehmen, was sich auch in den geringen Eigenkapitalkosten auswirkt.

Dieses überraschende Ergebnis hat mit den Eigenschaften des Beta zu tun. Das Beta bildet nicht das gesamte Risiko einer Aktie und damit eines Unternehmens ab, sondern nur das, welches der Aktionär nicht durch Diversifikation beseitigen kann.

Exkurs: Diversifikation
Klassisches Beispiel für diversifizierbare Risiken ist das Wetter. Wenn sich ein Anleger an einem Eiscremehersteller und an einem Regenschirmhersteller beteiligt, wird von jedem Wetter im Sommer profitiert. Genauso verhält es sich im DAX. Werden alle 30 Werte gekauft, so lässt sich ein Teil der Unternehmensrisiken wegdiversifizieren, da manche Unternehmen genau solchen Risiken entgegensehen, von denen andere Unternehmen profitieren.

Nach dem CAPM kann ein Anleger nur für die Risiken eine Prämie erwarten, die nicht wegdiversifizierbar sind. Alle anderen lassen sich durch geeignete Anlageentscheidungen diversifizieren und spielen damit für die Anlageentscheidung keine Rolle. Zentrale Aussage der Kapitalmarkttheorie ist dabei, dass eine Anlage in den Gesamtmarkt immer der einzelnen Aktienauswahl überlegen ist, da mit geringerem Risiko eine höhere Rendite erwirtschaftet werden kann. Die Kapitalmarkttheorie ist allerdings nicht unumstritten, da an sie zahlreiche Voraussetzungen geknüpft sind, die in der Praxis nicht erfüllt sind:

1. Die Kapitalmarkttheorie geht von rational handelnden Investoren aus. Diese Voraussetzung ist sehr umstritten.
2. Die Anlage in einzelnen Aktien ist immer schlechter als die Anlage in den Gesamtmarkt, da nicht alle Risiken durch einzelne Aktien entgolten werden können. Wenn aber der Gesamtmarkt – abgebildet durch den Index und erwerbbar etwa durch Indexzertifikate – aber die richtige Alternative darstellt, muss sich der einzelne Anleger nicht mehr um die Auswahl von einzelnen Aktien kümmern, sondern kann sich getrost die Analyse sparen.
3. Folgt ein Unternehmen bei der Unternehmenssteuerung der Kapitalmarkttheorie und berechnet damit die Eigenkapitalkosten etwa mit dem Beta, so ergeben sich für einige Unternehmen unerwartete Überraschungen. Altana weist danach wie gezeigt nur Eigenkapitalkosten von 5,9% aus. Damit ist jede Investition für Altana Wert steigernd, die mehr als 5,9% Rendite erbringt. Die Hauptaktionärin von Altana hält mit 50,1% die Mehrheit an Altana. Ihr Kapital ist – soweit öffentlich bekannt – in BMW (11,6% der Aktien) und Altana gebunden. Damit ist dieses Portfolio gerade nicht diversifiziert. Es trägt stattdessen die Unternehmensspezifischen Risiken von Altana und BMW, für die nach der Kapitalmarkttheorie keine Entgeltung durch eine höhere Rendite erwarten werden dürfen. Allerdings würde die Mehrheitsaktionärin bei der Unternehmensleitung in Kenntnis ihrer eigenen Situation auf eine höhere Rendite drängen und somit auf Anlagen drängen, die eine höhere Rendite als 5,9% erbringen.

So klar die Probleme des CAPM bei der Nutzung zur Ermittlung der Kapitalkosten sind, so unklar ist die Alternative. Es existieren verschiedene Verfahren, Kapitalkosten zu ermitteln:

– Opportunitätskostensatz: Unabhängig von der konkreten Finanzierungsart wird ein Zinssatz für die entgangene Investitionsalternative festgelegt,
– Einheitlicher (gewichteter) Zinssatz für Fremd- und Eigenkapital,
– Gespaltener Zinssatz entsprechend der effektiv gezahlten Fremdkapitalzinsen und für Eigenkapital entsprechend dem üblichen Kapitalmarktzins.

Da es kein allgemein erkanntes Verfahren (neben dem CAPM) gibt, mit dem sich die Kapitalkosten ermitteln lassen, geben Unternehmen alternativ auch feste Kapitalkosten an, unabhängig etwa von der Marktzinsentwicklung.

Problematischer wird es, wenn Kapitalkosten für einzelne Sparten ermittelt werden sollen. Auch RWE gibt beispielsweise (wie auch andere DAX-Unternehmen) Kapitalkosten für die einzelnen Sparten an. Diese liegen für

- RWE Power (im Wesentlichen Stromerzeugung) bei 10,5%
- RWE Energy (im Wesentlichen Verteilung, Transport und Vertrieb von Strom und Gas) bei 10,0%
- RWE npower (Strom- und Gasgeschäft in Großbritannien) bei 10,0%
- RWE Thames Water (im Wesentlichen Wassergeschäft in Großbritannien und den USA) bei 7,5%.

Wie solche Kapitalkosten ermittelt wurden, wird nicht ersichtlich.

Zum einen besteht bei der Ermittlung von Spartenkapitalkosten das Problem, dass die Sparten von RWE nicht börsennotiert sind und demnach kein eigenes Beta haben und auch aus vergleichbaren Unternehmen keine abgeleitet werden können, da es solche nicht für alle Sparten gibt. Zum anderen existiert das Problem, dass es Diversifikationseffekte auch innerhalb von Unternehmen gibt, die die Kapitalkosten des Gesamtunternehmens unter die Kapitalkosten der einzelnen Sparten senken. Insofern können Spartenkapitalkosten weit höher liegen als Unternehmenskapitalkosten. Allerdings ergibt sich gleichzeitig das Problem, die Sparten anhand solcher Kapitalkosten zu steuern, da damit Fehlentscheidungen entstehen können.

Beispiel:
Die A-AG besteht aus den beiden Sparten Alpha (Kapitalkosten: 10%) und Gamma (Kapitalkosten: 12%). Die Kapitalkosten der A-AG betragen aufgrund des Diversifikationseffektes nur 8%. In der Sparte Alpha wird eine Investition abgelehnt, die eine Rendite von 9% erwirtschaftet hätte und die Kapitalkosten der A-AG nicht verändert hätten. Aus Gesamtunternehmenssicht wäre die Investition aber vorteilhaft gewesen, da sie die Kapitalkosten von 8% übertroffen hätte. Die Steuerung auf Segmentebene ist dementsprechend abzulehnen.

2.1.3 Interner Zinssatz

Neben dem Barwert ist aus praktischer Sicht eine weitere Frage von Interesse. Der Barwert sagt zwar aus, ob eine Investition sinnvoll ist oder nicht, er sagt aber nicht aus, wie eine Investition rentiert. Da es aber für Anleger weitaus interessanter ist zu hören, wie eine Investition rentiert als zu hören, wie der Barwert einer Investition ist, wurde mit dem internen Zinssatz ein Instrument entwickelt, das Informationen über die Rendite einer Investition liefert.

Der interne Zinssatz ist der Zinssatz, bei dem der Barwert einer Investition Null wird:

$$\text{Barwert} = \sum_{t=0}^{\infty} \frac{\text{Cash-flow}_t}{(1+i)^t} = 0$$

Damit zeigt der interne Zinssatz denjenigen Wert an, bei dem eine Alternativinvestition mit dieser Rendite genauso gut wäre wie die betrachtete Investition.

Der interne Zinssatz hat aber eine ganze Reihe von Problemen. Zum einen sind die Lösungen nicht eindeutig, da es bei der obigen Formel maximal so viele Lösungen gibt wie die Anzahl an Jahren.

Weiterhin hat der interne Zinssatz die Prämisse, dass alle Kapitalanlagen und Kapitalaufnahmen zum internen Zinssatz erfolgen. Da dies eine sehr unrealistische Prämisse ist, kann der interne Zinssatz faktisch nicht als Entscheidungskriterium genutzt werden, wenn bereits der Barwert berechnet wurde. Dieser ist für die Entscheidung definitiv überlegen.

2.2 Statische Investitionsrechenverfahren als praktische Alternative zum Barwertansatz

In der Praxis wurden einige Verfahren entwickelt, die von bestechender Einfachheit sind, aber als Nachteil haben, dass sie teilweise zu falschen Entschlüssen führen können.

Allen Verfahren gemein ist, dass sie quasi den Zeitfaktor außer Acht lassen und jede Periode gleich gewichten. Hier zeigt sich schon der elementare Fehler: Da gerade bei hohen Zinssätzen weit entfernt liegende Perioden einen geringen Barwert aufweisen und für eine Investitionsentscheidung quasi außer Acht gelassen werden können, ist eine Gleichbehandlung aller Perioden falsch und führt notgedrungen zu falschen Entscheidungen. Ein einfaches Beispiel soll dies verdeutlichen.

Gegeben sind zwei Investitionen, die jeweils zu einer Anschaffungsinvestition von 100 Geldeinheiten (GE) führen. In den kommenden Perioden kann mit folgenden Rückflüssen gerechnet werden:

Periode	Investition A	Investition B
1	40	60
2	50	50
3	63	40

Investition A ist ohne Einbeziehung der Zeitkomponente vorzuziehen, da insgesamt 153 GE, bei Investition B aber nur 150 GE zurückfließen. Bei einem Zinssatz von 10% liegt der Barwert bei Investition A bei

$-100 + \frac{40}{1,1} + \frac{50}{1,1^2} + \frac{63}{1,1^3} = 25{,}02$, während der Barwert bei Investition B bei

$-100 + \frac{60}{1,1} + \frac{50}{1,1^2} + \frac{40}{1,1^3} = 25{,}92$ liegt. Somit ist Investition B vorzuziehen.

Der Zeitfaktor ist damit entscheidender Faktor bei der Investitionsentscheidung. Er wird bei den statischen Investitionsrechenverfahren aber nicht beachtet, um die Komplexität der Investitionsentscheidung zu reduzieren.

Unterschieden werden können vier Verfahren der statischen Investitionsrechenverfahren:

1. die Kostenvergleichsrechnung,
2. die Gewinnvergleichsrechnung,
3. die Rentabilitätsvergleichsrechnung,
4. die (statische) Amortisationsdauer.

Basis der ersten drei Methoden ist jeweils der durchschnittliche Wert einer Investitition. Es werden bei den ersten drei Methoden die Erträge/Aufwendungen bzw. Leistungen/Kosten in der Berechnung genutzt, bei der vierten Methode die Einzahlungen und Auszahlungen.

Die genannten Begriffe werden folgendermaßen in den verschiedenen Rechenwerken eines Unternehmens genutzt:

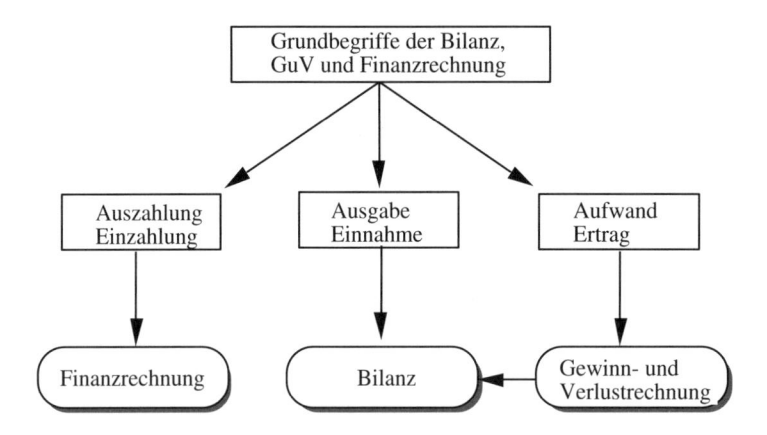

```
                    ┌─────────────────────────┐
                    │ Grundbegriffe der Bilanz,│
                    │ GuV und Finanzrechnung   │
                    └─────────────────────────┘
           ┌────────────────┬────────────────┐
           ▼                ▼                ▼
    ┌─────────────┐  ┌─────────────┐  ┌─────────────┐
    │ Auszahlung  │  │  Ausgabe    │  │  Aufwand    │
    │ Einzahlung  │  │  Einnahme   │  │  Ertrag     │
    └─────────────┘  └─────────────┘  └─────────────┘
           │                │                │
           ▼                ▼                ▼
    ( Finanzrechnung )  (   Bilanz   )  ( Gewinn- und
                                         Verlustrechnung )
```

Kosten und Leistungen stellen letztlich Abwandlungen und Erweiterungen von Aufwendungen und Erträgen dar, die für das interne Rechnungswesen genutzt werden (Aufwendungen und Erträge für das externe Rechnungswesen).

Die Begriffe werden folgendermaßen definiert:

Auszahlungen	Zahlungsmittelabflüsse aus einem Unternehmen pro Periode
Einzahlungen	Zahlungsmittelzuflüsse von außen pro Periode
Ausgaben	Wert aller zugegangenen Güter und Dienstleistungen pro Periode (= Beschaffungswert)
Einnahmen	Wert aller veräußerten Güter und Dienstleistungen pro Periode (Erlös, Umsatz)
Aufwendungen	Nach gesetzlichen Regeln bewerteter Güterverzehr einer Periode
Erträge	Nach gesetzlichen Regeln bewertete Gütererstellung einer Periode

Eine genaue Unterscheidung der Begriffe ist erforderlich, da z. B.:

– für das finanzielle Überleben die Differenz von Einzahlungen – Auszahlungen entscheidend ist,
– die (externe) Gewinnsituation durch die Differenz von Ertrag – Aufwendungen bestimmt wird,
– das Vermögen durch die Differenz von Einnahmen und Ausgaben und den Gewinn (Ertrag – Aufwendungen) bestimmt wird.

Die Berechnung von Auszahlungen und Ausgaben (bzw. Einzahlungen und Einnahmen) unterscheiden sich beispielsweise, wenn eine Ware oder eine Dienstleistung in unterschiedlichen Perioden geliefert und bezahlt worden ist.

Für die Gewinn- und Verlustrechnung ist dieser Unterschied ohne Bedeutung. Er wirkt sich beim Kassenbestand und bei den Forderungen aus.

Die Beziehungen zwischen **Auszahlungen**, **Ausgaben** und **Aufwendungen** lassen sich zusammenfassend folgendermaßen darstellen:

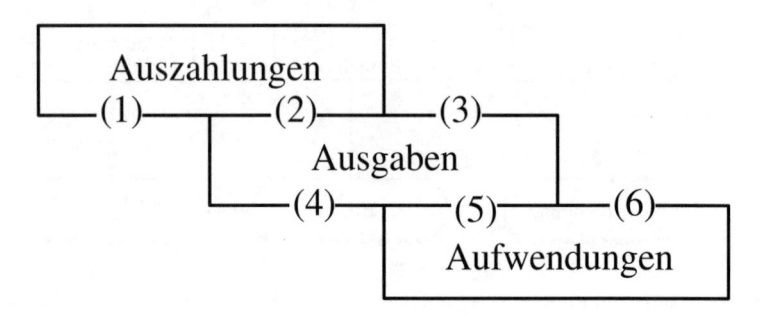

```
        Auszahlungen
    (1)         (2)         (3)
            Ausgaben
            (4)     (5)     (6)
                        Aufwendungen
```

Bereich	Begriff:	Beispiel
1	Auszahlungen, *die keine* Ausgaben *sind*	Begleichung einer Lieferantenverbindlichkeit aus der Vorperiode
2	Auszahlungen, *die* Ausgaben *sind*	Barkauf von Rohstoffen
3	Ausgaben, *die keine* Auszahlungen *sind*	Zielkauf von Rohstoffen
4	Ausgaben, *die keine* Aufwendungen *sind*	Kauf von Rohstoffen und Verbrauch in einer späteren Periode
5	Ausgaben, *die* Aufwendungen *sind*	Kauf von Rohstoffen und Verbrauch in der gleichen Periode
6	Aufwendungen, *die keine* Ausgaben *sind*	Materialverbrauch aus Lagerbeständen

Die Beziehungen zwischen **Einzahlungen**, **Einnahmen** und **Ertrag** lassen sich analog darstellen:

```
        Einzahlungen
    ─(1)─────┬───(2)───┴───(3)─┐
             │   Einnahmen     │
             └───(4)───┬───(5)─┴───(6)─┐
                              Erträge
```

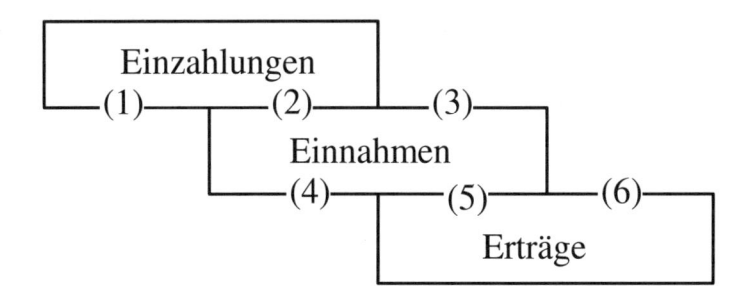

Bereich	Begriff:	Beispiel
1	Einzahlungen, *die keine* Einnahmen *sind*	Kunde bezahlt Rechnung aus Vorperiode
2	Einzahlungen, *die* Einnahmen *sind*	Barverkauf von Erzeugnissen
3	Einnahmen, *die keine* Einzahlungen *sind*	Zielverkauf von Waren
4	Einnahmen, *die keine* Erträge *sind*	Verkauf einer Maschine zum Buchwert
5	Einnahmen, *die* Erträge *sind*	Verkauf von Erzeugnissen, die in der Periode erstellt wurden
6	Erträge, *die keine* Einnahmen *sind*	Produktion von Fabrikaten auf Lager

Letztendlich können die verschiedenen Rechenwerke eines Unternehmens wie folgt dargestellt werden:

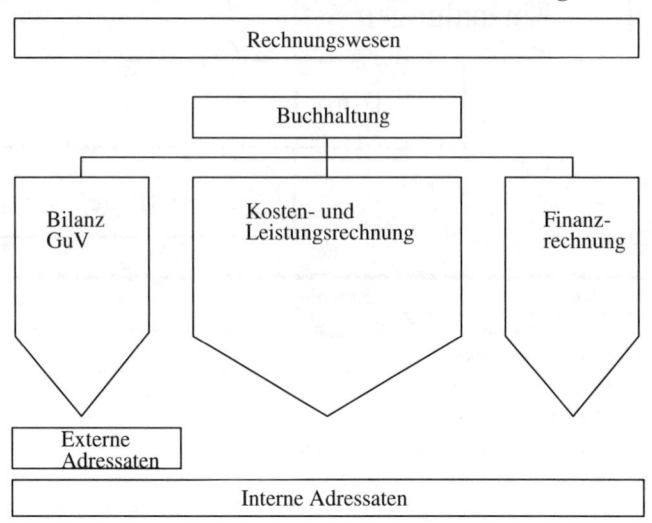

Unterschiede der verschiedenen Rechenwerke des Rechnungswesens:

```
                    Rechnungswesen
                          |
                     Buchhaltung
          ┌───────────────┼───────────────┐
      Bilanz         Kosten- und        Finanz-
      GuV            Leistungsrechnung   rechnung

   Externe
   Adressaten
                    Interne Adressaten
```

Für die statischen Investitionsrechenverfahren werden zunächst die Kosten genutzt, in der Regel unterteilt in Fixkosten, variable Kosten, kalkulatorische Abschreibungen und kalkulatorische Zinsen. Während sich Fixkosten und variable Kosten häufig mit den gleichen Beträgen in der Gewinn- und Verlustrechnung (GuV) wieder finden sollten, werden die kalkulatorischen Beträge normalerweise nicht in gleicher Höhe in der GuV auftauchen. Dies ist bei den kalkulatorischen Zinsen auf den Nichtausweis von Eigenkapitalkosten in der GuV zurückzuführen, bei den kalkulatorischen Abschreibungen darauf, dass in Deutschland die steuerrechtlichen Abschreibungen nach den AfA-Tabellen im Regelfall nicht dem tatsächlichen Werteverzehr entsprechen dürften.

Zu beachten ist bei den kalkulatorischen Zinsen, dass sich diese auf das durchschnittlich gebundene Kapital beziehen und nicht auf die Anschaffungsinvestition. Wenn sich die Anschaffungsinvestition im Zeitablauf gleichmäßig bis Null im Wert vermindert, entspricht das durchschnittlich gebundene Kapital 50% der Anschaffungsinvestition.

Beispiel:
Die D-AG investiert 100 GE in ein Investitionsprojekt. Durchschnittlich sind damit 50 GE im Projekt gebunden.

Bei einem Restwert von 20 GE wären dagegen $20 \text{ GE} + \frac{100 \text{ GE} - 20 \text{ GE}}{2} = 60 \text{ GE}$ durchschnittlich gebunden.

Die Kapitalkostenermittlung ist bereits in Kapitel 2.1.2 dargestellt worden. Kalkulatorische Abschreibungen ergeben sich grundsätzlich durch die Verteilung der Anschaffungsinvestition abzüglich eines etwaigen Restwertes über die Laufzeit der Investition. Die Art des Werteverzehrs spielt dabei keine Rolle, da eine Durchschnittsbetrachtung durchgeführt wird.

Beispiel:
Die obige Investition von 100 GE habe nach einer Nutzungsdauer von fünf Jahren einen Restwert von 0 GE. Die kalkulatorischen Abschreibungen, die durchschnittlich berücksichtigt werden müssen, betragen damit $\frac{100\,GE}{5\,Jahre}$ = 20 GE/Jahr.

2.2.1 Kostenvergleichsrechnung
Bei der Kostenvergleichsrechnung werden – wie der Name schon sagt – die Kosten von Investitionen miteinander verglichen. Die Rückflüsse werden dabei nicht berücksichtigt. Damit können prinzipiell nur solche Investitionen verglichen werden, die keine oder aber gleich hohe Rückflüsse haben, beispielsweise Kosten für IT-Systeme, die keine direkten Rückflüsse erwirtschaften.

Bei der Kostenvergleichsrechnung wird diejenige Investition gewählt, die die geringsten Kosten aufweist.

Beispiel:
Die A-GmbH benötigt ein neues IT-System. Für Investition A werden durchschnittliche Kosten von 110 GE veranschlagt, für Investition B durchschnittliche Kosten von 120 GE. Es wird Investition A gewählt, da die Kosten geringer als bei Investition B sind.

Die Investitionsentscheidung nach der Kostenvergleichsrechnung birgt eine ganze Reihe von Problemen. Ganz wesentlich ist hier natürlich der vernachlässigte Zeitpunkt der Kosten zu nennen. Daneben kann die Kostenvergleichsrechnung eigentlich nur dann eingesetzt werden, wenn die Nutzungsdauer der verschiedenen Investition identisch ist.

> **Beispiel:**
> Die im obigen Beispiel genannte Investition A kann sechs Jahre genutzt werden, Investition B nur vier Jahre. Aufgrund der Weiterentwicklung im IT-Bereich wird mit einer Kostendegression gerechnet, so dass in vier Jahren für ein IT-System nur noch 80 GE pro Jahr gezahlt werden müssen.

Aufgrund der dargestellten Probleme ist der Nutzen der Kostenvergleichsrechnung natürlich nur sehr eingeschränkt. Gleichwohl wird sie gerade im Mittelstand noch stark verwendet. Dies ist insbesondere darauf zurückzuführen, dass sie einfach einsetzbar ist und nicht die Ermittlungsprobleme der dynamischen Investitionsrechenverfahren aufweist.

2.2.2 Gewinnvergleichsrechnung

Bei der Gewinnvergleichsrechnung werden zusätzlich zu den Abflüssen auch die Rückflüsse von Investitionen beachtet. Die Entscheidung fällt für die Investition, die den höchsten Gewinn verspricht.

> **Beispiel:**
> Die A-AG hat zwischen zwei Investitionen zu wählen. Aus Investition A wird ein durchschnittlicher Gewinn von 80 GE erwartet, aus Investition B ein Gewinn von 60 GE. Die Entscheidung fällt für Investition A.

Die Probleme der Gewinnvergleichsrechnung entsprechen denjenigen der Kostenvergleichsrechnung. Der zeitliche Anfall der Gewinne wird nicht beachtet, ebenso wenig wie die Laufzeit der Investitionen.

> **Beispiel:**
> Obige genannte Investition A wird drei Jahre lang erwartet, Investition B fünf Jahre. Über die Gesamtlaufzeit von Investition A wird damit ein Gewinn von 240 GE erwartet, bei Investition von 300 GE. Um einen Vergleich zu ermöglichen, müsste die Folgeinvestition in drei Jahren mit in die Entscheidung einbezogen werden. Wenn eine Investition gefunden würde, die mehr als 60 GE in den verbleibenden zwei Jahren bis zum Ablauf der Investition B versprechen würde, müsste Investition A gewählt werden, ansonsten Investition B.

Da ein Blick in die weitere Zukunft bei Investitionsentscheidungen natürlich immer schwer ist, ist die Gewinnvergleichsrechnung als Investitionsentscheidungsmodell eigentlich nicht geeignet. Auch hier stellt sich aber wieder der elementare Vorteil ein, dass die Gewinnvergleichsrechnung einfach einsetzbar ist und den Nutzer vor keine mathematischen Probleme stellt.

2.2.3 Rentabilitätsvergleichsrechnung

Die Rentabilitätsvergleichsrechnung erweitert die Gewinnvergleichsrechnung durch den zusätzlichen Blick auf das eingesetzte Kapital. Während die Gewinnvergleichsrechnung die Höhe des eingesetzten Kapitals nur indirekt durch die kalkulatorischen Zinsen mitberücksichtigt, bezieht die Rentabilitätsvergleichsrechnung den Gewinn (vor Abzug kalkulatorischer Zinsen) auf das durchschnittlich in einer Investition gebundene Kapital.

Beispiel:
Es wird Bezug auf das Beispiel aus der Gewinnvergleichsrechnung genommen. Aus Investition A wird dabei ein durchschnittlicher Gewinn von 80 GE erwartet, aus Investition B ein Gewinn von 60 GE. In Investition A sind durchschnittlich 300 GE Kapital gebunden, in Investition B 200 GE. Der kalkulatorische Zinssatz beträgt 10%, womit der Gewinn vor kalkulatorischen Zinsen bei Investition A 110 GE beträgt (80 GE zuzüglich 10% von 300 GE) und bei Investition B 80 GE (60 GE zuzüglich 10% von 200 GE). Die Rentabilität bei Investition A beträgt damit

$$\frac{110}{300} = 36{,}67\%$$

und bei Investition B

$$\frac{80}{200} = 40\%.$$

Da die Rentabilität bei Investition B höher ist, würde die Wahl hier auf Investition B fallen.

Auch bei der Rentabilitätsvergleichsrechnung werden aber einige Probleme in Kauf genommen. Zunächst gelten die gleichen wie bei der Gewinnvergleichsrechnung. Der zeitliche Anfall wird nicht beachtet, ebenso wenig wie die Nutzungsdauer. Da Investition B zwei Jahre länger laufen würde als Investition A, wäre die Alternative bei Investition A nach drei Jahren zu prüfen.

Zusätzlich stellt sich bei der Rentabilitätsvergleichsrechnung die Frage, was mit dem weniger eingesetzten Kapital bei Investition B passiert. Streng genommen hat die Rentabilitätsvergleichsrechnung die Prämisse, dass das eingesetzte Kapital bei allen Alternativen gleich groß sein muss. Da Investition B aber 100 GE weniger Kapital bindet, muss dieses Kapital anderweitig angelegt werden. Wenn die Rentabilität für diese 100 GE wiederum 40% beträgt, wäre Investition B Investition A vorzuziehen. Bei einer Rentabilität unter 30% wäre aber Investition A vorzuziehen, da die Rentabilität auf das gesamte investierte Kapital dann nur $\frac{80 + <30}{300} < 36{,}7\%$ betragen würde. Solche Überlegungen sind bei der Rentabilitätsvergleichsrechnung zusätzlich anzustellen, da es ansonsten Fehlinvestitionen geben kann.

Gleichzeitig wird damit auch ein Fehler der Gewinnvergleichsrechnung deutlich. Da das investierte Kapital nicht berücksichtigt wird, werden nicht alle notwendigen Informationen in die Investitionsentscheidung einbezogen.

2.2.4 Statische Amortisationsrechnung

Das vierte statische Investitionsrechenverfahren, die statische Amortisationsrechnung, basiert als einziges auf Zahlungsgrößen. Untersucht wird hier die Frage, wann das investierte Kapital wieder zurückgeflossen ist.

Beispiel:
Investition B verursacht eine Anschaffungsauszahlung von 400 GE. Die jährlichen Rückflüsse betragen 100 GE. Damit beträgt die Amortisationsdauer $\frac{400}{100} = 4$ Jahre.

Die statische Amortisationsrechnung ist weniger als Entscheidungsgrundlage für Investitionsentscheidungen zu verstehen, sondern eher als Risikomessmethode geeignet. Beispielsweise könnte die Unternehmensleitung vorgeben, dass ausschließlich solche Investitionen ausgewählt werden können, die in weniger als fünf Jahren amortisiert werden.

Beispiel:
Während Investition B wie oben beschrieben in vier Jahren amortisiert wird, beträgt die Amortisationsdauer bei Investition A sechs Jahre. Da die Unternehmensleitung fünf Jahre als maximale Amortisationsdauer angibt, kann Investition A nicht gewählt werden.

3 Unternehmensbewertung

Da die Unternehmensbewertung ganze Bücher füllt, werden hier im Folgenden nur neuere Entwicklungen wie die Bewertung durch Multiples oder das KGV näher dargestellt.

3.1 Unternehmensbewertung durch Multiples

Als vereinfachtes Verfahren der Unternehmensbewertung dient die Multiple-Betrachtung, bei der der Unternehmenswert durch Multiplikation einer Bezugsgröße (Ergebnisgröße) mit einem Multiple ermittelt werden.

Gängigste Basen für eine Unternehmensbewertung durch Multiples stellen die so genannten „Earnings before"-Kennzahlen dar. Die bekannteste Form von „Earnings before"-Kennzahlen ist das EBIT (Earnings before Interests and Taxes), das in seiner bekanntesten Form das Ergebnis vor Zinsaufwendungen und Ertragsteuern darstellt und damit einem Gesamtkapitalergebnis entspricht. Da es von den Finanzierungsentscheidungen abstrahiert, kann es damit für die Berechnung einer Gesamtkapitalrentabilität genutzt werden, ohne dass eine unterschiedliche Eigenkapitalausstattung das Ergebnis verzerren kann. Bereinigungen um Zinserträge, Erträge bzw. Aufwendungen aus Finanzpositionen oder um sonstige Steuern sind dagegen unsinnig, obwohl sie von Unternehmen häufig bei der Berechnung des EBIT berücksichtigt werden.

Mit dem EBITA (Earnings before Interests, Taxes and Amortisations) werden akquisitionsbedingte Einflüsse ebenso wie Einflüsse durch Abschreibungen auf andere immaterielle Vermögensgegenstände auf das Ergebnis eliminiert. Die Eliminierung der anderen immateriellen Vermögensgegenstände kann auf die international unterschiedlichen Vorschriften zur Bilanzierung immaterieller Vermögensgegenstände, beispielsweise Software oder Patente, zurückgeführt werden und soll eine Vergleichbarkeit von nach unterschiedlichen Rechnungslegungsnormen bilanzierenden Unternehmen ermöglichen. Die Eliminierung des Goodwill soll hingegen den Vergleich von aus eigener Kraft und durch Akquisitionen gewachsenen Unternehmen ermöglichen. Dies ist gerade vor dem Hintergrund der neuen internationalen Goodwillvorschriften von besonderer Bedeutung, da diese nur noch außerordentliche Abschreibungen erlauben. Das EBITA eliminiert damit den Einfluss außerordentlicher Abschreibungen auf das Ergebnis.

Das EBITDA (Earnings before Interests, Taxes, Depreciation and Amortisation) bereinigt das EBITA weiter um Abschreibungen auf Sachanlagen, womit einerseits unterschiedliche Abschreibungspolitiken bereinigt werden und andererseits eine Cash-nahe-Größe erzeugt wird. Gerade Investitionslastige Unternehmen wie solche aus der Telekommunikationsindustrie veröffentlichen häufig diese Kennzahlen.

Je nach Wachstumsaussichten und dergleichen haben sich für verschiedene Branchen unterschiedliche Multiples entwickelt. BASF bezahlt beispielsweise für die Bauchemiesparte von Degussa etwa das Zehnfache des EBITDA (vgl. BASF stärkt die Ertragsseite, Handelsblatt vom 02.03.2006, S. 13), was als ambitionierter Preis für die Chemieindustrie gilt.

Stahlunternehmen werden dagegen im März 2006 mit dem 4,2fachen des EBITDA bewertet (Quelle: „Mittal gerät bei Arcelor unter Zugzwang", Handelsblatt vom 3./4./5. März 2006, S. 17).

Je höher die Wachstumsaussichten einer Branche sind, umso höher fällt natürlich auch der Multiple aus. Eine sehr zyklische Branche wie die Stahlindustrie erhält auf dem Höhepunkt der Stahlkonjunktur nur das 4,2fache des EBITDA zugebilligt, während ein sehr stabiles Geschäft wie die Bauchemie mit dem Zehnfachen bewertet wird.

Ein auch an der Börse für den „normalen" Anleger geläufiger Multiple ist das Kurs-Gewinn-Verhältnis, das nachstehend genauer dargestellt wird.

3.2 Kurs-Gewinn-Verhältnis

Neben Investitionen in einzelne Vermögensgegenstände sind auch Investitionen in ganze Unternehmen über die Börse von Interesse. Zum einen interessieren sich Anleger für Aktienbewertungen, um die „richtigen" Investitionen mit ihrem eigenen Kapital zu treffen. Zum anderen spielt auch für Unternehmen die Börsenbewertung eine große Rolle, da sie für Akquisitionen genutzt werden und Abbild des eigenen Unternehmenserfolges sind.

Ein Unternehmen ist nur dann langfristig existenzfähig, wenn eine marktadäquate Rendite auf den Marktwert der Unternehmung erzielt werden kann. Die Verknüpfung zwischen interner Sicht und Marktsicht wird üblicherweise durch das Kurs-Gewinn-Verhältnis erreicht. Das Kurs-Gewinn-Verhältnis (KGV) ist wie folgt definiert:

$$KGV = \frac{\text{Kurs je Aktie}}{\text{Gewinn je Aktie}}$$

Das KGV wird überwiegend für Anlageentscheidungen genutzt, indem das für einen bestimmten Zeitpunkt und für eine bestimmte Aktie ermittelte KGV mit den KGVs anderer Aktien, Branchen, des Marktes bzw. bestimmter Marktausschnitte oder den KGVs anderer Zeiten verglichen wird (vgl. Küting, Karlheinz; Weber, Claus-Peter (2004), „Die Bilanzanalyse", 7. Auflage, Stuttgart, S. 269).
Das KGV kann nach unterschiedlichen Gesichtspunkten interpretiert werden. Es ist:

1. eine statische Amortisationsdauer;
2. eine Verzinsung der Marktkapitalisierung;
3. eine Gewinnerwartung des Marktes bei unterstellter Ziel-Rendite.

Zu 1.) Die statische Amortisationsdauer (vgl. das Kapitel zu diesem Thema) zeigt an, in welchem Zeitraum das investierte Kapital durch die Investition wieder verdient wird. Bei der statischen Betrachtung wird der zeitliche Anfall der Rückzahlung, hier der Gewinne, nicht betrachtet. Ein KGV von 15 zeigt somit an, dass das investierte Kapital (der Aktienkurs) nach 15 Jahren wieder durch Gewinne verdient wird. Nach 15 Jahren ist das investierte Kapital somit wieder zurückgeflossen. Allerdings wird der Zinsverlust, der innerhalb dieser 15 Jahre entsteht, nicht im KGV berücksichtigt. Die statische Amortisationsdauer ist eine einfach handhabbare Größe, mit all ihren aus der Investitionstheorie bekannten Problemen.

Zu 2.) Das KGV ist das reziproke Verhältnis der Eigenkapitalrentabilität. Sie zeigt demnach den Kehrwert der Verzinsung des marktbewerteten Eigenkapitals an:

$$\frac{1}{KGV} = \frac{\text{Betriebsgewinn je Aktie}}{\text{Kurs je Aktie}} = \frac{\text{Betriebsgewinn}}{\text{Marktkapitalisierung}}$$

In Form dieser Rentabilitätsmaßzahl ist das KGV der Eigenkapitalrentabilität sehr ähnlich, wobei statt des bilanziellen oder auch eines bilanzanalytischen Eigenkapitals der Marktwert des Unternehmens verwendet wird. Der Kehrwert des KGV ist somit nichts anderes als die aktuelle Verzinsung des aktuellen Wertes eines Unternehmens. Je höher das KGV, umso geringer ist somit die aktuelle Verzinsung. Aus diesem Zusammenhang ergibt sich die dritte Aussage, die sich hinter dem KGV verbirgt.

Zu 3.) Der Marktwert eines Unternehmens bildet die Zukunftserwartungen ab, die der durchschnittliche Marktteilnehmer an ein Unternehmen hat. Aufbauend auf diesem Grundgedanken kann ein faires KGV gebildet werden. Ausgehend vom Barwert und von der ewigen Rente soll das KGV bei einem heutigen Ergebnis von 1 GE ermittelt werden. Beispielhaft wird nachfolgend von einer erwarteten Marktrendite von 10% und einer konstanten Gewinnentwicklung ausgegangen. Der Unternehmenswert ergibt sich durch Diskontierung der zukünftigen Jahresüberschüsse mit der Marktrendite. Bei konstanten und unendlichen Jahresüberschüssen von 1 GE ergibt sich ein Unternehmenswert von 1 GE / 10% = 10 GE. Dies führt zu einem KGV von 10 GE / 1 GE = 10. Ein KGV von 10 zeigt somit bei einer Marktrendite von 10% ein konstantes zukünftiges Ergebnis an. Das Ergebnis von 1 GE kann aber auch durch ein schwankendes Ergebnis erzielt werden, das in manchen Jahren über 1 GE und in anderen unter 1 GE liegt.

Das faire KGV ergibt sich – bei unterstellter konstanter Wachstumsrate w über n Perioden und einem Diskontierungsfaktor von q nach folgender Formel. Nach der Wachstumszeit wird dabei von einem konstanten Gewinn auf Basis des letzten Gewinns ausgegangen:

$$\text{faires KGV} = \frac{\dfrac{G_0 \times w}{q} + \dfrac{G_0 \times w^2}{q^2} + \dfrac{G_0 \times w^3}{q^3} + \ldots + \dfrac{G_0 \times w^n}{q^n} + \dfrac{\dfrac{G_0 \times w^n}{q-1}}{q^n}}{G_0}$$

$$= \sum_{t=1}^{n} \frac{w_t}{q_t} + \frac{w^n}{q^{n+1} - q^n}$$

Unter Anwendung der Summenformel und mathematischer Umformung lässt sich der Term wie folgt vereinfachen:

$$= \frac{w}{q-w} + \frac{q \times (1-w)}{(q-1) \times (q-w)} \times \left(\frac{w}{q}\right)^n$$

mit: n = Zahl der Wachstumsjahre
w = (1+Wachstum in Prozent)
q = (1 + Opportunitätskosten in Prozent)

Dieses Zwei-Phasen-Modell entspricht der Vorgehensweise im Shareholder-Value-Konzept von Rappaport (vgl. Rappaport, Alfred (1999), „Shareholder Value", Stuttgart, S. 39 ff.)

Der Diskontierungsfaktor q lässt sich dabei auf unterschiedliche Weise berechnen. Über einen längeren Zeitraum kann eine nicht unrealistische Marktrendite von 10% angenommen werden. Dieser Wert wird hier für die Opportunitätskosten herangezogen.

Einen großen Einfluss auf das faire KGV hat bei einem hohen n der Term $\left(\frac{w}{q}\right)^n$.
Die anderen Terme sind unabhängig von der Zahl der Wachstumsjahre und damit für das faire KGV bei einer langen Wachstumsperiode eher unbedeutend. Umgekehrt ist der Term $\left(\frac{w}{q}\right)^n$
bei kurzen Laufzeiten für das faire KGV von geringerer Bedeutung. Findet kein Wachstum statt, ist das faire KGV gleich dem Kehrwert der Marktrendite, d. h. der Faktor $\frac{w}{q-w} + \frac{q \times (1-w)}{(q-1) \times (q-w)} \times \left(\frac{w}{q}\right)^n$
entspricht dem Wert $\frac{1}{q}$.

Bei einer Marktrendite von 10% nimmt das faire KGV damit den Wert zehn, bei einer Marktrendite von 20% den Wert fünf an.

Tabelle 4 zeigt das KGV an, wenn über eine bestimmte Anzahl von Jahren bei einem Marktzins von 10% ein konstantes Gewinnwachstum erzielt wird.

Tabelle 4: Faires KGV in Abhängigkeit von Gewinnwachstum und deren Dauer bei einer Marktrendite von 10%

Dauer des erwarteten Gewinnwachstums	Erwartetes Gewinnwachstum					
	5%	10%	15%	20%	25%	30%
1 Jahr	10,5	11,0	11,5	12,0	12,5	13,0
2 Jahre	11,0	12,0	13,1	14,2	15,3	16,5
3 Jahre	11,4	13,0	14,7	16,6	18,6	20,7
4 Jahre	11,9	14,0	16,4	19,2	22,2	25,7
5 Jahre	12,3	15,0	18,2	22,0	26,4	31,5
6 Jahre	12,7	16,0	20,1	25,1	31,1	38,5
7 Jahre	13,1	17,0	22,0	28,5	36,5	46,6
8 Jahre	13,4	18,0	24,1	32,1	42,6	56,3
9 Jahre	13,8	19,0	26,2	36,1	49,6	67,7
10 Jahre	14,1	20,0	28,5	40,5	57,5	81,2

Ein KGV von ca. 14 lässt sich beispielsweise durch ein zweijähriges Wachstum über 20% ebenso erzielen wie durch ein 15%iges Wachstum über 2,5 Jahre oder ein 10%iges Wachstum über 4 Jahre. Bei stark wachsenden Unternehmen (30%) wäre nach Tabelle 4 auch ein sehr hohes KGV marktgerecht. Auf Basis dieser Tabelle, die natürlich auch für andere Diskontierungsfaktoren ermittelt werden kann, lässt sich somit die Markterwartung an die zukünftige Gewinnentwicklung eines Unternehmens direkt ablesen.

3.3 Einbeziehung von Multiples in die Unternehmenssteuerung

Aufgrund der hohen Marktverbreitung werden Multiples häufig in Unternehmen und in Unternehmensanalysen eingesetzt, obwohl sie mit zahlreichen Problemen verbunden sind. In der Steuerung geht es vor allem um die Frage, warum Multiples bei einem bestimmten börsennotierten Unternehmen einen gewissen Wert annehmen und keinen höheren, den etwa Konkurrenzunternehmen von der Börse zugebilligt bekommen.

Multiplikatoren werden beispielsweise auch in der Rechnungslegung nach US-GAAP verwendet. Wenn beim Wertminderungstest kein Marktwert zum Vergleich bereitsteht, wird alternativ das Discounted-Cash-Flow-Verfahren oder aber ein Multiplikatormodell angewendet (SFAS 142.25).

4 Finanzierung

4.1 Einführung

Die Finanzierungsentscheidung befasst sich mich der Frage, woher das Kapital genommen wird, das für Investitionen eingesetzt werden soll. Grundsätzlich lässt sich hier zwischen Eigen- und Fremdkapital unterscheiden. Bedeutendste Kennzahlen, die die Finanzierungsstruktur beschreiben, sind dabei die Eigen- und die Fremdkapitalquote:

$$\text{Eigenkapitalquote} = \frac{\text{Eigenkapital}}{\text{Gesamtkapital}}$$

$$\text{Fremdkapitalquote} = \frac{\text{Fremdkapital}}{\text{Gesamtkapital}}$$

Die Entscheidung, ob Eigen- oder Fremdkapital genutzt wird, hängt von unterschiedlichen Faktoren ab:

- zunächst ist Eigenkapital teurer als Fremdkapital, da es einen höheren Risikogehalt beinhaltet,
- Eigenkapital beinhaltet Mitwirkungsrechte bei Unternehmensentscheidungen, die gerade bei familiengeführten Unternehmen häufig nicht gewünscht sind,
- Kosten für Fremdkapital sind steuerlich abzugsfähig, Kosten für Eigenkapital nicht,
- Fremdkapital wird umso teurer, je weniger Eigenkapital vorhanden ist.

Der wesentliche Einfluss der Eigen- und der Fremdkapitalquote für die Rendite eines Unternehmens ergibt sich aus dem Leverage-Effekt. Zunächst soll der Leverage-Effekt allgemein formuliert werden (Steuern werden bei dieser Betrachtung außer Acht gelassen).

r = Gesamtkapitalrentabilität
r_e = Eigenkapitalrentabilität
r_f = Fremdkapitalrentabilität
EK = Eigenkapital
FK = Fremdkapital
E = Ergebnis vor Zinsen

(1) $r = \dfrac{\text{Gewinn} + \text{Zinsen}}{EK + FK}$

(2) $E = r \times (EK + FK)$
oder

(3) $E = r_e \times EK + r_f \times FK$

aus (2) und (3) folgt:

$r_e \times EK + r_f \times FK = r \times (EK + FK)$

(4) $r_e = r + (r - r_f) \times \dfrac{FK}{EK}$

Die Ableitung von (4) nach der Gesamtkapitalrentabilität ergibt:

(5) $\dfrac{dr_e}{dr} = 1 + \dfrac{FK}{EK}$, für $\dfrac{FK}{EK} = \{0 \ldots \infty\}$

In Abbildung 1 ist der Leverage-Effekt graphisch veranschaulicht. Jede Leverage-Gerade liegt zwischen der Winkelhalbierenden (vollständige Eigenfinanzierung) und der Parallelen zur Ordinate, die durch den Fremdkapitalzins läuft (vollständige Fremdfinanzierung). Den „Dreh- und Angelpunkt" für jede Leverage-Gerade bildet der Fremdkapitalzins. Ist die Gesamtkapitalrentabilität größer als der Fremdkapitalzins, dann steigt die Eigenkapitalrentabilität mit steigendem Verschuldungsgrad. Fällt die Gesamtkapitalrentabilität unter den Fremdkapitalzins, steigt das Risiko von Verlusten mit steigendem Verschuldungsgrad.

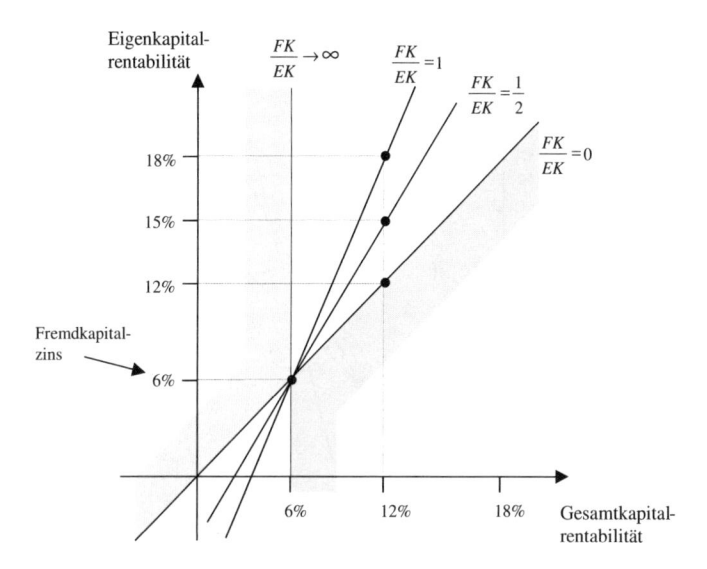

Abbildung 1: Der Leverage-Effekt

Wird eine bestimmte, vom Kapitalmarkt geforderte Eigenkapitalausstattung unterschritten, werden die Fremdkapitalkosten steigen. Dadurch kann sich der positive Leverage-Effekt in einen negativen wandeln. Die Umkehrung eines positiven in einen negativen Leverage-Effekt und der Zusammenhang zwischen Verschuldungsgrad und Fremdkapitalkosten werden in Abbildung 2 graphisch dargestellt. Ein Unternehmen hat ein Verhältnis von Fremdkapital zu Eigenkapital (Verschuldungsgrad) von 1 und erzielt eine Gesamtkapitalrentabilität von 8%. Bei dieser Konstellation kann es sich verschulden zu einem Fremdkapitalzins von 6%. Damit liegt dessen Eigenkapitalrentabilität bei 10%. Weitere Expansionen sollen nun mit Fremdkapital finanziert werden. Das Verhältnis von Fremdkapital zu Eigenkapital steigt auf 4. Dadurch erhöht sich die Eigenkapitalrentabilität auf 16%, wenn die Gesamtkapitalrentabilität unverändert 8% betragen würde (Abbildung: gestrichelte Linie). Durch den nun gestiegenen Verschuldungsgrad werden die Fremdkapitalgeber aber einen Risikozuschlag verlangen, so dass der (durchschnittliche) Fremdkapitalzins in diesem Beispiel auf 8% steigt. Damit ergibt sich nun eine Eigenkapitalrentabilität von nur noch 8% gegenüber den ursprünglichen 10% trotz einer Gesamtkapitalrentabilität von weiterhin 8% (Parallelverschiebung der Leverage-Geraden entlang der Winkelhalbierenden).

Finanzierung

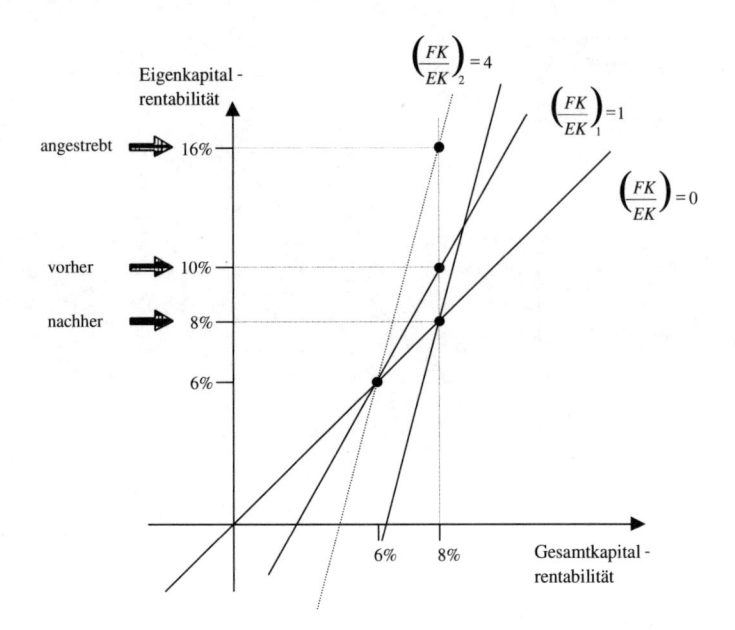

Abbildung 2: Zusammenhang zwischen Verschuldungsgrad, Fremdkapitalkosten und Leverage-Effekt

Generell lassen sich Finanzierungsarten

- nach der Herkunft des Kapitals:
  - Außenfinanzierung (externe Finanzierung)
  - Innenfinanzierung (interne Finanzierung)

- nach der Rechtsstellung der Kapitalgeber:
  - Eigenfinanzierung
  - Fremdfinanzierung

- nach der Dauer der Kapitalbereitstellung
  - kurzfristig (bis ein Jahr)
  - mittelfristig (ein bis fünf Jahre)
  - langfristig (über fünf Jahre)
  - unbefristet

einstufen.

Bei der Außenfinanzierung wird das Kapital von außen zugeführt, also beispielsweise durch Kreditaufnahme, Kapitalerhöhungen und dergleichen. In der Innenfinanzierung stammt das Kapital hingegen aus dem Unternehmen selbst heraus, d. h. es handelt sich um selbst erwirtschaftetes Kapital eines Unternehmens.

Wird das Kapital zum Eigenkapital zugeführt, so wird dies als Eigenfinanzierung bezeichnet. Erhöht das Kapital hingegen das Fremdkapital, so handelt es sich um Fremdfinanzierung. Diese Einstufung ist allerdings gerade vor dem Hinblick der internationalen Rechnungslegung nicht hilfreich, da Eigenkapital nach HGB anders definiert wird als Eigenkapital nach IFRS. Insofern können sich die Eigenfinanzierung und die Fremdfinanzierung zwischen den verschiedenen Rechnungslegungssystemen unterscheiden.

Eine übliche Systematisierung der verschiedenen Finanzierungsarten ist in Abbildung 3 dargestellt. Zu beachten ist dabei, dass teilweise buchhalterische Größen (Gewinnthesaurierung) mit Finanzierungsgrößen gleichgesetzt werden, was genau genommen natürlich nicht richtig ist, da sich Einzahlungen/Auszahlungen und Erträge/Aufwendungen voneinander unterscheiden.

Finanzie- rungs- arten	Außenfinanzierung	Innenfinanzierung	
Eigen- finan- zierung	Beteiligungsfinanzierung (Einlagenfinanzierung) Subventionsfinanzierung	Selbstfinanzierung (Gewinnthesaurierung)	
Eigen- und Fremd- finan- zierung	Mezzanine-Kapital	Finanzierung aus durch Vermögensverkauf freigesetzten Mitteln Sale-and-Lease-Back-Verfahren Factoring Forfaitierung Asset Backed Securities Swap-Geschäfte Finanzierung durch Rationalisierung Finanzierung aus Abschreibungsgegenwerten	Aus Sicht der Gesellschafter
Fremd- finan- zierung	Kreditfinanzierung	Finanzierung aus Rückstellungen	
Aus der Sicht der Gesellschaft			

Abbildung 3: Zuordnung der Instrumente zu den Finanzierungsarten (Quelle: Gräfer/Beike/Scheld, „Finanzierung", 5. Auflage, 2001, S. 28)

Langfristige Kapitalanlagen werden am Kapitalmarkt gehandelt, kurz- und mittelfristige am Finanzmarkt. An diesen Märkten treffen die Wirtschaftsobjekte mit einem Überschuss an Finanzierungsmittel auf Wirtschaftsobjekte mit einem Bedarf an Finanzierungsmitteln. Üblicherweise werden Unternehmen einen Bedarf aufweisen.

Kapitalanbieter können aber natürlich auch Unternehmen sein, insbesondere dann, wenn sie einen kurzfristigen Liquiditätsüberschuss anlegen. Daneben treten als Kapitalanbieter u. a. Versicherungsgesellschaften, Investmentfonds oder Banken auf. Auch international treten diese Anbieter von Kapital auf, allerdings mit unterschiedlichen Gewichten. So ist in Deutschland die Fremdfinanzierung durch Banken üblich, während international diese Funktion häufig von den Kapitalmärkten übernommen wird.

Die Fremdkapitalkosten werden zunehmend durch die Reformvorschläge des Baseler Bankenausschusses beeinflusst (Basel II). Deshalb soll zunächst hierauf und auf die daraus ableitbaren Implikationen des Ratings eingegangen werden.

4.1.1 Kreditkostenkalkulation nach den Vorgaben von Basel II

Mit Basel II wird im Mittelstand vielfach die Angst vor einer Kreditklemme („Credit Crunch") verbunden. Der Baseler Bankenausschuss verfolgt mit Basel II das Ziel, die alten starren Regelungen von Basel I aus dem Jahr 1988 durch realitätsnähere Vorschriften zu ersetzen. Ein wesentlicher Aspekt von Basel II ist dabei die Eigenkapitalunterlegung von Krediten durch die Kreditgebende Bank. Bislang mussten gemäß Basel I unabhängig vom spezifischen Risiko des jeweiligen Kreditnehmers alle Kredite durch die Bank mit pauschal 8% des sogenannten haftenden Eigenkapitals[1] unterlegt werden.

Durch Basel II wird dieser Pauschalsatz mit einem tatsächlich mit dem Risiko eines Kreditnehmers zusammenhängenden Prozentsatz unterlegt. Nach dem Standardansatz, nach dem die Ratings der Agenturen Standard & Poor's und Moody's zur Unterlegung herangezogen werden, liegt die Eigenkapitalunterlegung beispielsweise zwischen 1,6% und 12%.

Die Beurteilung der Bonität der Kreditnehmer erfolgt durch das so genannte Rating. Dieses zeigt an, wie groß die Wahrscheinlichkeit ist, dass der Kreditnehmer jetzt und zukünftig in der Lage sein wird, seinen Verbindlichkeiten fristgerecht nachzukommen. Diese Bonität wird von Banken oder externen Ratingagenturen auf einer Skala gemessen, die beispielsweise bei den großen Rating-Agenturen von AAA bis zu C bzw. D reicht, während Kreditinstitute häufig die Skala 1 bis 10 nutzen.

Um die Auswirkungen von Basel II auf die Kreditkonditionen abschätzen zu können, muss die Kalkulation eines Kreditzinses von Seiten einer Bank betrachtet werden:

```
  Risikoloser Zinssatz     (→ marktgegeben)
+ Bearbeitungskosten       (→ bankspezifisch)
+ Eigenkapitalkosten       (→ aufgrund Basel II)
+ Risikokosten             (→ abhängig vom Kreditnehmer)
= Kreditzins
```

---

[1] Das haftende Eigenkapital ist ein spezifischer Eigenkapitalbegriff des Bankaufsichtsrechts und nicht mit klassischen Eigenkapitalbegriffen zu verwechseln.

Der risikolose Zinssatz stellt die Basis für die Bepreisung eines Kredites dar, da er von einer Bank jederzeit am Kapitalmarkt erreicht werden kann, wobei die gleiche Laufzeit wie für den Kredit herangezogen wird. Solche risikolosen Kredite beinhalten keine Risikokosten. Somit ist für sie kein Eigenkapital vorzuhalten (weder nach Basel I noch nach Basel II) und Bearbeitungskosten fallen (beinahe) nicht an.

Dagegen fallen bei einem Kredit Bearbeitungskosten für die Kreditvergabe an (Kreditprüfung etc.). Zudem hat die Bank für den Kredit gemäß dem Risiko und den Eigenkapitalvorschriften Risiko- und Eigenkapitalkosten zu berechnen. Die Höhe der Risikokosten ist dabei unabhängig von den Regelungen von Basel I und Basel II. Sie ergibt sich aus der Ausfallwahrscheinlichkeit des Kredites.

Beim Standardansatz muss für schlechtere Schuldner zukünftig ein Eigenkapital von 12% unterlegt werden. Bei angenommenen Eigenkapitalkosten von 15%, diesen Wert geben viele Banken selbst an, etwa der Deutsche Sparkassen- und Giroverband für alle Sparkassen, steigen die Kreditkosten durch Basel II maximal um 4% (Differenz zwischen 12% Eigenkapitalunterlegung nach Basel II und 8% Eigenkapitalunterlegung nach Basel I) × 15% = 0,6%. Der geringere Anteil von Fremdkapital zur Refinanzierung des Kredites ist dabei noch nicht einmal berücksichtigt. Somit sind die Auswirkungen von Basel II auf die Eigenkapitalkosten recht gering.

Tatsächlich sind es die Risikokosten und nicht die Eigenkapitalkosten, die für eine Kreditverteuerung sorgen. Risikokosten müssen von den Banken aber seit jeher in den Kreditkonditionen berücksichtigt werden, um einen adäquaten Zinssatz zu verlangen. Die aktuelle Verteuerung der Kreditikonditionen ist somit nicht auf Basel II zurückzuführen, sondern darauf, dass in der Vergangenheit Kredite zu billig waren. Eine Untersuchung der Boston Consulting Group bestätigt dieses Ergebnis: „Firmenkundengeschäft ist Milliardengrab" (Handelsblatt vom 25.11.2003, S. 21). Weltweit vernichtet das Firmenkundengeschäft danach rund 50 Mrd. €. Zutreffend stellt Ehlers fest, dass Basel II die Legitimation zur Rückführung von Krediten an den Mittelstand bietet (Ehlers, 2003, S. 11). Der Grund liegt aber tatsächlich in den Risikokosten.

Die Instrumente für die Bestimmung der Risikokosten liegen Banken bereits seit langer Zeit vor. Rechtlich kodifiziert wurde dies durch den § 18 KWG: „Ein Kreditinstitut darf einen Kredit von insgesamt mehr als 250.000 Euro nur gewähren, wenn es sich von dem Kreditnehmer die wirtschaftlichen Verhältnisse, insbesondere durch Vorlage der Jahresabschlüsse, offen legen lässt" (§ 18 Satz 1 KWG). In einem Rundschreiben zu diesem Paragraphen verdeutlicht das Bundesaufsichtsamt für Finanzdienstleistungsaufsicht (BaFin) die mit dieser Vorschrift verbundenen Ziele: „Die Vorschrift des § 18

KWG ist Ausfluss des anerkannten bankkaufmännischen Grundsatzes, Kredite nur nach umfassender und sorgfältiger Bonitätsprüfung zu gewähren und bei bestehenden Kreditverhältnissen die Bonität des Kreditnehmers laufend zu überwachen" (Rundschreiben Nr. 9/98).
Die Risikokosten sind natürlich je nach Bonität des Kreditnehmers sehr unterschiedlich, wie Tabelle 5 zeigt.

Tabelle 5: Moody's Ratings 1970-1998 (in % in Abhängigkeit des Ratings und der Laufzeit) (Quelle: Moody's Investors Service (1999), „Historical default rates of corporate bond issuers (1920-1998)", New York, 1999, S. 26, in: Hirszowicz, Christine; Jovic, Dean (2000), „New BIS Capital Framework", Zürich, 2000, S. 12.)

	1 J.	2 J.	3 J.	4 J.	5 J.	6 J.	7 J.	8 J.	9 J.	10 J.
Aaa	0,00	0,00	0,00	0,04	0,14	0,24	0,35	0,47	0,61	0,77
Aa	0,03	0,04	0,09	0,23	0,36	0,50	0,64	0,80	0,91	0,99
A	0,01	0,06	0,20	0,35	0,50	0,68	0,85	1,05	1,29	1,55
Baa	0,12	0,38	0,74	1,24	1,67	2,14	2,67	3,20	3,80	4,39
Ba	1,29	3,60	6,03	8,51	11,1	13,4	15,2	17,1	18,9	20,63
B oder schlechter	6,47	12,8	18,5	23,3	27,7	31,6	35,0	38,0	40,7	43,91

Danach fallen im Schnitt bei einem Rating von Ba innerhalb der nächsten sechs Jahre 13,4% der Kredite (Anleihen) aus, was jährlich zu vereinfacht einem Risikoaufschlag von 13,4%/6 Jahre = 2,2% führt.

Tatsächlich liegen die durchschnittlichen Ausfallraten im Mittelstand bei rund 1,8% (Quelle: „Neues Rating-Modell von Moody's", in: Handelsblatt vom 08.03.2006, S. 29).

Die Erkenntnisse aus dem Rating lassen sich von Unternehmen auf vielfältige Weise nutzen. Zum einen können Unternehmen, die ein Rating besitzen, daraus die „gerechten" Bankkonditionen ableiten. Zum anderen können aus den Ratings anderer Unternehmen Aussagen über die angemessene Kapitalstruktur eines Unternehmens gewonnen werden. Tabelle 6 enthält die Ratings deutscher Unternehmen.

Tabelle 6: Ratings börsennotierter deutscher Industrieunternehmen durch Moody's (Stand: 24.02.2006)

Unternehmen	Rating
BASF	Aa3
Bayer	A3
BMW	A1
Continental	Baa1
DaimlerChrysler	A3
Degussa	Baa1
Deutsche Börse	Aa1
Deutsche Lufthansa	Baa3
Deutsche Post	A2
Deutsche Telekom	A3
Dürr	Caa1
Dyckerhoff	Ba1
E.On	Aa3
Fresenius	Ba2
Fresenius Medical Care	Ba2
Gea	Ba1
Gildemeister	B3
HeidelbergCement	Ba1
Henkel	A2
Hornbach Baumarkt	Ba3
Jenoptik	B1
Lanxess	Baa3
Linde	A3
Merck	Baa1
Metro	Baa2
ProSiebenSat.1	Ba1
Rheinmetall	Baa2
Rhön-Klinikum	Baa2
RWE	A1
Schering	A2
SGL Carbon	B1
Siemens	Aa3
Südzucker	A3
ThyssenKrupp	Baa2
Tui	Ba2
Volkswagen	A3

Kein deutsches Unternehmen weist aktuell das bestmögliche Rating Aaa auf. Bestes Unternehmen ist die Deutsche Börse mit Aa1, gefolgt von BASF, E.On und Siemens mit Aa3. Als entscheidende Hürde zwischen „guten" und „schlechten" Schuldnern gilt der Ratingunterschied Baa3 und Ba1. Während Baa3 noch Investmentqualität darstellt, ist Ba1 die erste Stufe des spekulativen Ratingbereichs. In solche Papiere dürfen etwa Investmentgesellschaften nicht investieren, da das Risiko als zu hoch gilt. Im amerikanischen Raum werden solche Anleihen als „junk bonds" (Schrottanleihen) bezeichnet. Von den DAX-Unternehmen weisen etwa Tui und Fresenius Medical Care ein solches Rating im spekulativen Bereich aus.

Aus externer Sicht von größtem Interesse ist dabei der Zusammenhang zwischen Eigenkapitalquote und Rating. Tabelle 7 enthält die Unternehmen mit den jeweiligen Eigenkapitalquoten. Da einige Unternehmen Banktöchter haben (Automobilunternehmen, Deutsche Börse etc.) und Banken nicht mit Nichtbanken vergleichbar sind (Verschuldungsgrad ist bei Banken aufgrund des Geschäftsmodells viel höher als bei Nichtbanken), werden diese in Tabelle 7 eliminiert. Die Eigenkapitalquote wird dabei mit zwei Werten angegeben. Die „normale" Eigenkapitalquote basiert auf der normalen Relation Eigenkapital (inklusive Minderheitenanteile) / Bilanzsumme. Aus Sicht der Rating-Agenturen sind Minderheitenanteile Eigenkapital, da diese vor dem Fremdkapital haften. Bei der „korrigierten" Eigenkapitalquote wird dagegen der Effekt der immateriellen Vermögensgegenstände korrigiert. Da diese im Konkursfall häufig nicht werthaltig sind, werden immaterielle Vermögensgegenstände von Kreditinstituten regelmäßig bei der Kreditwürdigkeitsprüfung eliminiert. Bei der Eigenkapitalquote ohne Goodwill wird daher die Relation (Eigenkapital – immaterielle Vermögensgegenstände) / (Bilanzsumme – immaterielle Vermögensgegenstände) gebildet.

Tabelle 7: Rating und Eigenkapitalquoten

Unternehmen	Rating	EK-Quote	EK-Quote ohne Goodwill
Schering	A2	54%	48%
BASF	Aa3	46%	41%
Dyckerhoff	Ba1	34%	32%
Siemens	Aa3	34%	28%
E.On	Aa3	33%	23%
Bayer	A3	33%	20%
Deutsche Lufthansa	Baa3	22%	19%

Finanzierung

Linde	A3	35%	15%
ThyssenKrupp	Baa2	26%	14%
Fresenius Medical Care	Ba2	46%	4%
Metro	Baa2	18%	4%
Henkel	A2	35%	1%
Deutsche Telekom	A3	35%	-8%[2]
RWE	A1	12%	-9%
Tui	Ba2	24%	-9%

Zunächst lässt sich feststellen, dass es keinen direkten Zusammenhang zwischen Rating und Eigenkapitalquote gibt. Somit ist die Eigenkapitalquote nicht der entscheidende Grund für ein Rating. Gleichwohl scheint die Eigenkapitalquote notwendige Vorbedingung für ein bestimmtes Rating zu sein. So liegen die Unternehmen mit dem besten Rating alle im oberen Bereich der Eigenkapitalquoten. Es scheint stattdessen negative Gründe zu geben, die das Rating belasten können. Bei Schering könnten dies etwa die besonderen Risiken der Pharmaindustrie sein, deren Erfolg ausschließlich von zukünftigen Ereignissen abhängen und somit schwer einschätzbar ist. Ebenso hängt ein Unternehmen wie Dyckerhoff vom Mutterunternehmen Buzzi Unicem ab, was Einfluss auf das Rating haben könnte. Gleichzeitig hängt Dyckerhoff stark von der Bauindustrie ab, was ebenfalls negativ auf das Rating wirken könnte.

Im negativen Bereich müssen ebenfalls Sonderfaktoren berücksichtigt werden. Auch hier finden sich generell die Unternehmen mit den geringsten Eigenkapitalquoten. Fresenius Medical Care wird beispielsweise wohl durch den hohen Geschäfts- oder Firmenwert abgewertet, obwohl die Eigenkapitalquote relativ hoch ist (46%). Dagegen hat RWE eine geringe Eigenkapitalquote, ist aber im Vergleich zu anderen DAX-Unternehmen hochprofitabel. Dadurch relativieren sich auch die geringe Eigenkapitalquote und die negative Eigenkapitalquote nach Abzug des Geschäfts- oder Firmenwertes. Auch bei Henkel oder der Deutschen Telekom ist die Ertragsstärke ausreichend hoch, um den hohen Geschäfts- oder Firmenwert zu rechtfertigen. Dagegen wird bei Tui ein höheres Risiko als etwa bei ThyssenKrupp oder der Deutschen Lufthansa vermutet, so dass trotz bei etwa gleich hoher Eigenkapitalquote ein schlechteres Rating ergeben hat. Auch hier könnte der hohe Geschäfts- oder Firmenwert als Grund vermutet werden.

---

[2] Abzüglich der immateriellen Vermögensgegenstände inklusive etwa der UMTS–Lizenzen.

Ausgehend von diesen Werten lässt sich eine Eigenkapitalquote von rund 33%, d. h. eine Fremdkapitalquote von rund 67%, als für ein gutes Rating ausreichend ansehen.

Über den Leverage-Effekt ergibt sich damit ein Hebel von 2 (2/3 Fremdkapital zu 1/3 Eigenkapital), der als ausreichend für ein Rating gilt, das zu einem nur sehr geringen Risikoaufschlag führt. Welcher Hebel und damit welcher Risikoaufschlag gewählt werden, hängt von der Risikoneigung des Unternehmens ab. So könnten auch Fremdkapitalkosten von 18% bei einem Hebel von 14 noch durchaus akzeptabel sein, wenn die Gesamtkapitalrendite etwa bei 20% liegt (so bei der Übernahme von RJR Nabisco durch KKR). In einem solchen Fall liegt die Eigenkapitalrendite bei rund 48%.

4.1.2 Steuerung der Risikokosten

Generell muss es Ziel eines Unternehmens sein, die mit dem Geschäft verbundenen Risikokosten bewusst zu steuern. Die Folgen von Risikokosten für die Kreditkosten sind schwerwiegend und können das Ergebnis eines Unternehmens stark belasten. In der Diskussion wird dabei allerdings ein deutlich größeres Problem häufig übergangen: Das Risiko ist für einen Eigenkapitalgeber noch deutlich größer als für einen Fremdkapitalgeber. Somit muss ein Eigenkapitalgeber eine deutlich höhere Eigenkapitalrentabilität fordern als ein Bankkredit kostet. Eine Steuerung der Risikokosten ist somit aus Unternehmens- und insbesondere Unternehmersicht nicht für die Bank notwendig, sondern insbesondere für die Eigenkapitalgeber selbst.

Mit den Ansprüchen der Banken aus der Kreditkalkulation eng verbunden sind die Regelungen des KonTraG an das Risikomanagement. Danach müssen Unternehmen die mit ihrem Geschäft verbundenen Existenzgefährdenden Risiken in einem Risikobericht als Teil des Jahresabschlusses darlegen. Diese Vorschrift gilt zwar nur für einen kleinen Teil der deutschen Unternehmen, allerdings sollte sie auch auf alle anderen abstrahlen, so dass sich auch diese intensiver mit ihren Risiken auseinandersetzen.

Die Risikokosten eines Krediets werden über ein Rating abgebildet. Dieses stellt die Zusammenfassung der Unternehmensdaten in einer einzigen Kennzahl dar. Am bekanntesten sind hier die Ratings der Agenturen Standard & Poor's und Moody's, die aufgrund der Kosten allerdings nur für größere Unternehmen geeignet sind. Für das Gros des deutschen Mittelstandes werden die Bewertungen der Banken in Form eines internen Ratings entscheidend sein.

Ein Rating ist naturgemäß nur so gut, wie die Daten, mit denen das Rating ermittelt wird. Nur wenn im Rating-Prozess die richtigen Unternehmensdaten eingesetzt werden, kann am Ende ein der tatsächlichen Unternehmenssituation entsprechendes Rating herauskommen und damit die tatsächliche Risikosituation abgebildet werden. Als wesentliche quantitative Kennzahlen, die bei einzelnen Banken naturgemäß stark abweichen können, können folgende Kennzahlen angesehen werden:

- Eigenkapitalquote,
- Gesamtkapital-Rentabilität
- Umsatz / Betriebsleistungsentwicklung
- Cash Flow
- Liquidität / Finanzstruktur
- Entwicklung ggü. Vorjahr / Zukunftsaussichten

Mit diesen Kennzahlen soll die Schuldendienstfähigkeit eines Unternehmens abgeschätzt werden. Weitere Kennzahlen, die das Rating bestimmen sind:

- Qualität und Attraktivität des Produktangebots
- Vertriebsstärke / Vertriebskanäle
- Marktstellung / Wettbewerbsdifferenzierung
- Abhängigkeiten (z.B. von Kunden, Lieferanten)
- Mittel- und langfristige Branchenaussichten
- Spezielle Risiken (z.B. technologischer Wandel)

Damit soll u. a. die Entwicklung in der jeweiligen Branche, die Positionierung eines Kunden im Wettbewerb oder Abhängigkeiten von bestimmten Kunden und Lieferanten abgebildet werden. Neben diesen Faktoren spielen auch die Qualität des Managements oder die Unternehmensstrategie eine bedeutende Rolle bei der Rating-Einstufung. Kriterien, die hier berücksichtigt werden, sind

- eine nachvollziehbare Strategie
- Erfahrung, Führungsqualitäten
- Nachfolgeregelung, Management
- Abhängigkeit von einzelnen Mitarbeitern (Forschung)
- Qualität des Rechnungswesens und Controllings
- Beziehung zur Bank (z.B. Zahlungsverhalten)

Als Informationsinstrumente für das Rating werden Bilanzen, Quartalsberichte, BWAs, der Auftragsbestand, Investitionspläne, eine gesonderte Darstellung der Geschäftsbereiche, Umsatz- und Ertragsprognosen oder auch Planzahlen herangezogen. Diese Instrumente sollten für jedes Unternehmen zum Standard werden, um gezielte Steuerungsmaßnahmen auch ohne vorhandenes Controlling durchführen zu können.

Die Kennzahlen des Rating-Prozesses haben sich aus Erfahrungswerten der Banken hinsichtlich der Kreditwürdigkeitsprüfung ergeben und werden durch verschiedene Analyseinstrumente wie neuronale Netze, Diskriminanzanalysen usw. in Ratings überführt. Unternehmen können somit versuchen, diese im Rating-Prozess verwendeten Kennzahlen direkt so zu steuern, dass sie im Rating der Banken eine Verbesserung erreichen.

Statt dieses indirekten Weges kann allerdings auch das Risiko eines Unternehmens direkt im Rahmen eines Risikomanagementsystems gesteuert werden. Damit werden mittelbar auch die Kennzahlen des Ratingsystems gesteuert. Wird das Bankgeschäft auf den Mittelstand übertragen, so lassen sich einige Gemeinsamkeiten finden:

– Ausfallrisiken aus Forderungen steht eine Nichtbank genauso gegenüber wie eine Bank. Es fehlt im Mittelstand nur eine bewusste Steuerung dieses Risikos. Während Banken ihre Kreditnehmer durch ein Rating bewerten, unterbleibt dies im Regelfall bei Nichtbanken. Dabei sind die Risiken teilweise weitaus höher als bei Banken. Aufgrund der weitaus geringeren Zahl an Kunden sind Mittelständler einem höheren Klumpenrisiko ausgesetzt als Banken. Der Ausfall einzelner Forderungen (= Kredite) kann das Ergebnis somit sehr schnell sehr stark belasten. Eine pauschale Eigenkapitalunterlegung von 8% wie bei Basel I wäre für den Mittelstand somit viel zu gering. Als Alternative zur eigenen Steuerung ist auch der Forderungsverkauf ein gangbarer Weg, durch den das Ausfallrisiko aus dem Unternehmen entfernt wird. Dies ist zwar mit hohen Abschlägen auf den Nominalwert verbunden, dies ist allerdings auch als Preis für das Risiko zu sehen.
– Marktpreisrisiken existieren nicht nur bei Banken, sondern auch bei Nichtbanken. Bei Währungsgeschäften lassen sich die Bankinstrumente direkt auf den Mittelstand übertragen, allerdings ist nur der geringste Teil des Mittelstandes mit Währungsgeschäften konfrontiert. Die Modelle zur Steuerung von Marktpreisrisiken wie das Value-at-Risk-Verfahren lassen sich aber auch direkt auf alle von Marktpreisen abhängende Positionen von Mittelständlern wie den Umsatz oder bezogene Leistungen anwenden. Diese Modelle haben insbesondere den Vorteil, dass sie von Bankseite her bekannt sind und somit keinen Akzeptanzproblemen unterliegen.

Da Risiken elementar für Finanzierung und Investitionsrechnung eines Unternehmens sind und über die Kapitalkosten in jede Entscheidung mit eingehen, werden sie in Kapitel 5 gesondert behandelt, wobei Steuerungsmöglichkeiten für die einzelnen Risikoarten dargestellt werden.

4.2 Eigenkapitalfinanzierung

Der wichtigste Teil der Finanzierung stellt die Eigenkapitalfinanzierung dar. Da letztendlich die Höhe des Eigenkapitals entscheidend für die Fremdkapitalkosten ist (und auch für die Höhe des maximal aufnehmbaren Fremdkapitals), muss dem Management des Eigenkapitals eine besondere Aufmerksamkeit zugebilligt werden.

Eigenkapital ist zunächst von der Definition her der Teil des Kapitals eines Unternehmens, der von Seiten der Eigentümer als Eigentümerkapital zur Verfügung gestellt wurde. Diese auf den ersten Blick etwas „sperrige" Definition ist deshalb notwendig, da Eigentümer auch Fremdkapital zur Verfügung stellen können. Somit ist nicht Eigentümer der entscheidende Begriff für die Abgrenzung, sondern Eigentümerkapital.

Inhaltlich unterscheidet sich das von den Eigentümern bereitgestellte Eigenkapital je nach Rechtsform:

- rechtlich und faktisch ist bei Kapitalgesellschaften nur der gezahlte Preis für die Aktien bei Aktiengesellschaften und der gezahlte Preis der Gesellschaftsanteile bei GmbHs Eigenkapital;
- rechtlich sind bei Personengesellschaften nur die Einzahlungen der Einzelunternehmer bzw. der Gesellschafter der OHG oder KG Eigenkapital; faktisch haftet bei diesen Personen (bis auf die Kommanditisten einer KG) das Privatvermögen mit, so dass es etwa aus Sicht der Kreditgeber ebenfalls Eigenkapital darstellt.

Eigenkapital kann durch die Eigentümer bar oder in Form von Sacheinlagen eingebracht werden (Bar- bzw. Sacheinlage). Bilanziell stellt dieses von außen zugeführte Kapital gezeichnetes Kapital und Kapitalrücklagen dar. Der den Nennwert von Anteilen (Aktien oder GmbH-Anteilen) übertreffende Betrag wird dabei in die Kapitalrücklage gebucht.

Beispielhaft wird nachfolgend das Eigenkapital von Altana gezeigt:

PASSIVA	Anhang	31.12.2004	31.12.2003
Gezeichnetes Kapital[1]		140.400	140.400
Kapitalrücklage		136.718	137.871
Konzerngewinn und Gewinnrücklagen		1.754.671	1.477.358
Neubewertungsrücklage		22.337	11.968
Unterschiede aus Währungsumrechnung		-134.813	-119.735
Eigene Aktien		-258.513	-202.437
Eigenkapital	12	1.660.800	1.445.425
Minderheitsanteile		1.681	6.455

Der Nennwert der ausgegebenen Aktien entspricht dabei somit 140,4 Mio. €, während die Kapitalrücklage 136,7 Mio. € beträgt. Der Nennwert einer Aktie beträgt bei Altana 1 €, womit im Durchschnitt Aktien für ca. 2 € (1 € Nennwert + 1 € Aufpreis, der in die Kapitalrücklage gebucht wurde) ausgegeben wurden.

Während gezeichnetes Kapital und Kapitalrücklage von außen zugeführt werden, handelt es sich insbesondere bei den Gewinnrücklagen um innen, d. h. im Unternehmen verdientes Eigenkapital, das sich aus den Gewinnen vergangener Perioden zusammensetzt. Es steht dem Unternehmen insbesondere deshalb zur Verfügung, weil die Eigentümer auf Ausschüttungen verzichtet haben.

Die anderen bei Altana genannten Positionen spielen für diese Zwecke keine Rolle, da es sich um besondere Positionen eines Jahresabschlusses nach den Vorschriften der International Financial Reporting Standards (IFRS) handelt.

Die Eigenschaften von Eigenkapital lassen sich insbesondere durch eine Gegenüberstellung mit Fremdkapital aufstellen:

- mit Eigenkapital sichert sich der Eigentümer einen Quotenanteil am Gewinn des Unternehmens und den Liquidationserlösen (mit Fremdkapital besteht Anspruch auf Rückzahlung des Nominalbetrages),
- die voraussichtliche Verzinsung für die Eigentümer ist variabel, während „echte" Fremdkapitalgeber eine fixe Verzinsung erwarten dürfen (bei Mischformen zwischen Eigen- und Fremdkapital kann die Verzinsung auch erfolgsabhängig sein),
- Eigenkapital steht bei Kapitalgesellschaften unbefristet zur Verfügung, „echtes" Fremdkapital befristet (bei Hybridkapital kann die Laufzeit auch unbefristet sein),
- Eigenkapital haftet (bei Personengesellschaften bis auf Kommanditisten auch mit dem Privatvermögen), während auf Fremdkapital ein Rückzahlungsanspruch besteht,

– Eigenkapital bestimmt die Leitung eines Unternehmens (Fremdkapitalgeber haben in der Regel keine Mitbestimmungsrechte).

Eine „optimale" Eigenkapitalausstattung kann – wie oben bereits dargelegt wurde – allgemein nicht formuliert werden. Sie hängt tatsächlich von verschiedenen Faktoren ab und ist immer auch von der jeweiligen Sichtweise abhängig. Aus Sicht eines Eigentümers, der auf Bestandssicherung seiner Einlage aus ist, ist eine hohe Eigenkapitalquote anzustreben, während ein Renditeorientierter Eigenkapitalgeber eher eine geringere Eigenkapitalquote anstreben wird. Aus Sicht der Fremdkapitalgeber ist eine geringe Eigenkapitalquote nicht unbedingt nachteilig. Wenn sie in die Kreditkonditionen eingepreist wurde und der Fremdkapitalgeber eine risikoadäquate Verzinsung erhält, ist die niedrige Eigenkapitalquote in Ordnung. Ein deutliches Abschmelzen der Eigenkapitalquote ohne Möglichkeit einer Anpassung der Konditionen ist aus Sicht der Fremdkapitalgeber hingegen problematisch, da in einem solchen Fall keine risikoadäquate Verzinsung mehr zur Verfügung steht.

Gleichzeitig spielen natürlich auch Faktoren wie Steuersätze oder Bilanzierungsregeln eine große Rolle für die Eigenkapitalquote. Während die oben als Referenz für das Rating genannten DAX-Unternehmen aufgrund ihrer internationalen Aufstellung nicht so stark unter hohen deutschen Steuersätzen leiden, können Mittelständler den deutschen Steuersätzen nicht „entkommen". Ob die Steuersätze tatsächlich hoch sind oder nicht, soll dabei nicht weiter untersucht werden. Da die Bedienung von Fremdkapital steuerlich abzugsfähig ist, führt allein dieser Umstand dazu, dass die Eigenkapitalquote auf ein Minimum zurückgeführt werden sollte. So ist sicherlich der Unterschied in den Eigenkapitalquoten zwischen Großunternehmen und klein- und mittelständischen Unternehmen mindestens teilweise auf das Steuersystem zurückzuführen.

Weiterhin spielen auch die Bilanzierungsvorschriften eine Rolle. Beispielsweise steigt das Eigenkapital bei den Unternehmen, die auf IFRS umstellen, im Regelfall an. Dadurch steigt automatisch natürlich auch die Eigenkapitalquote.

Letztlich haben auch international unterschiedliche Gepflogenheiten zu Unterschieden in den Eigenkapitalquoten geführt. Während sich deutsche Unternehmen traditionell stark über Pensionsrückstellungen finanziert haben, ist dies international unüblich. Die Rating-Agenturen haben deutsche Unternehmen wegen hoher Pensionsrückstellungen herabgestuft, da sie diese Rückstellungen komplett als Fremdkapital gesehen haben und nicht – wie in Deutschland häufig üblich – teilweise als Eigenkapital. Aus diesem Grund haben die meisten Großunternehmen die Pensionsrückstellungen mittlerweile in externe Fonds ausgegliedert, was sich positiv auf die Eigenkapitalquote der Großunternehmen ausgewirkt hat.

Natürlich spielen im internationalen Vergleich auch Faktoren wie der immer noch schlecht ausgeprägte deutsche Kapitalmarkt eine Rolle. Während sich amerikanische Unternehmen über den Kapitalmarkt refinanzieren, müssen deutsche Unternehmen in der Regel auf die Angebote der Kreditinstitute zurückgreifen.

Gleichzeitig ist der Finanzbedarf von internationalen Konzernen häufig bei weitem nicht so groß wie erwartet, wie ein Blick auf die Passivseite von Nokia aus dem Geschäftsbericht 2003 zeigt:

SHAREHOLDERS' EQUITY AND LIABILITIES

Shareholders' equity			
Share capital	21	288	287
Share issue premium		2,272	2,225
Treasury shares, at cost		(1,373)	(20)
Translation differences		(85)	135
Fair value and other reserves	20	93	(7)
Retained earnings	22	13,953	11,661
		15,148	14,281
Minority interests		164	173
Long-term liabilities	23		
Long-term interest-bearing liabilities		20	187
Deferred tax liabilities	24	241	207
Other long-term liabilities		67	67
		328	461
Current liabilities			
Short-term borrowings	25	387	377
Current portion of long-term debt		84	
Accounts payable		2,919	2,954
Accrued expenses	26	2,468	2,611
Provisions	27	2,422	2,470
		8,280	8,412
Commitments and contingencies	29		
Total shareholders' equity and liabilities		23,920	23,327

Das Eigenkapital übersteigt das Fremdkapital von Nokia dabei deutlich. Dabei besteht das Fremdkapital überwiegend aus Verbindlichkeiten aus Lieferungen und Leistungen und nicht aus Bankverbindlichkeiten. Der Grund ist in der Struktur der Aktivseite zu sehen:

ASSETS

Fixed assets and other non-current assets			
Capitalized development costs	12	537	1,072
Goodwill	12	186	476
Other intangible assets	12	185	192
Property, plant and equipment	13	1,566	1,874
Investments in associated companies	14	76	49
Available-for-sale investments	15	121	238
Deferred tax assets	24	743	731
Long-term loans receivable	16	354	1,056
Other non-current assets		69	54
		3,837	5,742
Current assets			
Inventories	17, 19	1,169	1,277
Accounts receivable, net of allowances for doubtful accounts (2003: EUR 367 million, 2002: EUR 300 million)	18, 19	5,231	5,385
Prepaid expenses and accrued income	18	1,106	1,156
Other financial assets		465	416
Available-for-sale investments	15	816	—
Available-for-sale investments, cash equivalents	15, 34	10,151	7,855
Bank and cash	34	1,145	1,496
		20,083	17,585
Total assets		23,920	23,327

Die Aktivseite von Nokia besteht überwiegend aus Wertpapieren und Forderungen, nicht aber aus „normalem" Anlagevermögen. Hier weist Nokia nur Sachanlagen von 1,6 Mrd. € aus – für einen Konzern dieser Größe ein sehr geringer Wert.

Eine ähnliche Struktur lässt sich bei vielen internationalen Konzernen finden. Der Grund liegt in der Konzentration auf die „Kernkompetenzen". Da die eigene Produktion in eigenen Sachanlagen häufig nicht als Kernkompetenz angesehen wird, beträgt das zu finanzierende Anlagevermögen bei vielen internationalen Konzernen auf geringem Niveau.

4.3 Finanzierung durch spezielle Fremdkapitalinstrumente mit Eigenkapitalverknüpfung

Spezielle Finanzierungsinstrumente sind durch ihre Verknüpfung mit Eigenkapitalinstrumenten gekennzeichnet. Während Wandel- und Optionsanleihen sich auf Aktien des Emittenten beziehen, werden bei Aktien- und Umtauschanleihen Aktien von Unternehmen mit der Anleihe verknüpft, die nicht mit dem Emittenten identisch sind.

4.3.1 Wandelanleihen

Wandelanleihen sind Anleihen, bei denen der Emittent die Schuldverschreibung mit einem Bezugsrecht auf Aktien versieht. Solche Schuldverschreibungen werden in Optionsanleihen und Wandelanleihen unterschieden. Während bei der Wandelanleihe sämtliche Ansprüche mit dem Bezug von Aktien entgolten sind, bestehen bei der Optionsanleihe die Forderungsrechte auch nach dem Bezug von Aktien weiter.

Eine Wandelanleihe berechtigt den Inhaber, sie in eine oder mehrere Aktien zu wandeln. Somit findet ein Tausch von Gläubiger- in Eigentümerpapiere statt. Es handelt sich dabei aber nur um ein Recht des Inhabers, nicht aber um eine Pflicht. Somit kann der Inhaber auf das Bezugsrecht verzichten. Stattdessen erhält er die mit der Schuldverschreibung verbundene Zinszahlung inklusive Tilgung. Bei einer Optionsanleihe sind hingegen Bezugsrecht und Schuldverschreibung voneinander getrennt, so dass der Inhaber der Optionsanleihe grundsätzlich die mit der Schuldverschreibung verbundene Zinszahlung inklusive Tilgung erhält, egal ob er das Bezugsrecht ausübt oder nicht.

Da mit einer Wandelanleihe bei Bezug der Aktien immer eine Kapitalerhöhung verbunden ist, muss der Emittent die Vorschriften des Aktiengesetzes hinsichtlich einer bedingten Kapitalerhöhung beachten. So ist etwa eine ¾-Mehrheit des in der Hauptversammlung anwesenden Kapitals notwendig. Weiterhin darf der Nennbetrag des bedingten Kapitals nicht die Hälfte des Nennbetrages des bisherigen Grundkapitals übersteigen.

Um eine Verwässerung des Anteils der Aktaktionäre zu verhindern, ist diesen ein Bezugsrecht auf die Wandelanleihen einzuräumen.

Die Bedingungen einer Wandelanleihe müssen grundsätzlich folgende Spezifikationen enthalten:

– Wandlungsfrist,
– Wandlungsverhältnis,
– Barzuzahlung bei Wandlung und
– Kapitalverwässerungsschutzklauseln.

Die Wandlungsfrist beschreibt den Zeitraum, innerhalb dessen die Wandelanleihe in Aktien umgewandelt werden kann. Das Wandlungsverhältnis gibt an, wie viele Wandelanleihen zum Bezug von wie vielen Aktien berechtigen. Zusätzlich kann bei Wandlung eine Barzuzahlung fällig werden. Der „Preis", den ein Inhaber für die Aktien bei Wandlung bezahlt, ergibt sich aus dem Wandlungsverhältnis und der Barzuzahlung. Kapitalverwässerungsschutzklauseln haben letztlich das Ziel, die Inhaber von Wandelanleihen im Fall von Kapitalerhöhungen nicht zu benachteiligen. Sie sehen dementsprechende Änderungen des Wandelpreises vor.

Im Oktober 2003 begab beispielsweise TUI eine Wandelanleihe mit folgenden Spezifikationen:

– Volumen: 384,6 Mio. €,

- Kupon 4%,
- wandelbar in 17.803.240 Aktien,
- Wandlungspreis: 21,60 €

Bei einer Stückelung der Wandelanleihen in nominal 50.000 € erlaubt eine Wandelanleihe den Bezug von 2.314,81 Aktien. Eine Ausübung ist seit dem 2. Januar 2004 möglich. Die Wandelanleihe läuft bis zum 1. Dezember 2008, wobei bis zum 17. November 2008 eine Wandlung möglich ist.

Mit Adidas-Salomon und Infineon haben weitere DAX-Unternehmen Wandelanleihen begeben. So begab Adidas-Salomon in 2003 eine Wandelanleihe im Volumen von 400 Mio. €, die mit 2,5% verzinst wird und bis zum 20. September 2018 in ca. 4 Millionen Stückaktien gewandelt werden kann bei einem Wandelpreis von 102 €.

Infineon gibt zu den Wandelanleihen folgendes an (Infineon, Geschäftsbericht 2003/04, S. 110):

„Am 5. Juni 2003 begab die Gesellschaft (als Bürgin) durch ihre Tochtergesellschaft Infineon Technologies Holding B.V. (als Emittentin) eine im Jahr 2010 fällige Wandelschuldverschreibung zum Nennwert von €700 (Millionen Euro, die Verfasser) im Rahmen eines verbindlichen Übernahmeangebots an institutionelle Investoren in Europa. Die Inhaber dieser Schuldverschreibungen können diese über die Laufzeit auf Anforderung in maximal 68,4 Mio. Aktien der Gesellschaft umwandeln, wobei der Wandelpreis 10,23 Euro pro Aktie beträgt. Bei Umwandlung kann die Gesellschaft bei einem Teil oder allen Aktien auch einen Barausgleich vornehmen. Die Wandelanleihe verzinst sich mit 5,0% pro Jahr. Die Schuldverschreibung ist unbesichert und steht gleichrangig mit allen gegenwärtigen und zukünftigen nachrangigen Verbindlichkeiten der Gesellschaft und kann in den ersten drei Jahren nicht gewandelt werden. Die Gesellschaft hat sich verpflichtet, solange die Anleihe aussteht, keine weiteren Sicherheiten aus ihrem Vermögen zu bestellen, ohne dass die Gläubiger der Anleihe gleichrangig an dieser Sicherheit teilnehmen. Die Wandelanleihe beinhaltet für die Gläubiger bei einem definierten Kontrollwechsel der Gesellschaft das Recht auf Rückzahlung. Eine Reorganisation der Gesellschaft mit Substitution der Bürgin wird nicht als Kontollwechsel angesehen. Nach drei Jahren kann die Gesellschaft die Anleihe zum Nominalbetrag zuzüglich aufgelaufener Zinsen ablösen, falls die Aktie der Gesellschaft 125% des Wandlungspreises an 15 Handelstagen innerhalb eines Zeitraums von 30 Tagen übersteigt. Die Wandelschuldverschreibung wird an der Luxemburger Börse gehandelt."

Neben dieser Wandelanleihe besteht eine weitere aus dem Jahr 2002 über 1 Mrd. €, die einen Wandelpreis von 35,43 € aufweist.

Die Vorteile einer Wandelanleihe liegen für beide Seiten auf der Hand:

- Der Anleger erhält eine festverzinsliche Anleihe mit fester Verzinsung, partizipiert aber auch von einem Anstieg des Aktienkurses, da er in diesem Fall die Wandelanleihe in eine Aktie umtauschen würde. Aus diesem Grund werden Wandelanleihe bzw. Fonds, die in Wandelanleihen investieren, für sicherheitsorientierte Anleger empfohlen.
- Das Unternehmen erhält günstiges Fremdkapital (im Vergleich zu „normalem" Fremdkapital). So zahlt etwa Infineon für kurzfristige Verbindlichkeiten 4,5%, während die vier Jahre laufende 2003er Wandelanleihe nur zu 4,25% verzinst wird.
- Dagegen haben beide Seiten natürlich auch Nachteile:
- Der Anleger erhält weniger Verzinsung als bei einer „normalen" Anleihe und partizipiert im Regelfall nur bei starken Aktienkursanstiegen. Bei einem Aktienkurs von rund 8 € (Ende Februar 2006) müsste der Kurs um mehr als 25% steigen, damit es sich lohnen würde, die 2003er Wandelanleihe in Aktien zu wandeln. Bei der 2002er Wandelanleihe beträgt der Wandelpreis 35,43 €, womit sich der Kurs um rund 350% verbessern müsste.
- Das Unternehmen verwässert durch eine Wandelanleihe bei einem starken Kursanstieg das auf die Altaktionäre entfallende Ergebnis. Im „schlimmsten" Fall würden insgesamt 68,4 Mio. Aktien aus der 2003er Wandelanleihe und 28,2 Mio. Aktien aus der 2002er Wandelanleihe entstehen. Bei 735 Mio. Aktien würde die Aktienzahl somit maximal um 13% steigen. Bei Adidas beträgt der Wandelpreis „nur" 102 € und liegt weit unter dem Aktienkurs (mehr als 160 € Ende Februar 2006), so dass die Verwässerung hier ab 2005 eintritt. Bei rund vier Millionen Aktien aus der Wandelanleihe steigt die Aktienzahl voraussichtlich von knapp 46 auf knapp 50 Millionen Aktien. Daraus ergibt sich ein Rückgang des Ergebnisses je Aktie von 6,88 € auf 6,54 € (Quelle: Adidas-Salomon, Geschäftsbericht 2004, S. 153).

Der Wert einer Wandelanleihe ergibt sich für den Inhaber aus der Frage, ob die Wandlung oder die Schuldverschreibung vorteilhaft sind. Der Wert aus der Schuldverschreibung ergibt sich aus der Abzinsung der Zins- und Tilgungszahlungen. Dem gegenüber steht der Gegenwert der wandelbaren Aktien abzüglich des Wandlungspreises. Liegt der Wert der Schuldverschreibung über dem Gegenwert der wandelbaren Aktien, so ist es für den Inhaber vorteilhaft, die Schuldverschreibung zu behalten und nach der Tilgung in die Aktie zu investieren, da er dann eine größere Aktienanzahl erhält.

Problematisch für die bilanzielle Behandlung ist der Charakter der Wandelanleihen, da die Schuldverschreibung Fremdkapital darstellt, das Bezugsrecht aber im Eigenkapital zu buchen ist. Für solche zusammengesetzte Instrumente sehen sowohl die IFRS als auch das HGB eine getrennte Bilanzierung der einzelnen Bestandteile vor.

Von der Wandelanleihe von TUI im Gesamtvolumen von 384,6 Mio. € wurden beispielsweise 42,1 Mio. € in die Kapitalrücklage und somit 342,5 Mio. € in die langfristigen Verbindlichkeiten gebucht. Nachfolgend sind die Prospekte einer Wandelanleihe der Linde AG sowie der Tui aus dem Jahr 2003 aufgeführt:

Finanzierung

Linde

Listing Prospectus

LINDE FINANCE B. V.

(incorporated in The Netherlands and registered with the commercial register of the Kamer van Koophandel Amsterdam under number 34115238, having its corporate domicile in Amsterdam)

€ 550,000,000
1.25 % Convertible Notes due 2009

unconditionally and irrevocably guaranteed by

Linde Aktiengesellschaft

(incorporated as a stock corporation under the laws of Germany and registered with the Commercial Register of Wiesbaden under HR B 10000, having its corporate domicile in Wiesbaden, Germany)

The 1.25 % Convertible Notes of Linde Finance B. V. ("Linde Finance" or the "Issuer") due 2009 (the "Notes") have been issued on May 5, 2004 in denominations of € 100,000 each. Each Note will, at the option of the holder (a "Noteholder"), subject to certain conditions, be convertible from and including July 5, 2004 up to and including April 9, 2009 into ordinary bearer shares (the "Shares") with no par-value (*Stückaktien*) of Linde Aktiengesellschaft at an initial conversion price per Share of € 56.482. Linde Aktiengesellschaft ("Linde AG" or the "Guarantor") has unconditionally and irrevocably guaranteed (the "Guarantee") the due and punctual payment of all amounts at any time becoming due and payable in respect of the Notes.

Unless previously redeemed, converted or purchased and cancelled, the Notes will be redeemed by the Issuer on May 5, 2009 (the "Maturity Date") at their nominal amount. The Issuer may, at any time from May 5, 2007, redeem Notes in whole or in part, at their nominal amount, by delivery of Shares if the price of the Shares exceeds certain levels. See § 4(3) of the Terms and Conditions of the Notes (the "Conditions"). The Issuer also has the right to redeem the Notes at the Maturity Date by delivery of Shares and payments of such other amounts as is set forth in § 4(5) through (6) of the Conditions. Interest on the Notes will accrue from May 5, 2004, and will be payable annually in arrears on May 5 of each year, commencing on May 5, 2005. The Notes are governed by the laws of the Federal Republic of Germany.

The Notes are represented by a global certificate in bearer form without interest coupons attached (the "Global Note"). Definitive certificates representing individual Notes and interest coupons will not be issued. The Global Note will be kept in custody by Clearstream Banking AG, Frankfurt am Main, until all obligations of the Issuer under the Notes have been satisfied. Application has been made to list the Notes on the Luxembourg Stock Exchange. The Shares of Linde Aktiengesellschaft are listed on the Frankfurt Stock Exchange and all other German stock exchanges and the Zurich Stock Exchange. Any Shares delivered upon conversion of the Notes will be listed on the Frankfurt Stock Exchange or another major stock exchange.

THE NOTES, AND THE SHARES INTO WHICH THE NOTES ARE CONVERTIBLE, HAVE NOT BEEN AND WILL NOT BE REGISTERED UNDER THE UNITED STATES SECURITIES ACT OF 1933, AS AMENDED. ACCORDINGLY, SUBJECT TO CERTAIN EXCEPTIONS, THE NOTES MAY NOT BE OFFERED, SOLD OR DELIVERED WITHIN THE UNITED STATES OR TO OR FOR THE ACCOUNT OR BENEFIT OF UNITED STATES PERSONS. FOR A DESCRIPTION OF CERTAIN RESTRICTIONS ON RESALE OR TRANSFER, SEE "SUBSCRIPTION AND SALE".

Issue Price: 100 %

The Date of this Listing Prospectus is June 14, 2004

Finanzierung

§ 3
Verzinsung

(1) **Zinssatz.** Die Schuldverschreibungen werden ab einschließlich dem 5. Mai 2004 (der „*Ausgabetag*") mit jährlich 1,25% auf ihren Nennbetrag verzinst. Die Zinsen sind jährlich nachträglich am 5. Mai eines jeden Jahres (jeweils ein „*Zinszahlungstag*"), erstmals am 5. Mai 2005, in Höhe von € 1.250 (in Worten: Euro ein Tausend zweihundertfünfzig) je Schuldverschreibung zahlbar. Letzter Zinszahlungstag ist der Endfälligkeitstermin (wie in § 4(1) definiert) (sofern nicht die Schuldverschreibungen zuvor zurückgezahlt, gewandelt oder zurückgekauft und entwertet wurden). Die Verzinsung der Schuldverschreibungen endet mit Beginn des Tages, an dem die Schuldverschreibungen zur Rückzahlung fällig werden. Im Falle der Ausübung des Wandlungsrechtes (wie in § 7(1) definiert) oder der Vorzeitigen Aktienrückzahlungsoption (wie in § 4(3) definiert) hinsichtlich einer Schuldverschreibung endet die Verzinsung dieser Schuldverschreibung mit Ablauf des Tages, der dem letzten Zinszahlungstag vor dem Ausübungstag (wie in § 8(4) definiert) bzw. dem Tag der vorzeitigen Rückzahlung (wie in § 4(3) definiert) unmittelbar vorausgeht, bzw., sofern es bis dahin keinen Zinszahlungstag gegeben hat, am Ausgabetag.

(2) **Verzugszinsen.** Sofern die Anleiheschuldnerin die Schuldverschreibungen nicht bei Fälligkeit einlöst, erfolgt die Verzinsung des Nennbetrags bis zum Tag der tatsächlichen Rückzahlung der Schuldverschreibungen (ausschließlich) mit einem jährlichen Zinssatz, welcher der Summe des in Absatz (1) bestimmten Zinssatzes und 1% entspricht. Die Geltendmachung eines weiteren Schadens ist nicht ausgeschlossen.

(3) **Zinstagequotient.** Sind Zinsen für einen Zeitraum von weniger als einem Jahr zu berechnen, erfolgt die Berechnung auf der Grundlage der tatsächlich verstrichenen Tage, geteilt durch 365 (bzw., falls ein Teil dieses Zeitraums in ein Schaltjahr fällt, auf der Grundlage der Summe von (i) der tatsächlichen Anzahl von Tagen des Zeitraums, die in dieses Schaltjahr fallen, dividiert durch 366, und (ii) der tatsächlichen Anzahl von Tagen des Zeitraums, die nicht in das Schaltjahr fallen, dividiert durch 365).

(3) **Vorzeitige Aktienrückzahlungsoption nach Wahl der Anleiheschuldnerin infolge der Kursentwicklung der Aktien.** Ab dem 5. Mai 2007 (einschließlich) ist die Anleiheschuldnerin jederzeit berechtigt, die Schuldverschreibungen insgesamt oder teilweise zurückzuzahlen, indem sie die Garantin zur Lieferung von Aktien und gegebenenfalls zur Zahlung eines nach § 9(2) zu berechnenden Ausgleichsbetrages für verbleibende Bruchteile von Aktien veranlasst (die „*Vorzeitige Aktienrückzahlungsoption*"), wobei jedoch keine teilweise Rückzahlung dazu führen darf, dass im Zeitpunkt der maßgeblichen Bekanntmachung der vorzeitigen Rückzahlung weniger als € 100.000.000 (in Worten: Euro einhundert Millionen) des gesamten Nennbetrages der Schuldverschreibungen (einschließlich solcher Schuldverschreibungen, die gemäß § 19 begeben wurden) ausstehen, wobei die zur vorzeitigen Rückzahlung fällig gestellten Schuldverschreibungen unberücksichtigt bleiben. Im Falle der teilweisen Rückzahlung der Schuldverschreibungen werden die zurückzuzahlenden Schuldverschreibungen nach den Regeln des Clearing Systems ausgewählt. Die vorzeitige Rückzahlung wird gemäß § 18 bekannt gemacht und erfolgt mindestens 20 und höchstens 40 Kalendertage vor dem Tag, an dem die Schuldverschreibungen zur vorzeitigen Rückzahlung fällig werden (der „*Tag der vorzeitigen Rückzahlung*"). Diese Bekanntmachung ist unwiderruflich und hat den Tag der vorzeitigen Rückzahlung anzugeben. Eine vorzeitige Rückzahlung nach Maßgabe dieses Absatzes kann jedoch nur erfolgen, wenn der XETRA-Kurs (wie unten definiert) multipliziert mit dem dann geltenden Wandlungsverhältnis (wie in § 7(1) definiert) an 15 der 30 aufeinanderfolgenden Handelstage an der Frankfurter Wertpapierbörse oder einer ihrer Rechtsnachfolgerinnen (die „*FWB*") (jeweils ein „*Börsenhandelstag*") vor der Bekanntmachung des Tages der vorzeitigen Rückzahlung 120% des Nennbetrags

rung"), jedem Anleihegläubiger das Recht zu gewähren (das „*Wandlungsrecht*"), jede Schuldverschreibung gemäß den Bestimmungen dieses § 7 jederzeit während des Ausübungszeitraums (wie in § 7(2) definiert) ganz, nicht jedoch teilweise, zum Wandlungspreis von € 56,482 pro Aktie (der „*Wandlungspreis*") in 1.770,4755 (in Worten: ein Tausend siebenhundertsiebzig Komma vier sieben fünf fünf) (das „*Wandlungsverhältnis*") auf den Inhaber lautende nennwertlose Stückaktien der Linde AG (die „*Aktien*"), zu wandeln, wobei der Wandlungspreis und das Wandlungsverhältnis Anpassungen nach § 11 und § 14(2) unterliegen können, und im Fall der Ausübung der Vorzeitigen Aktienrückzahlungsoption gemäß § 4(3) oder der Aktienrückzahlungsoption gemäß § 4(5) Aktien zu liefern und die dort bestimmten Zahlungen zu leisten. Die Lieferung der Aktien bei Ausübung des Wandlungsrechts, der Vorzeitigen Aktienrückzahlungsoption oder der Aktienrückzahlungsoption hat in Übereinstimmung mit § 9(1) zu erfolgen. Werden durch denselben Anleihegläubiger gleichzeitig mehrere Schuldverschreibungen gewandelt, errechnet sich die Anzahl der infolge der Wandlung zu liefernden Aktien auf der Grundlage des Gesamtnennbetrages der von diesem Anleihegläubiger gleichzeitig gewandelten Schuldverschreibungen. Verbleibende Bruchteile von Aktien werden nach § 9(2) in Geld ausgeglichen. Kopien der Verpflichtungserklärung werden bei der Hauptzahlstelle zur kostenlosen Ausgabe bereitgehalten, und eine Kopie wird bei der Luxemburgischen Umtauschstelle (wie in § 17(1) definiert) hinterlegt werden. Die Verpflichtungserklärung ist ein Vertrag zu Gunsten der Anleihegläubiger als begünstigte Dritte im Sinne des § 328 Abs. 1 BGB, der jedem Anleihegläubiger das Recht gewährt, Erfüllung unmittelbar von der Linde AG zu verlangen und die Verpflichtungserklärung unmittelbar gegen die Linde AG durchzusetzen.

(2) **Ausübungszeitraum.** Soweit nicht abweichend in Absatz (3) und (4) dieses § 7 geregelt, kann das Wandlungsrecht durch einen Anleihegläubiger während eines Zeitraums ausgeübt werden, der am 60. Kalendertag nach dem Ausgabetag (einschließlich) beginnt und am 15. Börsenhandelstag vor dem Endfälligkeitstermin, also voraussichtlich am 9. April 2009 (einschließlich) endet (der „*Ausübungszeitraum*"). Wenn das Ende des Ausübungszeitraumes auf einen Tag fällt, der kein Börsenhandelstag ist, endet der Ausübungszeitraum an dem Börsenhandelstag, der diesem Tag unmittelbar vorangeht. Wenn der letzte Tag des Ausübungszeitraumes in einen Nichtausübungszeitraum fällt, endet der Ausübungszeitraum am letzten Börsenhandelstag vor dem Beginn eines solchen Nichtausübungszeitraumes.

(3) **Vorzeitiges Ende des Ausübungszeitraums bei fällig gestellten Schuldverschreibungen.** Für den Fall, dass die Schuldverschreibungen durch die Anleiheschuldnerin gemäß § 4(3) oder (4) zur vorzeitigen Rückzahlung fällig gestellt werden, endet der Ausübungszeitraum im Hinblick auf diese Schuldverschreibungen mit Ablauf des vierten Geschäftstages, der dem Tag vorangeht, der zur Rückzahlung bestimmt ist, es sei denn, die Anleiheschuldnerin erfüllt ihre Rückzahlungs- oder Lieferverpflichtungen an dem für die Rückzahlung bestimmten Tag nicht.

(4) **Nichtausübungszeitraum.** Die Ausübung des Wandlungsrechts ist während der nachfolgenden Zeiträume (jeweils ein „*Nichtausübungszeitraum*") ausgeschlossen:

(a) anlässlich von Hauptversammlungen der Linde AG während eines Zeitraums, der am fünften Geschäftstag vor dem letzten für die Hinterlegung von Aktien bzw. für die Anmeldung bestimmten Tag beginnt, und der am Geschäftstag nach der Hauptversammlung (jeweils ausschließlich) endet;

(b) während eines Zeitraums von 14 Kalendertagen, der mit dem Ende des Geschäftsjahres der Linde AG endet; und

(c) während des Zeitraums ab dem Tag, an dem ein Angebot der Linde AG an ihre Aktionäre zum Bezug von Aktien, Optionsrechten auf eigene Aktien, Schuldverschreibungen mit Wandlungs- oder Optionsrechten oder -pflichten, Gewinnschuldverschreibungen oder von Genussscheinen oder ein ähnliches Angebot (einschließlich § 123(2) Umwandlungsgesetz), in einem überregionalen Pflichtblatt einer der deutschen Wertpapierbörsen, an denen die Aktien zum Handel zugelassen sind, oder im Bundesanzeiger oder vom Bundesanzeiger in elektronischer Form veröffentlicht wird (wobei die erste Veröffentlichung maßgebend ist), bis zum letzten Tag der für die Ausübung des Bezugsrechts bestimmten Frist (jeweils einschließlich).

§ 8
Ausübung des Wandlungsrechts

(1) **Ausübungserklärung.** Zur Ausübung des Wandlungsrechts muss der Anleihegläubiger auf eigene Kosten während der gewöhnlichen Geschäftszeiten bei einer Umtauschstelle (wie in § 17(1) definiert) eine ordnungsgemäß ausgefüllte und unterzeichnete Erklärung (die „*Ausübungserklärung*") unter Verwendung eines zu diesem Zeitpunkt gültigen bei der Umtauschstelle erhältlichen Vordrucks einreichen. Die Ausübungserklärung ist unwiderruflich. Die Ausübungserklärung hat unter anderem die folgenden Angaben zu enthalten: (i) Namen und Anschrift der ausübenden Person, (ii) die Anzahl der Schuldverschreibungen, für die das Wandlungsrecht ausgeübt werden soll, (iii) die Erklärung, dass der Zugehörige Darlehensanspruch auf die Linde AG übertragen wird, (iv) das Wertpapierkonto des Anleihegläubigers oder seiner Depotbank bei einem Teilnehmer von Euroclear oder Clearstream oder bei einem Kontoinhaber bei Clearstream Banking, auf das die Aktien geliefert werden sollen, (v) ein auf Euro lautendes Konto des Anleihegläubigers oder seiner Depotbank, auf welches etwaige Zahlungen gemäß § 9(2) geleistet werden sollen, (vi) etwaige in dem in diesem Zeitpunkt gültigen Vordruck der Ausübungserklärung geforderten Bestätigungen und Verpflichtungserklärungen im Hinblick auf bestimmte Beschränkungen der Inhaberschaft der Schuldverschreibungen und/oder Aktien, und (vii) die ordnungsgemäße Ermächtigung zur Abgabe der in Absatz (2) genannten Bezugserklärung.

(2) **Weitere Voraussetzungen für die Ausübung des Wandlungsrechts.** Die Ausübung des Wandlungsrechts setzt außerdem voraus, dass die Schuldverschreibungen, für die das Wandlungsrecht ausgeübt werden soll, an die Umtauschstelle, bei welcher der Anleihegläubiger die Ausübungserklärung eingereicht hat, ohne schuldhafte Verzögerung geliefert werden, und zwar entweder (i) durch Lieferung der Schuldverschreibungen auf das Konto dieser Umtauschstelle beim Clearing System oder (ii) durch eine unwiderrufliche Anweisung an diese Umtauschstelle, die Schuldverschreibungen aus einem von dem Anleihegläubiger bei dieser Umtauschstelle unterhaltenen Depot zu entnehmen. In beiden Fällen ist diese Umtauschstelle ermächtigt, die Schuldverschreibung gemäß § 198 Abs. 1 AktG für den Anleihegläubiger abzugeben, und die Schuldverschreibungen werden an die Hauptumtauschstelle zur Verwahrung für Rechnung des Anleihegläubigers zur Weiterleitung an die Garantin bis zur Erfüllung sämtlicher Ansprüche des Anleihegläubigers aus den Schuldverschreibungen übertragen.

Finanzierung

§ 7
Wandlungsrecht

(1) **Wandlungsrecht.** Die Linde AG hat sich am 5. Mai 2004 gegenüber der Hauptumtauschstelle zu Gunsten der Anleihegläubiger verpflichtet (die „*Verpflichtungserklä-*

TUI AG
Aktiengesellschaft

(a stock corporation incorporated under the laws of Germany, having its registered seat in Berlin and Hanover, Germany)

€ 384,550,000

4% Convertible Bonds due 2008,
divided into 7,691 bonds in bearer form,
convertible into ordinary bearer shares

The 4% convertible bonds due 2008 (the "Bonds") will be issued in denominations of € 50,000.00 each. At the option of the holders of the Bonds (the "Bondholders"), each Bond will be convertible from January 2, 2004 up to the tenth Business Day (as defined in the Terms and Conditions of the Bonds, the "Terms and Conditions") prior to December 1, 2008 (both dates inclusive), into ordinary bearer shares with no par-value (*Stückaktien*) of TUI AG (the "Shares") at an initial conversion price of € 21.60 per Share (the "Issue").

We are entitled, upon exercise of the Conversion Right (as defined in the Terms and Conditions) by a Bondholder, to pay a cash amount in euro in lieu of the delivery of all or part of the Shares. For the calculation of such cash payment, see "Terms and Conditions — § 9". We may redeem the Bonds, in whole, but not in part, at their principal amount together with interest accrued thereon if at any time the aggregate of the principal amounts of Bonds outstanding (including any Bonds issued pursuant to § 17 of the Terms and Conditions) falls below 15% of the aggregate of the principal amounts of the Bonds that were initially issued (including any Bonds issued pursuant to § 17 of the Terms and Conditions (see particularly "Terms and Conditions — § 3 (3)"). The Bonds will bear interest at the rate of 4% *per annum* on their principal amount from and including December 1, 2003. Interest will be payable annually in arrears on December 1 of each year, commencing on December 1, 2004.

The Bonds will be redeemed at their principal amount, together with interest accrued thereon on December 1, 2008, unless they have previously been redeemed or converted or purchased and cancelled.

Application has been made to list the Bonds for trading on the Luxembourg Stock Exchange. The Shares are listed on all German stock exchanges. Application will be made to list the conditional capital out of which Shares will be delivered upon conversion of the Bonds on all German stock exchanges.

The Bonds are represented by a permanent global certificate (the "Global Certificate") in bearer form without interest coupons which will be deposited with and will be kept in custody with Clearstream Banking AG, Frankfurt am Main, until all obligations of the Issuer under the Bonds have been satisfied. Definitive certificates representing individual Bonds and interest coupons will not be issued.

This Listing Memorandum is not an offer for sale of securities in the United States. The Bonds and Shares into which the Bonds are convertible have not been and will not be registered under the United States Securities Act of 1933, as amended (the "U.S. Securities Act"), and may not be offered or sold within the United States except pursuant to an exemption from, or in a transaction not subject to, the registration requirements of the U.S. Securities Act. The Bonds are being offered and sold outside the United States in reliance on Regulation S.

Investing in the Bonds involves risks. See "Risk Factors".

Issue Price: 100%

The Bonds have been accepted for clearance through Clearstream Banking AG, Euroclear S.A./N.V., as operator of the Euroclear System, and Clearstream Banking S.A., Luxembourg. It is expected that delivery of the Bonds will be made through the facilities of Clearstream Banking AG, Euroclear S.A./N.V., as operator of the Euroclear System, and Clearstream Banking S.A., Luxembourg against payment therefor in immediately available funds on or about December 1, 2003.

Joint Bookrunners and Joint Lead Managers

Citigroup   **HVB Corporates & Markets**   **WestLB AG**

Co-Managers

Commerzbank Securities   **Crédit Agricole — Crédit Lyonnais**

The date of this Listing Memorandum is November 28, 2003.

4.3.2 Optionsanleihen

Optionsanleihen sind Anleihen, bei denen der Emittent die Schuldverschreibung zusätzlich mit einem Bezugsrecht auf Aktien versieht. In Abgrenzung dazu sind Wandelanleihen solche Schuldverschreibungen, bei denen sämtliche Ansprüche mit dem Bezug von Aktien entgolten sind. Da die Option zusätzlich zur Schuldverschreibung besteht, erwirbt der Anleger eine Anleihe und eine Call-Option auf die jeweilige Aktie. Option und Schuldverschreibung können nach der Emission auch getrennt gehandelt werden.

Ein Optionsschein berechtigt den Inhaber, sie in eine oder mehrere Aktien zu wandeln. Somit findet ein Tausch von Gläubiger- in Eigentümerpapiere statt. Es handelt sich dabei aber nur um ein Recht des Inhabers, nicht aber um eine Pflicht. Somit kann der Inhaber auf das Bezugsrecht verzichten. In jedem Fall erhält er die mit der Schuldverschreibung verbundene Zinszahlung inklusive Tilgung.

Da mit einer Optionsanleihe bei Bezug der Aktien immer eine Kapitalerhöhung verbunden ist, muss der Emittent wie bei Wandelanleihen die Vorschriften des Aktiengesetzes hinsichtlich einer bedingten Kapitalerhöhung beachten. So ist etwa eine ¾-Mehrheit des in der Hauptversammlung anwesenden Kapitals notwendig. Die weiteren Vorschriften sind dem Aktiengesetz zu entnehmen.

Die Bedingungen einer Optionsanleihe müssen grundsätzlich folgende Spezifikationen enthalten:

- Optionsfrist,
- Optionsverhältnis,
- Bezugskurs und
- Kapitalverwässerungsschutzklauseln.

Die Optionsfrist beschreibt den Zeitraum, innerhalb dessen die Optionsanleihe in Aktien umgewandelt werden kann. Das Optionsverhältnis gibt an, wie viele Optionsscheine zum Bezug von wie vielen Aktien berechtigen. Zusätzlich wird bei Ausübung der Option ein Optionspreis, der Bezugskurs, fällig, zu dem die jeweilige Aktie bezogen werden kann. Kapitalverwässerungsschutzklauseln haben letztlich das Ziel, die Inhaber von Optionsanleihen im Fall von Kapitalerhöhungen nicht zu benachteiligen. Sie sehen dementsprechende Änderungen des Optionspreises vor.

Im Gegensatz zu Wandelanleihen hat mit der Deutschen Bank nur ein DAX-Unternehmen Optionsanleihen begeben. Aktuell notierende Optionsanleihen lassen sich beispielsweise dem Handelsblatt entnehmen. Daneben haben etwa EM.TV oder Stada Optionsanleihen emittiert.

Die Ausgestaltung von Optionsanleihen ist insoweit unproblematisch zu beschreiben, da es sich um ein zusammengesetztes Finanzinstrument aus Anleihe und Optionsschein handelt. Die jeweiligen Ausgestaltungen dieser Einzelpapiere sind mit denen von reinen Anleihen und reinen Optionsscheinen direkt vergleichbar.

Der Wert einer Optionsanleihe ergibt sich aus der simultanen Bewertung von Anleihe und Optionsschein. Der Wert aus der Schuldverschreibung ergibt sich aus der Abzinsung der Zins- und Tilgungszahlungen. Dem gegenüber ist die Bewertung von Optionsscheinen problematischer.

Es gibt zwei Möglichkeiten der Bewertung:

- durch Vergleich mit dem Marktpreis von gleich ausgestalteten Optionsscheinen;
- durch eine Bewertung mit Optionspreismodellen.

Hier stellt sich zunächst das Problem, dass es für Optionen keine einfach anwendbaren Bewertungsmodelle gibt. Das so genannte Black-Scholes-Modell zur Bewertung von Optionen ist im praktischen Einsatz relativ kompliziert, da die erwartete Schwankung der Aktie in der Zukunft („Volatilität") zur Bewertung benötigt wird. Diese zukünftige Volatilität ist aber heute nicht direkt bekannt. Sie muss indirekt über die durch den Markt bebildete Preise für andere Optionen auf die gleiche Aktie ermittelt werden („implizite Volatilität"). Mit dieser indirekt ermittelten Volatilität und den sonstigen Angaben aus der Ausgestaltung der Optionsanleihe und anderen allgemein zugänglichen Informationen (Restlaufzeit, Basispreis der Option, aktueller Kurs der Aktie, risikoloser Zinssatz) lässt sich die Option bewerten.

4.3.3 Aktienanleihen

Aktienanleihen sind Anleihen, bei denen der Emittent ein Rückzahlwahlrecht in Aktien hat. Dabei erhält der Anleger eine hohe Basisverzinsung, muss aber das Risiko in Kauf nehmen, eine Aktie „geliefert" zu bekommen. Eine beispielhafte Ausgestaltung für eine Aktienanleihe wäre beispielsweise

- Restlaufzeit zwei Jahre,
- 15% Zinsen,
- statt 100 € Barrückzahlung Lieferung von 8 Aktien der Deutschen Telekom.

Das Risiko für den Anleger besteht nun darin, dass der Kurs der Deutschen Telekom in zwei Jahren unter 12,50 € liegt, denn 8 Aktien × 12,50 € = 100 €. Bei einem Kurs von genau 12,50 € ist es für den Anleger somit gleichwertig, ob er 100 € oder 8 Aktien der Deutschen Telekom erhält.

Da der Emittent das Recht, nicht aber die Pflicht hat, Aktien zu liefern, erhält er vom Anleger eine Put-Option. Eine Option gibt das Recht, nicht aber die Pflicht, ein bestimmtes Geschäft abzuschließen. Ein „Put" beschreibt dabei das Recht, etwas zu verkaufen. Die Option, etwas zu kaufen, wird dagegen als „Call" bezeichnet.

Der Anleger verkauft dem Emittenten somit eine Put-Option auf eine Aktie und kauft umgekehrt eine Anleihe mit einer bestimmten Verzinsung.

Die Verknüpfung einer Aktienoption mit einer Anleihe macht die Bewertung einer Aktienanleihe etwas komplizierter als bei „normalen" Finanzinstrumenten.

Bewertung am Laufzeitende
Am Laufzeitende ist die Bewertung einer Aktienanleihe relativ einfach. Da der Kurs der Aktie am Ende der Laufzeit feststeht, kann direkt der Vergleich von Nennwert der Anleihe und Kurswert der Aktien vorgenommen werden. Als Beispiel sei wieder auf die obige Ausgestaltung zurückgegriffen werden. Bei einem Aktienkurs der Deutschen Telekom von 20 € hat der Emittent die Wahl, 100 € in bar oder 8 × 20 € = 160 € in Aktien zurückzuzahlen, wobei natürlich die Barzahlung vorgenommen würde. Die Aktienanleihe hätte damit einen Wert von 100 €.

Bei einem Aktienkurs von 10 € hätte der Emittent dagegen die Wahl, 100 € in bar oder 8 × 10 € = 80 € in Aktien zurückzuzahlen. Der Emittent würde dabei die 80 € auswählen. Die Aktienanleihe hätte damit den Gegenwert von 80 €.

Bewertung vor Fälligkeit
Wird die Aktienanleihe vor Fälligkeit bewertet, so gibt es zwei Möglichkeiten der Bewertung:

- durch Vergleich mit dem Marktpreis von gleich ausgestalteten Aktienanleihen;
- durch eine Nachbildung der Aktienanleihe durch die enthaltene Anleihe und die Put-Option.

Ein Vergleich mit anderen Aktienanleihen ist aufgrund der jeweiligen Ausgestaltung im Regelfall schwierig. Aus diesem Grund wird üblicherweise eine Bewertung durch Nachbildung durchgeführt.

Hierzu müssen die Put-Option und die Anleihe einzeln bewertet werden. Die Bewertung der Anleihe ist dabei relativ einfach. Zur Bewertung wird der Barwert der Zahlungsströme berechnet. Die Anleihe hat einen Zinssatz von 15%, so dass der Anleger in einem Jahr mit 15 € auf 100 € Nennwert und in zwei Jahren mit 15 € Zinsen + 100 € Tilgung rechnen kann. Diese Zahlungsreihe (15 €; 115 €) kann direkt auf den heutigen Zeitpunkt abgezinst werden. Bei einem unterstellten Marktzins von 5% ergibt sich danach ein Barwert von 118,59 €.

Daneben muss die Put-Option bewertet werden. Hier stellen sich die gleichen Probleme wie bei der Optionsanleihe. Angenommen sei ein Wert der Put-Option von 2,50 €. Da für die obige Aktienanleihe acht Aktien geliefert würden, wird die Aktienanleihe mit acht Put-Optionen nachgebildet. Acht Put-Optionen haben damit einen Wert von 8 × 2,50 € = 20 €. Somit kostet die Anleihe 118,59 €, während die Put-Optionen 20 € zurückbringen. Insgesamt hat die Aktienanleihe damit einen Wert von 118,59 € − 20 € = 98,59 €. Bei diesem Kurs wäre die Aktienanleihe somit fair bewertet. Bei einem höheren Preis wäre es für den Anleger dagegen vorteilhafter, die Aktienanleihe zu verkaufen und stattdessen eine Anleihe zu erwerben und acht Put-Optionen zu verkaufen. Dies ist an der Eurex mittlerweile auch für Privatanleger möglich.

Aktienanleihen wurden in der Vergangenheit insbesondere von Finanzinstituten emittiert, die auf diese Weise ihre umfangreichen Beteiligungen abzubauen versuchten, bzw. von Banken, die Aktienanleihen als separates Anlageprodukt angeboten haben. Der Vorteil liegt insbesondere darin, dass der Emittent damit die Chance einer positiven Entwicklung der unterlegten Aktien behält, dafür aber das Risiko komplett an den Anleger abgibt. Nachteilig ist natürlich die hohe Prämie, die sich in einem hohen Kupon auswirkt. Die Vor- und Nachteile auf Seiten des Anlegers sind genau die jeweiligen Nach- und Vorteile des Emittenten: Der Anleger erhält einen hohen Kupon, trägt dafür aber das Aktienrisiko, ohne von der Aktienchance partizipieren zu können.

Aktienanleihen sind insbesondere für solche Unternehmen von Interesse, die Beteiligungen an anderen Unternehmen besitzen und dieses Risiko abgeben wollen.

4.3.4 Umtauschanleihen

Ähnlich konstruiert wie Aktienanleihen sind Umtauschanleihen, wobei der Hauptunterschied darin liegt, dass die Wandlung in Aktien auf Seiten des Anlegers liegt und nicht auf Seiten des Emittenten. Damit dreht sich die Chancen-/Risikostruktur natürlich komplett um: Der Anleger erhält die Chance auf steigende Aktienkurse, trägt aber nicht das Risiko fallender Aktienkurse. Beim Emittenten ist das genau umgekehrt. Gegenüber der Aktienanleihe sinkt der Kupon natürlich drastisch. Dies ist darauf zurückzuführen, dass der Anleger eine Call-Option erwirbt und keine Put-Option verkauft.

Umtauschanleihen wurden beispielsweise von der Münchener Rück emittiert. So weist die Münchener Rück aus (Quelle: Münchener Rück, Geschäftsbericht 2004, S. 183):

(23) Anleihen

Alle Angaben in Mio. €	31.12.2004	Vorjahr
American Re Corporation, Princeton		
7,45 %, 500 Millionen US$, Anleihe 1996/2026	367	396
ERGO International AG, Düsseldorf		
2,25 %, 345 Millionen €, Umtauschanleihe in E.ON AG 2001/2006		
0,75 %, 345 Millionen €, Umtauschanleihe in Aventis AG 2001/2006	652	647
Münchener Rück AG, München		
1,0 %, 1 150 Millionen €, Umtauschanleihe in Allianz AG 2000/2005	1 223	1 166
Gesamt	**2 242**	**2 209**

Die näheren Ausgestaltungen sind in folgender Abbildung enthalten (Quelle: Münchener Rück, Geschäftsbericht 2004, S. 41):

Emittent	Münchener Rück AG	ERGO International AG	
Anleiheart	Umtauschanleihe	Umtauschanleihe	Umtauschanleihe
Basiswert	Allianz AG	Sanofi-Aventis S.A.	E.ON AG
Volumen	1,2 Mrd. €	0,3 Mrd. €	0,3 Mrd. €
Kupon p.a.	1,00 %	0,75 %	2,25 %
Fälligkeit	2005	2006	2006

Umtauschanleihen bieten sich ebenso wie Aktienanleihen für Unternehmen, die ihren Beteiligungsbestand „versilbern" möchten. Unter „versilbern" ist hier auch die Refinanzierung zu einem günstigen Zinssatz zu verstehen. Das Risiko gegenüber einer Aktienanleihe ist natürlich ungleich höher, dafür ist aber der Kupon viel geringer.

4.4 Mezzanine-Kapital

Unter Mezzanine-Kapital wird Kapital verstanden, was sowohl Eigen- als auch Fremdkapitalcharakter aufweist. Solches Kapital spielt insbesondere wegen des Eigenkapitalmangels in der deutschen Wirtschaft eine immer stärkere Rolle, da es aus Sicht von Fremdkapitalgebern wie Eigenkapital wirkt, aus Sicht der Eigenkapitalgeber aber den Vorteil hat, dass es keine Mitbestimmungsrechte bewirkt.

Die Vorteilhaftigkeit von Mezzanine-Kapital hat die IKB Deutsche Industriebank in einer Studie versucht nachzuweisen. Danach können Unternehmen, die auf Mezzanine-Kapital zurückgreifen, im Gegensatz zu solchen Unternehmen, die nicht auf Mezzanine-Kapital zurückgreifen, ihre Gewinnquote als Verhältnis von EBITA zu Umsatz von 8,7% bis 8,8% auf 9,5% steigern, während die Unternehmen ohne Mezzanine-Kapital in ihrer Gewinnquote stagnieren (Quelle: „Mischkapital bringt Vorteile", in: Handelsblatt vom 08.03.2005, S. 29).

4.4.1 Genussrechtskapital

Neben den Fremdkapitalinstrumenten, die Eigenkapitalbestandteile enthalten, gibt es auch Fremdkapitalähnliche Instrumente, die eine Mischung aus Eigen- und Fremdkapital beinhalten. Hierzu zählt etwa Genussrechtskapital als klassisches Fremdkapitalsurrogat, das schon seit längerer Zeit in Deutschland von zahlreichen Unternehmen als Finanzierungsmittel genutzt wird. Genussrechtskapital stellt eine Mischform zwischen Aktien und festverzinslichen Wertpapieren dar. Genussrechte räumen Anlegen für die Überlassung von Geld eine jährliche Gewinnbeteiligung ein, in Urkunden verbriefte Genussrechte werden als Genussscheine bezeichnet. Bei entsprechender vertraglicher Ausgestaltung können die Genussscheine als Wertpapiere an der Börse gehandelt werden.

Einerseits verbrieft ein Genussrecht einen bestimmten Teil am Gewinn bzw. am Verlust, gewährt jedoch andererseits nicht die gleichen Rechte, die ein Aktionär besitzt, insbesondere nicht das Stimmrecht. Der Vorteil für den Emittenten liegt in der Eigenkapitalähnlichen Finanzierungsfunktion, da Genussrechte in der Regel vor „normalem" Fremdkapital haften. Der Vorteil für den Zeichner liegt in der Verzinsung, die deutlich höher als bei festverzinslichen Wertpapieren ist.

Bis vor wenigen Jahren war Genussrechtskapital fast nur bei Banken und Sparkassen verbreitet. Dies ist auf die besondere bankaufsichtsrechtliche Anerkennung von Genussrechtskapital als haftendes Eigenkapital bei Kreditinstituten zurückzuführen. Zurzeit sind ca. 600 verschiedene Genussscheine mit einem Volumen von etwa 20 Mrd. € in Deutschland in Umlauf (Quelle: Aktuell 2004). Die bekanntesten Nichtbanken, die Genussrechte emittiert haben, sind Bertelsmann, Drägerwerk, Edeka, Fuchs Petrolub, M.A.X. Holding und die Stadtwerke Hannover. Letztere haben besonders in den letzten Jahren eine hohe Verzinsung ihrer Genussrechte ermöglicht. Die Bedingungen gewähren eine Ausschüttung in % des Nennbetrages der Genussscheine = $\frac{\text{abgeführter Gewinn an die Muttergesellschaft}}{\text{gezeichnetes Kapital}} \times 60$. In 2004 schütteten die Stadtwerke Hannover 51,9% auf den Nennbetrag der Genussscheine aus!

Gerade in 2004 haben Berichte von Nichtbanken zugenommen, die Genussrechte als Finanzierungsform nutzen wollen. Die HypoVereinsbank hat beispielsweise die Genussrechte von 34 Firmen über insgesamt 249 Millionen Euro in einer Anleihe verbrieft, um den beteiligten Unternehmen Zugang zu dieser besonderen Finanzierungsform zu ermöglichen. Eine weitere Tranche mit 150 Firmen über rund 1 Milliarde Euro sollte folgen. Mit einer Rendite von 8% liegt der Zinssatz deutlich unter dem Vergleichszins für eigenkapitalähnliche Mittel (Financial Times Deutschland vom 7. April 2004). Mit Plambeck Neue Energien AG hat ein börsennotiertes Unternehmen Genussrechten emittiert. Weitere Emissionen finden sich auf der Internetseite www.emissionsmarktplatz.de.

Die Vor- und Nachteile von Genussrechtskapital werden nachfolgend stichpunktartig aufgezeigt (Quelle: www.einkommen-der-zukunft.nrw.de; www.ikk.de; www.masqt.nrw.de.).

Vorteile von Genussrechtskapital für das emittierende Unternehmen
– Genussrechte können von Unternehmen aller Rechtsformen ausgegeben werden;
– der Inhaber wird kein Gesellschafter, eine Beteiligung an den stillen Reserven sowie am Geschäftswert wird ausgeschlossen und es bestehen keine Kontroll- und Mitspracherechte;
– anders als bei der stillen Gesellschaft besteht kein gesetzlicher Anspruch auf Einsicht und Prüfung des Jahresabschlusses;
– durch Verluste verringert sich der Nennwert des Genussrechtes (sofern Verlustbeteiligung vereinbart), Gewinne in den Folgejahren werden wieder auf den Nennwert gutgeschrieben;
– eine sehr flexible Ausgestaltung ist möglich, so müssen Genussrechtsverträge weder notariell beglaubigt noch ins Handelsregister eingetragen werden;

- eine Verlustbeteiligung kann vereinbart werden, je nach vertraglicher Ausgestaltung erhalten Genussrechte einen Eigenkapital- oder Fremdkapitalcharakter;
- bei Verlustbeteiligung zählt Genussrechtskapital wirtschaftlich wie Eigenkapital, daher erweitert sich der Kreditfinanzierungsspielraum und das Rating verbessert sich;
- steuerlich wird die Bedienung wie Zinszahlungen auf Fremdkapital behandelt;
- Förderung des Erwerbs von Genussrechten nach dem 5. Vermögensbildungsgesetz und § 19a EStG ist möglich, wodurch Genussrechte insbesondere von Klein- und mittelständischen Unternehmen als Mitarbeiterbeteiligung praktiziert werden können.

Nachteile des Genussrechtsmodells
- Verbriefte Genussrechte in Form von Genussscheinen sind wegen des relativ hohen Verwaltungsaufwandes durch die Börsenzulassung nur für Großunternehmen geeignet;
- bei besonderen individuellen Genussrechtsbedingungen kann die Verständlichkeit des Modells leiden, wodurch die Akzeptanz bei den Anlegern sinkt. Gleichzeitig fehlen Kontroll- und Mitspracherechte, so dass eome höhere Verzinsung angeboten werden muss.

Da die Vertragsgestaltung frei ist, existieren keine allgemein gültigen Genussrechtsbedingungen. Typische Vorschriften lassen sich aber aus der bankaufsichtsrechtlichen Behandlung von Genussrechten ermitteln, wobei die besonders strengen bankaufsichtsrechtlichen Vorschriften zu beachten sind, die in dieser Form natürlich nicht bei Nichtbanken nötig sind. Um als haftendes Eigenkapital angerechnet werden zu können, muss Genussrechtskapital bei Banken folgende Voraussetzungen erfüllen (§ 10 Abs. 5 Satz 1 KWG):

1. Es muss bis zur vollen Höhe am Verlust teilnehmen.
2. Das Kreditinstitut muss berechtigt sein, im Falle eines Verlustes Zinszahlungen aufzuschieben.
3. Es muss vereinbart sein, dass das Genussrechtskapital im Falle des Konkurses oder der Liquidation des Kreditinstituts erst nach Befriedigung aller nicht nachrangigen Gläubiger zurückgezahlt wird.
4. Es muss dem Kreditinstitut mindestens für die Dauer von fünf Jahren zur Verfügung gestellt worden sein und darf nicht innerhalb der nächsten zwei Jahre fällig werden.

5. Der Vertrag darf keine Besserungsabreden enthalten, nach denen der durch Verluste während der Laufzeit ermäßigte Rückzahlungsanspruch über Gewinne, die nach mehr als vier Jahren nach Fälligkeit des Rückzahlungsanspruchs entstehen, wieder aufgefüllt wird.

Weiterhin hat das Institut bei der Begründung des Genussrechtskapitals darauf hinzuweisen, dass die Teilnahme am Verlust nicht nachträglich zum Nachteil des Instituts verändert werden darf, der Nachrang nicht beschränkt sowie die Laufzeit und die Kündigungsfrist nicht verkürzt werden dürfen (§ 10 Abs. 5 Satz 3 KWG). Ebenso ist darauf hinzuweisen, dass das Genussrechtskapital nicht vor Ende der Laufzeit zurückzugewähren ist, wenn es nicht durch mindestens gleichwertiges haftendes Eigenkapital ersetzt wird.

Diese Bedingungen sind zwar bankspezifisch, können aber als Grundlage für ein Genussrechtsmodell angesehen werden.

Aufgrund der besonderen Eigenschaften ist Genussrechtskapital nicht nur für das emittierende Unternehmen, sondern auch für den Anleger interessant. Es dient insbesondere der günstigen Finanzierung durch Eigenkapitalähnliche Mittel, da Genussrechte in einer „normalen" Ausgestaltung nachrangig haftet und somit für Kreditgeber wie Eigenkapital wirkt. Gleichzeitig müssen natürlich die Kosten für das Genussrechtskapital berücksichtigt werden. Da Genussrechte teurer sind als „normales" Fremdkapital, muss die Ratingverbesserung so hoch sein, dass die Einsparungen beim „normalen" Fremdkapital höher sind als die Mehrkosten für die Genussrechte.

4.4.2 Hybridkapital

Neben Genussrechtskapital emittieren mehr und mehr Industrieunternehmen mittlerweile auch das bei Banken verbreitete „hybride Kapital". Bevor auf die bei Nichtbanken anzutreffenden Besonderheiten eingegangen wird, soll zunächst eine kurze Einführung in die Besonderheiten bei Banken erfolgen.

Neben dem bilanziellen Eigenkapital werden bei Banken mit dem Kernkapital, dem haftenden Eigenkapital und den Eigenmitteln noch weitere Eigenkapitalbegriffe verwendet, die ihren Ursprung im Bankaufsichtsrecht haben. Durch die bankaufsichtsrechtlichen Regelungen des § 10 KWG müssen die ausfallrisikobehafteten Geschäfte – die so genannten Risikoaktiva – und Marktpreisrisiken im Handelsbestand mit haftendem Eigenkapital bzw. Eigenmitteln unterlegt werden. Der Anteil des haftenden Eigenkapitals an den Risikoaktiva muss mindestens 8% betragen, während die Eigenmittel mindestens 8% der Summe aus Risikoaktiva und Marktpreisrisiken im Handelsbestand erreichen müssen. Beim haftenden Eigenkapital bzw. den Eigenmitteln handelt es sich um die für das Geschäft entscheidende restringierende Größe, durch die die Banken in der Ausweitung ihrer risikobehafteten Geschäfte beschränkt werden. Im Gegensatz zu Industrieunternehmen können Banken ihre Eigenkapitalquote somit nicht beliebig absenken.

Das haftende Eigenkapital besteht neben dem Kernkapital zusätzlich noch aus dem so genannten Ergänzungskapital, das dadurch gekennzeichnet wird, dass seine Bestandteile nicht die Merkmale von Kernkapital erfüllen, aber Eigenkapitalähnlich sind. Das Kernkapital stellt die wichtigste Form von haftendem Eigenkapital dar, da es die Höhe des Ergänzungskapitals immer übersteigen muss. Die Kernkapitalquote als Verhältnis von Kernkapital zu den Risikoaktiva muss deshalb mindestens 4% betragen (50% von 8%).

Aufgrund bankaufsichtsrechtlicher Vorschriften sind Banken somit gezwungen, neben „festem" Eigenkapital weitere Eigenkapitalbestandteile aufzunehmen, die als Kernkapital oder Ergänzungskapital dem haftenden Eigenkapital hinzugerechnet werden dürfen. Hierzu zählt als bekanntestes Instrument das Genussrechtskapital. Für Banken wichtiger ist aber das so genannte hybride Eigenkapital, da es als Kernkapital anerkannt wird. Für Anleger ist dieses hybride Kapital deshalb von Interesse, weil es deutlich höher verzinst wird als Ergänzungskapital (Genussrechtskapital) oder „normale", nicht als haftendes Eigenkapital anerkannte Anleihen.

Die meisten größeren Banken haben hybrides Kapital begeben, um ihr Kernkapital zu stärken. Insbesondere ist dies darauf zurückzuführen, dass hybrides Kapital für die Bank zwar teurer als etwa Genussrechtskapital ist (welches wiederum teurer als Anleihen etc. ist), aber deutlich günstiger als echtes Eigenkapital, und gleichzeitig hybrides Kapital Kernkapital darstellt. Die Deutsche Bank fordert beispielsweise 25% vor Steuern auf das Eigenkapital, während hybrides Kapital deutlich günstiger ist. Der Zinssatz hängt dabei von der Ausgestaltung des hybriden Kapitals ab.

Generell ist hybrides Kapital – im Englischen Trust Preferred Securities – Gewinnabhängig zu bedienen. Es wird dabei nur dann als Kernkapital anerkannt, wenn es nicht kumulativ ist, d. h. Zinszahlungen im Verlustfall nicht nachgeholt werden. Sollte das hybride Kapital kumulativ ausgestaltet sein, stellt es nur Ergänzungskapital dar und ist somit für die Bank von geringerem Interesse – also mit einem geringeren Zinssatz ausgestaltet.

Die gängigen Formen von hybridem Kapital bei deutschen Banken sind die auch in deutschem Recht bekannten Vorzugsaktien (Preferred Shares) und stillen Einlagen. An die Laufzeit von hybridem Kapital werden bankaufsichtsrechtlich strenge Anforderungen gestellt. Für Vorzugsaktien werden deshalb im Regelfall unendliche Laufzeiten vereinbart, für stille Einlagen Laufzeiten von mindestens zehn Jahren (Beispiel: HypoVereinsbank). Im Konkursfall dürfen hybride Kapitalinstrumente erst nach Rückzahlung aller Fremdkapitalbestandteile und des Ergänzungskapitals befriedigt werden. Da rückzahlbare hybride Kapitalinstrumente nur 15% des gesamten Kernkapitals ausmachen dürfen, achten Banken im Regelfall auf eine unendliche Laufzeit (mit Kündigungsmöglichkeit durch den Emittenten).

Die Zinssätze zwischen den hybriden Kapitalinstrumenten der verschiedenen Banken unterscheiden sich je nach Ausgestaltung. Die Dresdner Bank zahlt beispielsweise für eine in US-$ begebene verbriefte stille Einlage 8,151% bei einer Laufzeit von 32 Jahren. Eine ebenfalls von der Dresdner Bank begebene verbriefte stille Einlage in Yen mit einer Laufzeit von ebenfalls 32 Jahren wird dagegen nur mit 3,5% verzinst. In Euro notiertes Hybridkapital der Dresdner Bank notiert bei 12 Jahren Laufzeit je nach Emissionsjahr zwischen 5,79% und 7%. Von den Großbanken verzichtete bis 2004 nur die Commerzbank auf die Emission von hybridem Kapital.

Mittlerweile nutzen auch Landesbanken hybrides Kapital zur Kernkapitalstärkung. Während die Großbanken ihr Hybridkapital vor allem institutionellen Investoren zur Zeichnung anbieten, hat die HSH Nordbank AG, entstanden aus der Fusion der Landesbank Schleswig-Holstein mit der Hamburgischen Landesbank, hybrides Kapital emittiert, das speziell auf Privatanleger zugeschnitten ist. Bei einem Emissionsvolumen von 500 Mio. € bringt dieses hybride Kapital einen Zinssatz von 7,5%. Dabei hat die HSH Nordbank AG die folgende Ausgestaltung bei der Emission gewählt. Emittiert wird eine auf Euro lautende Schuldverschreibung der Resparcs Funding II Limited Partnership, einer Zweckgesellschaft. Diese zeichnete mit dem Mittelzufluss aus der Anleihe eine stille Einlage bei der HSH Nordbank AG. Die Anleihe der Resparcs Funding II Limited Partnership ist an der Börse handelbar und notiert zurzeit deutlich über dem Nennwert, d. h. die Rendite liegt deutlich unter dem Zinssatz von 7,5%.

Die Anleihe hat eine unendliche Laufzeit mit Kündigungsrechten des Emittenten zu bestimmten Zeitpunkten, wobei die Zinszahlung gewinnabhängig ist. Durch diese Form der Anleihe hat die HSH Nordbank AG eine Struktur gefunden, mit der aus dem ursprünglich nicht handelbaren Eigenkapitalinstrument der stillen Einlage ein börsennotiertes und damit handelbares Wertpapier entstanden ist. Im Dezember 2004 wurde das Rating der Resparcs Funding II von Baa1 auf A3 erhöht. Damit liegt die Wahrscheinlichkeit eines Ausfalls über die kommenden zehn Jahre bei 1,55% (vgl. Tabelle 5). Die normalen Verbindlichkeiten der HSH Nordbank AG haben ein Rating von Aa3 und damit eine Ausfallwahrscheinlichkeit von 0,99%

Damit liegt die Ausfallwahrscheinlichkeit für das hybride Kapital um 0,56% höher als bei „normalen" Verbindlichkeiten. Die Verzinsung des hybriden Kapitals liegt dafür immerhin bei 7,50%. Der deutlich höhere Zinssatz gegenüber „normalen" Verbindlichkeiten ist einerseits mit der unendlichen Laufzeit zu erklären, andererseits mit der nicht-kumulativen Ausgestaltung, womit die Zinszahlungen von der Gewinnsituation der HSH Nordbank AG abhängen. Diese war in den letzten Jahren sehr stabil.

Hybridkapital stellt eine für Anleger interessante Form der Anlage dar. Generell ist die Handelbarkeit zwar eingeschränkt bzw. für Privatanleger nicht möglich, aber die HSH Nordbank AG hat eine auch für Privatanleger praktikable Form der Ausgestaltung gefunden, die eine jederzeitige Handelbarkeit ermöglicht. Es wäre aus Sicht der Privatanleger wünschenswert, wenn auch andere Banken und auch Industrieunternehmen eine solche Form der Finanzierung wählen würden.

Auch die ersten Industrieunternehmen haben das Instrument des Hybridkapitals zur Finanzierung genutzt. Henkel emittierte eine Hybridanleihe im Volumen von 1,3 Mrd. Euro zur Finanzierung der Pensionsrückstellungen durch Einbringung des Anleiheerlöses in einen Treuhandfonds (Contractual Trust Arrangement – CTA). Hierzu gab Henkel selbst bekannt: „Die hybride Anleihe stellt eine Mischform von Fremd- und Eigenkapitalfinanzierung dar. Die in den Treuhandfonds eingebrachten Emissionserlöse sollen zur Kapitaldeckung der Henkel-Pensionsverpflichtungen in Deutschland beitragen. Henkel wird die auf den Treuhänder übertragenen Vermögenswerte ausschließlich zweckgebunden zur Erfüllung der Pensionsverpflichtungen verwenden. Für alle Mitarbeiter und Pensionäre in Deutschland bleiben die Versorgungsansprüche gegenüber der Henkel KGaA unverändert" (Henkel, Investor Relations News vom 07.11.2005, S. 2). Die Hybridanleihe wird mit 5,375% verzinst, wobei nach zehn Jahren bei quartalsweiser Anpassung ein Zinssatz von 3-Monats-Euribor zuzüglich 2,85% gezahlt wird. Sie hat eine Laufzeit von 99 Jahren und kann nach zehn Jahren von Henkel gekündigt werden. Das Rating liegt mit BBB- (Standard & Poor's) bzw. Baa1 (Moody's) immerhin im Investment-Grade-Bereich.

Auch Tui und Bayer haben Hybridanleihen begeben. Bei Tui beträgt das Volumen 300 Mio. Euro bei einem Kupon von 8,625% bzw. einer variablen Verzinsung von 3-Monats-Euribor zuzüglich 7,3% ab 2013. Das Rating liegt bei B1 (Moody's) bzw. B+ (Standard & Poor's). Bei einer Übernahme steigt der Zinssatz um 5%. Die Laufzeit der Hybridanleihe ist unbegrenzt (Quelle: Prospekt zur Hybridanleihe der Tui AG, www.tui-group.com).

Das Volumen bei der Bayer AG beträgt 1,3 Mrd. € mit Fälligkeit in 2105. Der Kupon beträgt 5%. Ab 2015 beträgt der Zinssatz 3-Monats-Euribor zuzüglich 1,8% zuzüglich eines Aufschlages von 1%.

Die Nichtzahlungsbedingungen der Unternehmen sind unterschiedlich. Bayer zahlt beispielsweise keine Zinsen, wenn der Anteil des Brutto-Cash-Flows am Umsatz unter 7% liegt. Die Definition des Brutto-Cash-Flows wird in den Emissionsbedingungen genannt.

Die unterschiedlichen Risikoaufschläge machen das Risiko deutlich. Während Henkel und Bayer nur rund 2,8% Aufschlag auf den Euribor zukünftig variabel zahlen werden, muss Tui einen Aufschlag von 7,3% anbieten. Erwartet wird zukünftig die Kündigung der Anleihen durch die Emittenten, da die Kosten bei variabler Verzinsung zu hoch würden. Abzuwarten ist bis dahin die Entwicklung der Ratings der Unternehmen. Bei Verbesserung und damit möglicher günstigerer Refinanzierung kann sicherlich mit einer Kündigung gerechnet werden. Bei Ratingverschlechterung und zukünftig teurerer Refinanzierung bei Kündigung würde auf diese sicherlich verzichtet.

Mit dem Hybridkapital haben die drei genannten Nichtbanken ein Refinanzierungsinstrument gefunden, mit dem durch die Nachrangigkeit aus Sicht der „normalen" Kreditgeber ein Eigenkapitalinstrument zur Verfügung steht, dies aber mit einem hohen Zinssatz bezahlt. Das Risiko einer Ratingverschlechterung trägt allerdings der Anleger. Gleichzeitig wurden die Anleger gegen bestimmte Unternehmensentwicklungen aber geschützt, so etwa im Fall von Tui gegen eine Übernahme. Solche Instrumente gegen Übernahmen soll das Unternehmen vor feindlichen Übernahmen schützen und werden „Giftpillen" genannt.

Exkurs: Giftpillen
Giftpillen, im englischen „poison pills", werden von Unternehmen als Schutzinstrumente gegen feindliche Übernahmen eingesetzt. Ziel ist es, einem Übernehmer die Übernahme so teuer zu machen, dass sie dadurch unattraktiv wird. So müsste ein etwaiger Übernehmer von Tui beispielsweise jährlich 15 Mio. Euro (5% × 300 Mio. Euro Volumen) mehr Zinsen zahlen, was das Ergebnis belasten würde und dementsprechend negativ auf den Kaufpreis wirken würde. Andere Giftpillen sind beispielsweise Unternehmensteilverkäufe, durch die die Übernahme unattraktiv werden könnte, Sonderdividenden für die Alteigentümer, durch die dem Unternehmen liquide Mittel entzogen würden, oder Kapitalerhöhungen, durch die der Kaufpreis in die Höhe getrieben würde. Solche Kapitalerhöhungen werden in der Regel mit der Bedingung verknüpft, dass ein feindlicher Käufer einen nennenswerten Anteil Aktien kauft. wonach die Altaktionäre mit einem großen Abschlag neue Aktien erworben können. Solche Instrumente sind in

einigen Ländern verboten, aber im größten Kapitalmarkt der Welt, den USA, weit verbreitet.

4.5 Fremdkapitalfinanzierung

Im Rahmen der Fremdkapitalfinanzierung stehen Unternehmen unterschiedliche Quellen zur Verfügung. Wiederum werden die Bestandteile an einem Unternehmensbeispiel, der Altana AG, aus dem Geschäftsbericht 2004 dargestellt:

Finanzverbindlichkeiten	16	57.757	96.475
Verbindlichkeiten aus Lieferungen und Leistungen		226.432	205.268
Sonstige Verbindlichkeiten	17	83.203	80.553
Passive Rechnungsabgrenzungsposten	18	95.237	111.594
Passive latente Steuern	25	8.025	33.292
Verbindlichkeiten		**470.654**	**527.182**

Bedeutendste Fremdfinanzierungsquelle für viele Unternehmen stellen Verbindlichkeiten aus Lieferungen und Leistungen dar, da sie für Unternehmen „quasi zinslos" sind. „Quasi zinslos", weil ein Zinsfaktor bereits in die Preise der Lieferanten einkalkuliert ist bzw. über einen Skontofaktor sofort sichtbar wird.

Verzinsliches Fremdkapital stellen dagegen die Finanzverbindlichkeiten dar, aus denen wiederum ein Ausschnitt aus dem Altana-Geschäftsbericht des Jahres 2004 gezeigt wird:

> 16 FINANZVERBINDLICHKEITEN	31.12.2004 Gesamt	Fällig in Jahresfrist
Bankschulden	12.264	8.624
Namensgewinnscheine	8.062	8.062

Der gewichtete durchschnittliche Zinssatz für Bankschulden betrug 2,0 % (2003: 6,5 %).
Zum Jahresende 2004 enthielten die Bankschulden 6,8 Mio. € (2003: 12,0 Mio. €) in Fremdwährungen, wobei es sich bei 6,3 Mio. € (2003: 8,2 Mio. €) um US-Dollar und im Jahr 2003 bei 3,4 Mio. € um Japanische Yen handelte.
Grundpfandrechtlich besichert waren Bankschulden in Höhe von 1,1 Mio. € (2003: 1,9 Mio. €).
Namensgewinnscheine deutscher ALTANA Mitarbeiter werden mit dem aktuellen ALTANA Dividendensatz, mindestens aber mit 7 % verzinst. ALTANA hat die Ausgabe dieser Papiere im Jahr 2000 eingestellt. Für das Geschäftsjahr 2004 betrug der effektive Zins der Namensgewinnscheine bei Annahme des Dividendenvorschlags durch die Hauptversammlung 133,6 % (2003: 116,7 %), wobei der die Minimumverzinsung von 7 % übersteigende Betrag als Personalaufwand ausgewiesen wird.

In Deutschland gängigste Form der Finanzierung stellen Bankkredite dar. Altana ist mit einer sehr geringen Bankschuld kein optimales Beispiel, da deutsche Unternehmen in der Regel viel höhere Verschuldungsquoten haben. Zum Fremdkapital gehören unterschiedlichste Positionen:

- Rückstellungen
- Verbindlichkeiten
- passivische Rechnungsabgrenzungsposten

Typische Fremdkapitalstrukturen von Großunternehmen zeigen die nachfolgenden Ausschnitte aus den Geschäftsberichten von Beiersdorf (Geschäftsbericht 2004) und Bayer (Geschäftsbericht 2004):

Finanzierung

Aktiva (in Mio. €)	Anhang	31.12.2003	31.12.2004
Immaterielle Vermögensgegenstände	(14)	94	58
Sachanlagen	(15)	876	887
At equity bewertete Unternehmen (BSN medical)	(16)	72	72
Finanzanlagen	(16)	22	21
Anlagevermögen		1.064	1.038
Vorräte	(17)	629	558
Forderungen aus Lieferungen/Leistungen	(18)	651	669
Übrige Forderungen und sonstige Vermögensgegenstände	(18)	93	94
Wertpapiere und Flüssige Mittel	(19)	828	290
Umlaufvermögen		2.201	1.611
Latente Steuern	(10, 20)	23	24
Rechnungsabgrenzungsposten	(21)	22	28
		3.310	2.701

Passiva (in Mio. €)	Anhang	31.12.2003	31.12.2004
Gezeichnetes Kapital	(22)	215	215
Kapitalrücklage	(25)	47	47
Gewinnrücklagen	(26)	1.374	592
Nettoergebnis		294	296
Erfolgsneutrale Eigenkapitalveränderungen	(27)	-111	-129
Anteile der Gesellschafter der Beiersdorf AG		1.819	1.021
Anteile anderer Gesellschafter	(28)	12	12
Eigenkapital		1.831	1.033
Rückstellungen für Pensionen und ähnliche Verpflichtungen	(29)	376	366
Übrige Rückstellungen	(30)	463	480
Rückstellungen		839	846
Finanzverbindlichkeiten	(31)	66	204
Verbindlichkeiten aus Lieferungen/Leistungen	(31)	293	308
Übrige Verbindlichkeiten	(31)	150	167
Verbindlichkeiten		509	679
Latente Steuern	(10, 20)	122	134
Rechnungsabgrenzungsposten		9	9
		3.310	2.701

Abbildung 4: Bilanz von Beiersdorf (Geschäftsbericht 2004, S. 51)

Finanzierung

Bilanz Bayer-Konzern
Mio €

	Anhang	31.12.2003[1]	31.12.2004
Aktiva			
Anlagevermögen			
Immaterielle Vermögenswerte	(18)	6.514	6.017
Sachanlagen	(19)	9.937	9.184
Finanzanlagen	(20)	1.781	1.654
		18.232	16.855
Umlaufvermögen			
Vorräte	(21)	5.885	6.215
Forderungen und sonstige Vermögenswerte			
Forderungen aus Lieferungen und Leistungen	(22)	5.071	5.580
Übrige Forderungen und sonstige Vermögenswerte	(23)	3.854	4.153
		8.925	9.733
Flüssige Mittel	(24)		
Wertpapiere und Schuldscheine		129	29
Schecks, Kassenbestand, Guthaben bei Kreditinstituten		2.734	3.570
		2.863	3.599
		17.673	19.547
Latente Steuern	(11)	1.298	1.235
Rechnungsabgrenzungsposten	(25)	242	167
Bilanzsumme		37.445	37.804
Davon Discontinuing Operations	(35)	*4.648*	*4.934*
Passiva			
Eigenkapital			
Gezeichnetes Kapital der Bayer AG		1.870	1.870
Kapitalrücklage der Bayer AG		2.942	2.942
Gewinnrücklagen		10.479	8.753
Konzernergebnis		-1.361	603
Neubewertungsrücklage		–	66
Unterschied aus Währungsumrechnung		-1.699	-2.003
Übriges Comprehensive Income		-18	37
	(26)	12.213	12.268
Anteile anderer Gesellschafter	(27)	123	111
Fremdkapital			
Langfristiges Fremdkapital			
Langfristige Finanzverbindlichkeiten	(30)	7.378	7.117
Übrige langfristige Verbindlichkeiten	(32)	98	130
Pensionsrückstellungen und ähnliche Verpflichtungen	(28)	5.072	4.999
Andere langfristige Rückstellungen	(29)	1.343	1.400
		13.891	13.646
Kurzfristiges Fremdkapital			
Kurzfristige Finanzverbindlichkeiten	(30)	2.048	2.605
Verbindlichkeiten aus Lieferungen und Leistungen	(31)	2.265	2.276
Übrige kurzfristige Verbindlichkeiten	(32)	2.361	2.038
Kurzfristige Rückstellungen	(29)	2.448	2.969
		9.122	9.888
		23.013	23.534
Davon Discontinuing Operations	(35)	*2.077*	*2.255*
Latente Steuern	(11)	1.462	1.247
Rechnungsabgrenzungsposten	(34)	634	644
Bilanzsumme		37.445	37.804

Abbildung 5: Bilanz von Bayer (Geschäftsbericht 2004, S. 69)

Während Beiersdorf einen relativ hohen Anteil Rückstellungen aufweist, ist Bayer überwiegend mit langfristigen Verbindlichkeiten und Pensionsrückstellungen finanziert.

Obwohl der Blick in die Bilanz häufig über die Fremdkapitalstruktur informieren kann, gibt es immer mehr Unternehmen, bei denen die Bilanz nicht besonders gut über das Fremdkapital informieren kann. Ein typisches Beispiel hierfür ist BMW:

Passiva in Mio. Euro	Anhang	Konzern 2004	2003	Industriegeschäft* 2004	2003	Finanzgeschäft* 2004	2003
Gezeichnetes Kapital		674	674				
Kapitalrücklage		1.971	1.971				
Gewinnrücklagen		14.501	12.671				
Kumuliertes übriges Eigenkapital		371	834				
Eigenkapital	[28]	**17.517**	16.150	**14.647**	13.534	**3.613**	3.298
Rückstellungen für Pensionen	[29]	2.703	2.430	2.680	2.410	23	20
Übrige Rückstellungen	[30]	6.769	6.321	6.376	6.008	441	356
Rückstellungen		**9.472**	8.751	**9.056**	8.418	**464**	376
Finanzverbindlichkeiten	[31]	30.483	27.449	1.466	1.288	29.017	26.161
Verbindlichkeiten aus Lieferungen und Leistungen	[32]	3.376	3.143	3.070	2.740	306	403
Übrige Verbindlichkeiten	[33]	2.395	2.634	1.606	1.811	2.216	2.013
Verbindlichkeiten		**36.254**	33.226	**6.142**	5.839	**31.539**	28.577
Latente Steuern	[14]	**2.596**	2.501	**1.800**	1.592	**601**	777
Rechnungsabgrenzungsposten	[34]	**1.576**	847	**1.008**	400	**1.024**	747
Bilanzsumme		**67.415**	61.475	**32.653**	29.783	**37.241**	33.775
Bilanzsumme bereinigt um Asset Backed Finanzierungen		63.146	56.487	–	–	32.972	28.787

*vor Konsolidierung der Beziehungen zwischen den Teilkonzernen

Abbildung 6: Bilanz von BMW (Geschäftsbericht 2004, S. 53)

BMW ist ebenso wie die anderen deutschen Automobilkonzerne, aber auch internationale Automobilkonzerne wie General Motors oder Ford, sehr stark durch die Banktochter geprägt. Aufgrund der besonderen bankaufsichtsrechtlichen Regelungen, die oben bereits angesprochen wurden, ist im Bankgeschäft eine weitaus geringere Eigenkapitalquote normal als im Industriegeschäft. Während BMW rund die Hälfte des Industriegeschäftes mit Eigenkapital finanziert hat, liegt diese Quote im Bankgeschäft nur bei rund 10%. Die Verzerrungen durch Bankgeschäfte führen dazu, dass solche Unternehmen mit Banktöchtern nicht mit „normalen" Industrieunternehmen, d. h. mit solchen ohne Banktochter vergleichbar sind.

Typische Bestandteile der Verbindlichkeiten sind

– Anleihen
– Verbindlichkeiten gegenüber Kreditinstituten
– erhaltene Anzahlungen
– Verbindlichkeiten aus Lieferungen und Leistungen
– sonstige Verbindlichkeiten

Während in den USA eher Anleihen die Verbindlichkeiten dominieren, haben die Verbindlichkeiten gegenüber Kreditinstituten in Deutschland die größte Bedeutung. Nachstehend sind die Prospekte nachrangiger Verbindlichkeiten der Bayer AG, von Linde aus dem Jahr 2003 sowie der Tui aus Dezember 2005 abgebildet:

Prospectus as of July 25, 2005

BAYER AKTIENGESELLSCHAFT
(incorporated in the Federal Republic of Germany)

€ 1,300,000,000 Subordinated Fixed to Floating Rate Callable Bonds due 2105

Issue Price: 98.812%

Bayer Aktiengesellschaft (the "Issuer") will issue € 1,300,000,000 principal amount of Subordinated Fixed to Floating Rate Callable Bonds (the "Bonds") on July 29, 2005 at an issue price of 98.812% of the principal amount of such Bonds.

The Bonds will bear interest from and including July 29, 2005 to but excluding July 29, 2015 at a rate of 5.00% per annum, payable annually in arrear on July 29 in each year, commencing July 29, 2006. Thereafter, unless previously redeemed, the Bonds will bear interest the Euro-zone inter-bank offered rate for three-month Euro deposits plus 1.80% plus a step-up of 1.00%, payable quarterly in arrear on October 29, January 29, April 29 and July 29 in each year (each a "Floating Rate Interest Payment Date").

In the case of a Cash Flow Event (as defined in "Conditions of Issue – Interest"), the Issuer shall not pay interest on the Bonds. The Issuer is entitled to pay voluntarily such unpaid interest within one year following the Relevant Interest Payment Date on which no interest was paid due to a Cash Flow Event and must pay such unpaid interest under certain circumstances described in "Conditions of Issue – Interest". The Issuer is also entitled, in its sole discretion, to defer payments of interest on an Optional Interest Payment Date (as defined in "Conditions of Issue – Interest"). The Issuer may pay such voluntarily deferred interest (in whole or in part) at any time upon due notice and it shall pay such voluntarily deferred interest (in whole, but not in part) (i) if it decides to pay interest on an Optional Interest Payment Date thereafter, or (ii) under certain other circumstances, but generally no later than 10 years from the date on which such interest was voluntarily deferred, as described in "Conditions of Issue – Interest".

The Bonds will be redeemed on July 29, 2105.

The Bonds are redeemable in whole but not in part at the option of the Issuer at their principal amount together with any interest accrued thereon, on July 29, 2015 and on any Floating Rate Interest Payment Date thereafter. The Issuer may also redeem the Bonds in whole but not in part at any time before July 29, 2015 following a Tax Event or a Gross-up Event (as defined in "Conditions of Issue – Redemption and Purchase") at their Early Redemption Amount (as defined in "Conditions of Issue – Redemption and Purchase").

The obligations of the Issuer under the Bonds constitute unsecured and subordinated obligations of the Issuer ranking *pari passu* among themselves and in the event of the liquidation, dissolution, insolvency, composition or other proceedings for the avoidance of insolvency of the Issuer rank junior to all other present and future obligations of the Issuer, whether subordinated or unsubordinated, except as otherwise required by mandatory statutory law. In the event of the liquidation, dissolution, insolvency, composition or other proceedings for the avoidance of insolvency of the Issuer, the obligations of the Issuer under the Bonds will be subordinated to the claims of all unsubordinated and subordinated creditors of the Issuer so that in any such event no amounts shall be payable in respect of the Bonds until the claims of all unsubordinated and subordinated creditors of the Issuer shall have first been satisfied in full. The obligations of the Issuer under the Bonds will be senior to the claims of all classes of the shareholders.

This Prospectus has been approved by the *Commission de Surveillance du Secteur Financier* ("CSSF"), has been filed with said authority and will be published in electronic form on the website of the Luxembourg Stock Exchange (www.bourse.lu). It will also be available free of charge upon request at the specified office of the Paying Agent in Luxembourg.

Application has been made to list the Bonds on the regulated market (as defined below) of the Luxembourg Stock Exchange. The Bonds will be issued in bearer form in denominations of € 1,000.

The Issuer has requested CSSF to provide the competent authorities in the Federal Republic of Germany, the United Kingdom of Great Britain and Northern Ireland and The Netherlands with a certificate of approval attesting that the Prospectus has been drawn up in accordance with the *Loi relative aux prospectus pour valeurs mobilières* which implements Directive 2003/71/EC of the European Parliament and the Council of 4 November 2003 into Luxembourg law ("Notification").

Joint Lead Managers/Joint Bookrunners

Deutsche Bank
Structuring Advisor

JPMorgan

Co-Lead Managers

BNP PARIBAS **Citigroup** **Goldman Sachs International**

Finanzierung

OFFERING CIRCULAR

LINDE FINANCE B.V.

(incorporated in The Netherlands and registered in the commercial register of the Kamer van Koophandel Amsterdam under number 34115238)

€ 400,000,000 Undated Subordinated Bonds

guaranteed, on a subordinated basis, by

Linde Aktiengesellschaft

(incorporated as a stock corporation under the laws of the Federal Republic of Germany and registered with the Commercial Register of Wiesbaden under HR B 10000)

Issue price: 99.688%

The issue price of the € 400,000,000 Undated Subordinated Bonds with the benefit of a subordinated guarantee (the "**Bonds**") in the denomination of € 1,000 each and issued by Linde Finance B.V. (the "**Issuer**") is 99.688% of their principal amount.

The Bonds do not have a final maturity date. They are subject to redemption (in whole, but not in part only) at their principal amount at the option of the Issuer on July 3, 2013 or on any Floating Interest Payment Date (as defined in "Terms and Conditions of the Bonds - Definitions") thereafter. The Bonds are also subject to redemption (in whole, but not in part only) at the greater of their principal amount and the Make-Whole Amount (as defined in "Terms and Conditions of the Bonds - Redemption and Purchase") at the option of the Issuer before July 3, 2013 in the event of certain changes affecting taxation in The Netherlands (see "Terms and Conditions of the Bonds - Redemption and Purchase").

The Bonds will bear interest from July 3, 2003 at the rate of 6.00% per annum payable annually in arrears on the Fixed Interest Payment Dates (as defined in "Terms and Conditions of the Bonds - Interest") on July 3 of each year up to the Fixed Interest Payment Date falling on July 3, 2013 and thereafter at the rate of 3.375% per annum over the European Interbank offered rate for three months deposits in Euro ("**EURIBOR**") payable quarterly in arrears on the Floating Interest Payment Dates (as defined in "Terms and Conditions of the Bonds - Definitions") on October 3, January 3, April 3 and July 3 of each year. However, the Bonds provide that in certain circumstances accrued interest will not be payable on the Fixed or Floating Interest Payment Date immediately following its accrual but will instead constitute Arrears of Interest (as defined in "Terms and Conditions of the Bonds - Interest") that will not be payable until a later date unless the Issuer otherwise elects. Arrears of Interest will not themselves bear interest. See "Terms and Conditions of the Bonds - Interest".

Linde Aktiengesellschaft (the "**Guarantor**") has unconditionally and irrevocably guaranteed (the "**Subordinated Guarantee**"), on a subordinated basis, the due and punctual payment of all amounts at any time becoming due and payable in respect of the Bonds.

For a discussion of certain significant factors affecting investments in the Bonds, see "INVESTMENT CONSIDERATIONS".

The obligations of the Issuer in respect of the Bonds and the obligations of the Guarantor under the Subordinated Guarantee are subordinated to senior creditors in liquidation or similar proceedings (see "Terms and Conditions of the Bonds - Status of the Bonds and the Subordinated Guarantee").

The Bonds will be governed by the laws of the Federal Republic of Germany ("**Germany**").

The Bonds are expected to be rated BBB- by Standard & Poor's Rating Services, a division of The McGraw-Hill Companies, Inc. and Baa1 by Moody's Investors Service Limited (together the "**Rating Agencies**") upon issuance. A rating is not a recommendation to buy, sell or hold securities and may be subject to revision, suspension or withdrawal at any time by the assigning Rating Agency.

Application has been made to list the Bonds on the Luxembourg Stock Exchange.

Arrangers and Joint Lead Managers

Citigroup	Deutsche Bank

Co-Lead Managers

Barclays Capital	BNP Paribas	Dresdner Kleinworth Wasserstein

Co-Managers

ABN AMRO	Commerzbank Securities
Morgan Stanley	SG Investment Banking

The date of this Offering Circular is July 1, 2003.

§ 5
ZINSEN

(1) **Fester Zinszeitraum.** Zinsen auf die Schuldverschreibungen werden vom Ausgabetag (einschließlich) bis zum 3. Juli 2013 (ausschließlich) wie folgt gezahlt:

(a) Die Schuldverschreibungen werden mit jährlich 6,00% auf ihren Nennbetrag verzinst und die Zinsen sind, vorbehaltlich der Regelung in § 5(3), nachträglich jährlich am 3. Juli eines jeden Jahres, erstmals am 3. Juli 2004 fällig (jeweils ein *Festzins-Zahlungstag*).

(b) Zinsen, die auf einen festen Zinszeitraum von weniger als einem Jahr zu berechnen sind, werden auf Basis der tatsächlich verstrichenen Tage, geteilt durch 365 bzw. 366 (tatsächliche Anzahl der Tage im betreffenden Zinsjahr), berechnet.

(2) **Variabler Zinszeitraum.** Zinsen auf die Schuldverschreibungen werden vom 3. Juli 2013 (einschließlich) bis zum Tag der Rückzahlung der Schuldverschreibungen (ausschließlich) wie folgt gezahlt:

(a) Vorbehaltlich einer vorzeitigen Rückzahlung gemäß diesen Anleihebedingungen werden die Schuldverschreibungen in Höhe des von der Berechnungsstelle gemäß § 5(2)(d) festgesetzten Zinssatzes verzinst, wobei die Zinsen, vorbehaltlich der Regelung in § 5(3), vierteljährlich nachträglich an jedem Variablen Zinszahlungstag gezahlt werden.

(b) Falls ein Variabler Zinszahlungstag auf einen Tag fallen würde, der kein Geschäftstag ist, wird die Zinszahlung auf den nächstfolgenden Geschäftstag verschoben, es sei denn, jener würde dadurch in den nächsten Kalendermonat fallen; in diesem Fall fällt der Variable Zinszahlungstag auf den unmittelbar vorausgehenden Geschäftstag.

(c) Der Zinssatz für jeden Variablen Zinszeitraum (der *Zinssatz*) ist, sofern nachstehend nichts Abweichendes bestimmt wird, entweder:

(i) der angezeigte Angebotssatz (für den Fall, dass auf der Bildschirmseite üblicherweise nur ein Angebotssatz angezeigt wird); oder

(ii) das arithmetische Mittel der angezeigten Angebotssätze (falls erforderlich, auf das nächste eintausendstel Prozent auf- oder abgerundet, wobei 0,0005 aufgerundet wird),

(ausgedrückt als Prozentsatz per annum) für Dreimonats-Einlagen in Euro für den jeweiligen Variablen Zinszeitraum, der bzw. die auf der Bildschirmseite am Zinsfestlegungstag um 11:00 Uhr (Brüsseler Ortszeit) angezeigt wird bzw. werden, zuzüglich der Marge, wobei alle Festlegungen durch die Berechnungsstelle erfolgen.

Wenn im vorstehenden Fall (ii) auf der Bildschirmseite fünf oder mehr Angebotssätze angezeigt werden, werden der höchste (oder, falls mehr als ein solcher Höchstsatz angezeigt wird, nur einer dieser Sätze) und der niedrigste Angebotssatz (oder, falls mehr als ein solcher Niedrigstsatz angezeigt wird, nur einer dieser Sätze) von der Berechnungsstelle für die Bestimmung des arithmetischen Mittels der Angebotssätze (das wie vorstehend beschrieben auf- oder abgerundet wird) außer Acht gelassen; diese Bestimmung gilt entsprechend für diesen gesamten § 5(2)(c).

Sollte die Bildschirmseite nicht zur Verfügung stehen, oder wird im vorstehenden Fall (i) kein Angebotssatz angezeigt, oder werden im vorstehenden Fall (ii) weniger als drei Angebotssätze angezeigt (in jedem dieser Fälle zu der genannten Zeit), wird die Berechnungsstelle von fünf von ihr ausgewählten Referenzbanken deren jeweilige Angebotssätze (jeweils als Prozentsatz per annum ausgedrückt) für Dreimonats-Einlagen in Euro für den betreffenden Variablen Zinszeitraum gegenüber führenden Banken im Interbanken-Markt in den Teilnehmerstaaten der dritten Stufe der Wirtschafts- und Währungsunion im Sinne des Vertrages über die Europäische Union anfordern. Maßgeblich sind die Sätze um ca. 11:00 Uhr (Brüsseler Ortszeit) am Zinsfestlegungstag. Sofern zwei oder mehr der ausgewählten Referenzbanken der Berechnungsstelle solche Angebotssätze nennen, ist der Zinssatz für den betreffenden Variablen Zinszeitraum das arithmetische Mittel dieser Angebotssätze (falls erforderlich, auf- oder abgerundet auf das nächste ein tausendstel Prozent, wobei 0,0005 aufgerundet wird), zuzüglich der Marge.

Für den Fall, dass der Zinssatz nicht gemäß den vorstehenden Bestimmungen ermittelt werden kann, ist der Zinssatz der Angebotssatz oder das arithmetische Mittel der Angebotssätze auf der Bildschirmseite, wie vorstehend beschrieben, an dem letzten Tag vor dem Zinsfestlegungstag, an dem ein solcher Angebotssatz bzw. solche Angebotssätze angezeigt wurde(n) zuzüglich der Marge.

(3) **Zinsrückstände.** Zinsen, die während eines Zeitraumes auflaufen, der an einem Obligatorischen Zinszahlungstag (ausschließlich) endet, sind an diesem Obligatorischen Zinszahlungstag zahlbar. Zinsen, die während eines Zeitraumes auflaufen, der an einem Fakultativen Zinszahlungstag (ausschließlich) endet, sind nur dann an diesem Fakultativen Zinszahlungstag zahlbar, wenn und soweit sich die Emittentin dafür entscheidet; ansonsten stellen diese Zinsen für den Fall, dass die Emittentin keine derartige Entscheidung trifft, *Zinsrückstände* dar. Falls sich die Emittentin dafür entscheidet, an einem Fakultativen Zinszahlungstag Zinszahlungen ganz oder teilweise zu leisten, ist sie verpflichtet, an diesem Fakultativen Zinszahlungstag auch sämtliche Zinsrückstände zu zahlen. Die Emittentin ist nicht verpflichtet, an einem Fakultativen Zinszahlungstag Zinsen zu zahlen, wenn sie sich gegen eine solche Zahlung entschieden hat; eine Nichtzahlung aus diesem Grunde begründet keinen Verzug der Emittentin. Soweit sich die Emittentin entscheidet, an einem Fakultativen Zinszahlungstag nicht den gesamten Zinsbetrag zu zahlen, hat sie dies den Anleihegläubigern gemäß § 13 unter Einhaltung einer Frist von mindestens 10 und höchstens 15 Geschäftstagen vor diesem Fakultativen Zinszahlungstag bekannt zu machen. Die Emittentin kann ausstehende Zinsrückstände jederzeit ganz oder teilweise nach Benachrichtigung der Anleihegläubiger gemäß § 13 unter Einhaltung einer Frist von nicht weniger als 10 und nicht mehr als 15 Geschäftstagen zahlen (wobei eine solche Mitteilung unwiderruflich ist und die Emittentin verpflichtet ist, die jeweiligen Zinsrückstände an dem in dieser Mitteilung genannten Zahlungstag zu zahlen).

Weiterhin ist die Emittentin verpflichtet, ausstehende Zinsrückstände (vollständig, jedoch nicht teilweise) an dem zuerst eintretenden der folgenden Tage zu zahlen:

(i) am nächsten Obligatorischen Zinszahlungstag;

(ii) an dem Tag, an dem die Schuldverschreibungen zur Rückzahlung fällig sind;

§ 6
RÜCKZAHLUNG UND RÜCKKAUF

(1) **Keine Endfälligkeit.** Die Schuldverschreibungen haben keinen Endfälligkeitstag und werden, außer nach Maßgabe dieses § 6, nicht zurückgezahlt.

(2) **Kündigungsrecht der Emittentin und vorzeitige Rückzahlung aus Steuergründen.** Bei Eintritt eines Gross-up-Ereignisses oder eines Steuerereignisses vor dem 3. Juli 2013 ist die Emittentin berechtigt, die Schuldverschreibungen jederzeit (insgesamt, jedoch nicht teilweise) durch eine unwiderrufliche Benachrichtigung der Anleihegläubiger gemäß § 13 unter Einhaltung einer Frist von nicht weniger als 30 und nicht mehr als 60 Tagen zu kündigen

und zum Vorzeitigen Rückzahlungsbetrag zurückzuzahlen.

Dabei gilt für den Fall eines Gross-up-Ereignisses, dass:

(a) eine solche Kündigungsmitteilung nicht früher als 90 Tage vor dem ersten Tag gemacht werden darf, an dem die Emittentin erstmals verpflichtet wäre, die jeweiligen zusätzlichen Beträge in Ansehung fälliger Beträge auf die Schuldverschreibungen zu zahlen; und

(b) die Emittentin der Hauptzahlstelle vor Abgabe einer solchen Kündigungsmitteilung folgende Dokumente übermittelt bzw. deren Übermittlung veranlasst:

  (i) eine von zwei ordnungsgemäß bevollmächtigten Vertretern der Emittentin unterzeichnete Bescheinigung, die bestätigt, dass die Emittentin berechtigt ist, die maßgebliche Rückzahlung vorzunehmen, und aus der die Tatsachen hervorgehen, auf deren Grundlage die Voraussetzungen für das Rückzahlungsrecht der Emittentin eingetreten sind; sowie

  (ii) ein Gutachten eines angesehenen unabhängigen Rechtsberaters, aus dem hervorgeht, dass die Emittentin verpflichtet ist oder verpflichtet sein wird, die betreffenden zusätzlichen Beträge als Folge eines Gross-up-Ereignisses zu zahlen.

(4) **Kündigung und vorzeitige Rückzahlung nach Wahl der Emittentin.** Die Emittentin kann die Schuldverschreibungen am 3. Juli 2013 oder an jedem danach folgenden Variablen Zinszahlungstag vollständig, aber nicht in Teilbeträgen nach unwiderruflicher Kündigungsmitteilung an die Anleihegläubiger gemäß § 13 unter Einhaltung einer Frist von nicht weniger als 30 und nicht mehr als 60 Tagen zum Nennbetrag zuzüglich sämtlicher bis zum Rückzahlungstag (ausschließlich) aufgelaufener Zinsen und sämtlicher ausstehender Zinsrückstände kündigen und zurückzahlen.

Eine solche Kündigungsmitteilung verpflichtet die Emittentin, die Schuldverschreibungen am 3. Juli 2013 oder an dem in dieser Kündigungsmitteilung angegebenen Variablen Zinszahlungstag zu ihrem Nennbetrag, nebst Zinsen, die bis zu diesem Tag aufgelaufen sind, einschließlich sämtlicher ausstehender Zinsrückstände zurückzuzahlen.

Finanzierung

PROSPECTUS

NOT FOR DISTRIBUTION
IN THE UNITED STATES

TUI
Aktiengesellschaft

TUI AG

€300,000,000 Perpetual Subordinated Fixed to Floating Rate Bonds

TUI AG (the "Issuer") is offering €300,000,000 aggregate principal amount of 8.625% perpetual subordinated fixed to floating rate bonds (the "Bonds").

The Bonds do not have a final maturity date. They are subject to redemption (in whole, but not in part) at their principal amount at the option of the Issuer (i) on January 30, 2013 or on any Floating Remuneration Payment Date (as defined in "Conditions of Issue — § 1 — Definitions and Interpretation") thereafter or (ii) at any time in case of a Change of Control (as defined in "Conditions of Issue — § 1 — Definitions and Interpretation") or in case of a small outstanding principal amount. The Bonds are also subject to redemption (in whole, but not in part) at the option of the Issuer before January 30, 2013 (i) at their principal amount in case of a Gross-up Event (as defined in "Conditions of Issue — § 1 — Definitions and Interpretation") and (ii) at the greater of their principal amount and the Make-Whole Amount (as defined in "Conditions of Issue — § 5 — Redemption and Purchase") in case of a Tax Event (as defined in "Conditions of Issue — § 1 — Definitions and Interpretation") or in case of certain changes in the accounting treatment of the Bonds on the consolidated accounts of the Issuer (see "Conditions of Issue — § 5 — Redemption and Purchase").

The Bonds will bear remuneration ("Remuneration") from December 9, 2005 at the rate of 8.625% per annum payable annually in arrears on January 30, of each year and for the first time on January 30, 2007 (the "Fixed Remuneration Payment Dates") up to the Fixed Remuneration Payment Date falling on January 30, 2013 and thereafter at the rate of 7.30% per annum over the European Interbank offered rate for three months deposits in Euro ("EURIBOR") payable quarterly in arrears on January 30, April 30, July 30 and October 30 of each year (the "Floating Remuneration Payment Dates"). The rate of Remuneration for any fixed or floating remuneration period will be increased by 5% per annum in the event of a Change of Control (as defined in "Conditions of Issue — § 1 — Definitions and Interpretation"), unless the Bonds are redeemed. However, the Conditions of Issue provide that in certain circumstances accrued Remuneration will not be payable on the Fixed or Floating Remuneration Payment Date immediately following its accrual but will instead constitute Arrears of Remuneration (as defined in "Conditions of Issue — § 4 — Remuneration") that will not be payable until a later date unless the Issuer otherwise elects. Arrears of Remuneration will not themselves bear interest. Investors will always have a claim to receive a cash payment in respect of outstanding Arrears of Remuneration, however, the obligation of the Issuer to pay outstanding Arrears of Remuneration in certain circumstances is subject to the condition precedent that (i) the Issuer is using the cash proceeds from the issuance or sale of its shares (except for treasury shares which have been acquired against cash within a certain period of time) and/or the issuance of securities ranking junior to or *pari passu* to the Bonds in an aggregate nominal amount of not more than 25% of the aggregate principal amount of the Bonds and (ii) that such raising of capital is possible for the Issuer according to German corporate law. The Bonds will be governed by the laws of the Federal Republic of Germany.

The obligations of the Issuer in respect of the Bonds are subordinated to the claims of all other creditors in insolvency, liquidation or similar proceedings and rank senior only to claims of the shareholders of the Issuer. However, in insolvency, liquidation or similar proceedings claims for payment of Arrears of Remuneration will rank *pari passu* with claims of the shareholders of the Issuer.

The Bonds have been rated B1 by Moody's Investors Service Limited and B+ by Standard & Poors (the "Rating Agencies"). A rating is not a recommendation to buy, sell or hold securities and may be subject to revision, suspension or withdrawal at any time by the assigning Rating Agency.

Application has been made to the Irish Financial Services Regulatory Authority (the "Regulatory Authority"), as competent authority under Directive 2003/71/EC of the European Parliament and of the Council of November 4, 2003 (the "Prospectus Directive"), for the Prospectus to be approved. Application has been made to the Irish Stock Exchange for the Bonds to be admitted to the Official List and trading on its regulated market. Such approval relates only to the Bonds which are to be admitted to trading on the regulated market of Irish Stock Exchange or other regulated markets for the purposes of Directive 93/22/EEC or which are to be offered to the public in any Member State of the European Economic Area.

The Issuer will request the Regulatory Authority to provide the competent authorities in the Federal Republic of Germany, Austria, France, the United Kingdom of Great Britain and Northern Ireland and The Netherlands with a certificate of approval attesting that the Prospectus has been drawn up in accordance with Irish law which implements the Prospectus Directive into Irish law ("Notification"). The Issuer may request the Regulatory Authority to provide competent authorities in additional host Member States within the European Economic Area with a Notification.

Investing in the Bonds involves risks. See "Risk Factors" beginning on page 25.

The Bonds have not been, and will not be, registered under the United States Securities Act of 1933, as amended (the "Securities Act") and are subject to United States tax law requirements. The Bonds are being offered outside the United States by the Lead Managers (as defined in "Subscription and Sale") in accordance with Regulation S under the Securities Act ("Regulation S"), and may not be offered, sold or delivered within the United States or to, or for the account or benefit of, U.S. persons except pursuant to an exemption from, or in a transaction not subject to, the registration requirements of the Securities Act.

Price: 100% plus accrued interest, if any, from the issue date.

The Bonds will be issued in bearer form in a denomination of €1,000. The Bonds will be made ready for delivery through Clearstream Banking AG, Frankfurt, on or about December 9, 2005, against payment in immediately available funds.

Lead Managers

Citigroup	Deutsche Bank	HVB Corporates & Markets	The Royal Bank of Scotland

Co-Managers

Commerzbank Corporates & Markets — WestLB AG

The date of this Prospectus is December 5, 2005. This document constitutes a prospectus for the purposes of the Prospectus Directive on the prospectus to be published when securities are offered to the public or admitted to trading.

Finanzierung

Zusammenfassung der Anleihebedingungen

Die nachfolgende Zusammenfassung stellt die wesentlichen Bestimmungen aus den Anleihebedingungen dar. Einige der nachfolgend dargestellten Bedingungen unterliegen wichtigen Beschränkungen und Ausnahmen. Der Abschnitt „Conditions of Issue" in diesem Prospekt enthält detailliertere Angaben über die Anleihebedingungen, einschließlich Definitionen von einigen Begriffen, die in dieser Zusammenfassung verwendet werden.

Emittentin:	TUI AG
Nennbetrag	€300 Millionen
Ausgabebetrag	100%
Ausgabetag	9. Dezember 2005
Stückelung	€1.000
Hauptzahlstelle	Deutsche Bank Aktiengesellschaft
Irischer Listing Agent	The Bank of New York
Irische Zahlstelle	AIB/BNY Fund Management (Ireland) Limited
Form der Schuldverschreibungen	Die Schuldverschreibungen sind Inhaberpapiere und werden gemäß der U.S.: Treasury Regulation Section 1.163-5(c)(2)(i)(D) („TEFRA D Rules") ausgegeben. Die Schuldverschreibungen sind anfänglich durch eine vorläufige Globalurkunde (die „Vorläufige Globalurkunde") ohne Vergütungsscheine verbrieft, welche bei Clearstream Banking AG, Frankfurt (das „Clearingsystem") hinterlegt wird. Die Vorläufige Globalurkunde wird nicht vor Ablauf von 40 Tagen und spätestens nach Ablauf von 180 Tagen nach ihrer Begebung gegen eine Dauerglobalurkunde (die „Dauerglobalurkunde") ohne Vergütungsscheine gegen Vorlage einer Bestätigung über das Nichtbestehen wirtschaftlichen Eigentums im Sinne des US-Rechts nach den Regeln und dem Verfahren des Clearingsystems ausgetauscht. Zahlungen auf die Vorläufige Globalurkunde erfolgen nur gegen Vorlage einer solchen Bestätigung. Einzelurkunden oder Vergütungsscheine werden nicht ausgegeben.
Vergütung	Die Schuldverschreibungen werden bis zum Festvergütungs-Zahlungstag, der auf den 30. Januar 2013 fällt, mit 8.625% per annum jährlich auf ihren Nennbetrag verzinst (die „Vergütungen"). Diese Vergütungen sind nachträglich jährlich am 30. Januar eines jeden Jahres, erstmals am 30. Januar 2007 (der „Festvergütungs-Zahlungstag") fällig. Danach werden die Schuldverschreibungen mit dem Angebotssatz der Banken im Interbankenmarkt der Euro-Zone für Dreimonats-Einlagen in Euro zuzüglich 7.30% per annum über dem Zinssatz für Drei-Monats-Einlagen in Euro („EURIBOR") verzinst, wobei die Zinsen vierteljährlich nachträglich am 30. Januar, 30. April, 30. Juli und 30. Oktober eines jeden Jahres fällig sind (der „Variable Vergütungszahlungstag").
Step up bei Kontrollwechsel	Der Festvergütungssatz erhöht sich im Falle eines Kontrollwechsels um 5,00% p.a. Ein Kontrollwechsel gilt nach den Anleihebedingungen als eingetreten, wenn eine oder mehrere Personen, die abgestimmt handeln, oder einer oder mehrere Dritte, die im Auftrag solcher Personen handeln, 50% oder mehr als 50% der Kapitalanteile der Emittentin oder eine solche Anzahl von Kapitalanteilen der Emittentin erworben hat oder haben, auf die mehr als

39

Zu erwähnen ist in diesem Zusammenhang auch die Bedeutung der Kreditlinien, die den Unternehmen von Banken oder Bankkonsortien zur Verfügung gestellt werden. Auf Kreditlinien kann ein Unternehmen zurückgreifen, muss es aber im Regelfall nicht. Bei Bayer beträgt diese beispielsweise 4,8 Mrd. € (Bayer, Geschäftsbericht 2004, S. 125), bei Linde 1,8 Mrd. € (Linde, Geschäftsbericht 2004, S. 79).

4.6 Derivative Finanzinstrumente zur Risikosteuerung

Zur Steuerung von finanziellen Risiken lassen sich verschiedene Finanzinstrumente wie Optionen, Termingeschäfte usw. einsetzen. Diese können als Absicherungsgeschäfte eingesetzt werden, aber auch zu Spekulationszwecken. Generell lässt sich ein Finanzinstrument – ein Derivat – wie folgt definieren:

- eine vertragliche Vereinbarung,
- zwischen zwei oder mehr Parteien,
- aus der sich zukünftig
- Zahlungen ergeben,
- wenn ein bei Vertragsabschluss festgelegter Zustand eintritt.

Generell lassen sich Derivate nach folgenden Kriterien kategorisieren:

- nach den zugrunde liegenden Handelsobjekten, d. h. Zinssätze, Indizes, usw.;
- nach der Erfüllungspflicht, d. h. ob das Geschäft zwingend zu erfüllen ist oder ob mindestens eine Partei eine Option zur Erfüllung oder auch Nichterfüllung besitzt;
- nach dem Handelsort, wobei zwischen börslichen und außerbörslichen Geschäften unterschieden werden kann – außerbörsliche Geschäfte werden als OTC-Geschäfte (over the counter) bezeichnet. Während börsliche Geschäfte standardisiert sind, lassen sich außerbörsliche Geschäfte frei verhandeln.

4.6.1 Unbedingte Termingeschäfte
Zu den unbedingten Termingeschäften – bei denen also keine Partei eine Option besitzt – lassen sich generell Futures (und andere in diese Kategorie fallende Geschäfte) und Swaps unterscheiden. Bei Futures wird ein Zinssatz

oder ein Währungskurs für die Zukunft vereinbart, bei einem Swap werden Zahlungen ausgetauscht.

4.6.1.1 Futures, Forwards und Devisentermingeschäfte

Bei den in diesem Kapitel behandelten Termingeschäften werden Zinssätze oder Währungskurse heute für einen in der Zukunft liegenden Zeitraum festgelegt. Bei OTC-Geschäften handelt es sich um Forward Rate Agreements (FRA) und Devisentermingeschäfte, bei börsengehandelten Produkten um Zinsfutures und Devisenfutures.

Bei einem FRA werden heute die folgenden Größen fixiert:

- der Zeitraum, der in der Zukunft beginnt und endet (Referenzperiode),
- der Zeitraum vom Abschluss des FRA bis zum Beginn der Referenzperiode (Vorlaufzeit),
- der Kapitalbetrag, der über die Referenzperiode verzinst wird,
- der Zinssatz, zu dem der Kapitalbetrag verzinst wird und
- der Referenzzinssatz.

Am Ende der Vertragslaufzeit wird der Referenzzinssatz mit dem Zinssatz verglichen, zu dem der Kapitalbetrag verzinst wird. Liegt der Referenzzinssatz über dem Zinssatz, so erhält der Käufer des FRA eine Ausgleichszahlung, ansonsten der Verkäufer. Die Ausgleichszahlung ergibt sich dabei nach folgender Formel:

$$\frac{(\text{Referenzzinssatz} - \text{Zinssatz}) \times \text{Kapitalbetrag} \times \text{Referenzperiode in Tagen}}{360 \text{ Tage}}$$

Im Nenner werden 360 Tage berücksichtigt, da Banken mit 30 Tagen pro Monat rechnen.

Sinn eines FRA ist die Absicherung gegen zukünftige Zinsänderungen. Damit können sich etwa Unternehmen gegen vermutete steigende Zinsen absichern, obwohl Kapital erst in der Zukunft benötigt wird.

> **Beispiel:**
> Ein Unternehmen will sich gegen die Veränderung des Euribor absichern und die aktuell günstigen Zinsen festlegen. Ein Volumen von 10 Mio. € wird dabei bei einer Vorlaufzeit von sechs Monaten für die Referenzperiode von sechs Monaten abgesichert. Der Zinssatz für die Periode liegt bei 4%.

Der Referenzzinssatz liegt nach sechs Monaten bei 3%. Da der Referenzzinssatz unter dem festgelegten Zinssatz liegt, erhält der Verkäufer des FRA eine Ausgleichszahlung. Diese beträgt

$$\frac{(3\% - 4\%) \times 10 \text{ Mio. €} \times 180 \text{ Tage}}{360 \text{ Tage}} = 50.000 \text{ €}.$$

Damit hat sich der Käufer des FRA zwar gegen steigende Zinsen abgesichert, aber gleichzeitig das Risiko fallender Zinsen in Kauf genommen, da der Zinssatz von 4% fix für die Zukunft vereinbart wurde. Von fallenden Zinsen profitiert der Käufer somit nicht. Sein Vorteil besteht aber darin, dass er sichere Zahlungsströme in der Zukunft hat.

Bei Zinsfutures werden die Bedingungen standardisiert, um sie börsenfähig zu machen.

Wie bei Zinsgeschäften lassen sich auch Währungsgeschäfte in standardisierte und nicht-standardisierte Geschäfte unterteilen. Devisentermingeschäfte – also nicht-standardisierte Währungsgeschäfte – werden durch folgende Größen definiert:

- das Volumen,
- der Devisenkurs am Fälligkeitstag (Terminkurs) und
- den Fälligkeitstermin.

So lässt sich bereits heute etwa ein Umrechnungskurs für 1.000.000 US-$ für die Zukunft vereinbaren. So ließe sich etwa ein Kurs von 1 €/US-$ für den Fälligkeitstermin 31.12.X festlegen.

Auch hier kann sich ein Unternehmen sichere Zahlungsströme für die Zukunft verschaffen, indem etwa Zahlungseingänge in US-$ bereits heute in Euro getauscht werden. Wiederum wird aber nicht davon profitiert, wenn sich der Währungskurs zu eigenen Gunsten entwickelt. Devisenfutures sind standardisierte Devisentermingeschäfte, wiederum, um sie börsenfähig zu gestalten.

4.6.1.2 Swaps

Ein Swap stellt einen Vertrag dar, bei dem der Austausch zukünftiger Zahlungen vereinbart wird.

Bei einem Zinsswap werden im Regelfall fixe gegen variable Zahlungen ausgetauscht. Damit kann ein Unternehmen – je nach prognostizierter Zinsentwicklung – von sinkenden Zinsen profitieren und sich gegen steigende Zinsen absichern. Werden steigende Zinsen prognostiziert, würde ein Unternehmen variable Zinszahlungen gegen fixe Zinszahlungen eintauschen, nehmen variable Zinszahlungen gegen fixe Zinszahlungen eintauschen, womit das Risiko des steigenden Zinses nicht mehr auf das Unternehmen durchschlagen könnte. Bei prognostizierten sinkenden Zinsen wäre ein Unternehmen dagegen bemüht, fixe Zahlungen gegen variable Zahlungen einzutauschen.

Als Geschäftspartner bieten sich auf der einen Seite Unternehmen an, die eine umgekehrte Zinsentwicklung prognostizieren und somit an der jeweils umgekehrten Position interessiert sind, und auf der anderen Seite im Regelfall Geschäftsbanken, die solche Geschäfte gegen eine Gebühr bereit sind einzugehen. Der Geschäftspartner, der fixe Zahlungen abgibt (= zahlt), ist der Käufer des Zinsswaps, der andere Geschäftspartner ist der Verkäufer.

Bei einem Zinsswap werden folgende Parameter festgelegt:

- der Kapitalbetrag, auf den sich die Zinszahlungen beziehen,
- die Laufzeit,
- der Referenzzinssatz (ein üblicherweise drei- oder sechsmonatiger Zinssatz),
- die Zinszahlungstermine sowie
- der Festzinssatz.

Da im Regelfall Banken die Geschäftspartner von Unternehmen sind, die Zinsswaps eingehen möchten, unterscheidet sich der Festzinssatz je nachdem, ob die Bank Käufer oder Verkäufer des Zinsswaps ist. Beispielsweise würde eine Bank für einen zehnjährigen Zinsswap einen Festzinssatz von 4,00% zahlen, wenn sie Käufer des Zinsswaps ist, aber 4,05% vom Unternehmen erhalten, wenn die Bank als Verkäufer auftreten würde. Die Differenz von 0,05% stellt die Gebühr dar, die die Bank für das Geschäft verlangt.

Beispiel:
Ein Unternehmen hat eine Anleihe mit einem Zinssatz von 7% über eine Restlaufzeit von noch sechs Jahren aufgenommen, erwartet aber drastisch sinkende Zinsen. Um von dem sinkenden Zinssatz zu profitieren, will das Unternehmen einen Zinsswap abschließen. Die Hausbank bietet für einen sechsjährigen Zinsswap die Festzinskonditionen 4,95%/5,00%. Da das Unternehmen den Festzinssatz empfangen möchte, um variable Zahlungen abzugeben, ist das Unternehmen Verkäufer des Zinsswaps und die Bank der Käufer. Somit erhält das Unternehmen von der Bank 4,95% und zahlt der Bank umgekehrt den variablen Zinssatz.

Bei einem Währungsswap werden die auf unterschiedliche Währungen lautenden Geldbeträge getauscht, also beispielsweise Zahlungen in US-Dollar in Zahlungen in Euro. Sinn und Zweck von Währungsswaps ist die Ausnutzung von Kostenvorteilen, die die einzelnen Marktteilnehmer in einzelnen Währungen besitzen.

> **Beispiel:**
> Unternehmen A benötigt US-Dollar, Unternehmen B Euro. Da Unternehmen A sich günstig in Euro finanzieren kann, Unternehmen B aber in US-Dollar, nehmen die Unternehmen das Kapital jeweils in diesen Währungen auf und tauschen die Währungen inkl. üblicherweise auch der Zinsen aus. Somit kann sich Unternehmen A die günstigere Finanzierung von Unternehmen B in US-Dollar sichern, während Unternehmen B von der günstigeren Finanzierung von Unternehmen A in Euro profitiert.

Da Währungsswaps zu den OTC-Geschäften zählen, sind die einzelnen Bedingungen frei verhandelbar.

4.6.2 Bedingte Termingeschäfte

Bedingte Termingeschäfte sind solche Derivate, bei denen eine Vertragspartei das Recht zur Ausübung besitzt, nicht aber die Pflicht. Solche Geschäfte werden als Optionen bezeichnet. Zu unterscheiden sind die Optionen auf den Kauf eines vorab definierten Gegenstandes („Call-Option") und Optionen auf den Verkauf eines vorab definierten Gegenstandes („Put-Option"). Weiterhin ist zu unterscheiden, wann eine Option ausgeübt werden darf. Wenn sie während der gesamten Laufzeit der Option ausgeübt werden kann, wird sie als amerikanische Option bezeichnet, wenn sie nur am Ende der Laufzeit ausgeübt werden kann, als europäische Option.

Bei Zinsoptionen hat der Inhaber der Option das Recht, bestimmte Zinsgeschäfte zu erwerben. Generell können Zinsoptionen auf Geldmarktzinssätze, Anleihen, Zinsfutures, Zinsswaps oder auch Forward Rate Agreements abgeschlossen werden. Bei Anleihen – in der gleichen Form lassen sich auf Aktienoptionen abschließen – erhält der Käufer der Option das Recht, zu einem bestimmten vorab definierten Termin zu einem vorab definierten Preis eine Anleihe (Aktie) zu erwerben (Call) bzw. zu einem vorab definierten Preis zu verkaufen (Put). Ebenso gibt eine Option auf einen Zinsfuture das Recht, zu einem vorab definierten Zeitpunkt zu einem vorab definierten Preis einen Zinsfuture zu erwerben (Call) bzw. zu verkaufen (Put). Eine Option auf einen

Zinsswap wird verkürzt auch Swaption genannt und gibt wiederum das Recht auf den Ein- bzw. Ausstieg in einen Zinsswap.

Wie bei Zinsgeschäften existieren auch bei Währungen Optionen, die Devisenoptionen. Hier erhält der Käufer das Recht zum Erwerb bzw. Verkauf von Währungen zu einem vorab definierten Kurs zu einem bestimmten Zeitpunkt.

Eine Verknüpfung mehrerer Zinsoptionen führt zum Aufbau eines Caps bzw. eines Floors. Bei einem Cap wird eine Höchstzinsgrenze vereinbart, bei einem Floor eine Mindestzinsgrenze.

Beispiel:
Die A-AG hat eine variabel verzinsliche Anleihe emittiert, befürchtet aber einen Anstieg der Zinsen. Um dieses Risiko auszuschalten, schließt die A-AG mit einer Bank einen Cap an. Dieser sichert der A-AG bei Zinssätzen über 9% eine Ausgleichszahlung in Höhe von (Zinssatz – 9%) zu, unter 9% erhält die A-AG nichts. Für diesen Cap zahlt die A-AG eine Prämie von 0,5% des Volumens.
Damit sichert sich die A-AG gegen steigende Zinsen ab, da sie einen Maximalzins von 9,5% vereinbart hat (9% + 0,5% Prämie). Darüber steigende Zinssätze stellen für die A-AG kein Risiko mehr dar.

4.6.3 Zusammenfassende Erläuterungen

Derivate ermöglichen Unternehmen das Management von finanziellen Risiken und können das Risiko stark vermindern (bzw. bei bewusstem Aufbau von Risiken auch stark erhöhen). Entscheidend für den Nutzen von Derivaten ist letztlich natürlich das Kosten-Nutzen-Verhältnis. Für alle Arten von Derivaten verlangen die Geschäftspartner – also im Regefall die Banken – (hohe) Gebühren, die den Nutzen des Einsatzes häufig übertreffen können. Es ist somit im Einzelfall zu prüfen, ob der Einsatz von Derivaten sinnvoll ist oder nicht.

Ein besonders eindrucksvolles Beispiel für die Risikoabsicherung ist die Deutsche Lufthansa, die sich gegen die Veränderung des Kerosinpreises absichert. Hierzu führt die Deutsche Lufthansa im Jahresabschluss aus:

„Sicherung des Treibstoffpreis-Änderungsrisikos: Der jährliche Treibstoffverbrauch des Lufthansa Konzerns liegt bei etwa 6 Millionen Tonnen Kerosin. Wie für die gesamte Luftfahrtindustrie stellt daher der Treibstoffverbrauch für den Lufthansa Konzern eine wesentliche Aufwandsposition dar. Er machte im abgelaufenen Geschäftsjahr gut 10,2 Prozent der betrieblichen

Aufwendungen aus; dies ist ein deutlicher Anstieg gegenüber dem Vorjahr. Starke Veränderungen der Treibstoffpreise können somit das betriebliche Ergebnis erheblich beeinflussen. Die gegenwärtige Politik der Sicherung des Treibstoffpreises gibt die Höhe des maximal zulässigen Preissteigerungsrisikos, der maximal zulässigen Auszahlungen aus Sicherungsgeschäften im Fall sinkender Treibstoffpreise und der maximal zulässigen Prämienzahlungen sowie die Mindestsicherungsgrade vor. Dabei werden grundsätzlich bis zu 90 Prozent des Treibstoffverbrauchs der folgenden 24 Monate auf einer revolvierenden Basis gesichert. Das Risiko ungünstiger Treibstoffpreis-Entwicklungen wird primär durch Sicherungsgeschäfte in Rohöl begrenzt. Zusätzlich werden Sicherungsgeschäfte über die Preisdifferenz von Gasöl zu Rohöl, Kerosin zu Gasöl oder direkt Kerosin zu Rohöl abgeschlossen und in Einzelfällen auch Sicherungsgeschäfte direkt in Gasöl oder Kerosin vorgenommen. Zum Stichtag bestanden für ca. 69,8 Prozent des voraussichtlichen Treibstoffbedarfs des Jahres 2005 Rohöl-Sicherungen in Form von Bandbreitenoptionen und sonstigen Sicherungskombinationen. Bei 35,2 Prozent des gesicherten Bedarfs für 2005 ist die Wirkung der Sicherung gegen Preisanstieg infolge abgeschlossener Gegengeschäfte auf ein durchschnittliches Rohöl-Preisniveau von ca. 41,7 USD pro Fass begrenzt. Darüber hinaus bestehen für 7,6 Prozent des voraussichtlichen Treibstoffbedarfs des Jahres 2005 Sicherungen über die Preisdifferenzen zwischen Gasöl und Rohöl beziehungsweise zwischen Kerosin und Gasöl. Für das Jahr 2006 bestanden zum Stichtag für ca. 3,7 Prozent des voraussichtlichen Treibstoffbedarfs Sicherungen in Form von sonstigen Sicherungskombinationen. Der Schutz vor Preisanstieg ist bei diesen Sicherungen infolge abgeschlossener Gegengeschäfte auf ein durchschnittliches Rohöl-Preisniveau von ca. 49 USD pro Fass begrenzt. Ein Rückgang der Treibstoffpreise im Jahr 2005 unter das Preisniveau zum Ende des Geschäftsjahres würde den Aufwand der Lufthansa deutlich reduzieren. Die hiermit potenziell verbundene Entlastung wird allerdings durch die mit den Preissicherungen verbundenen verkauften Put-Optionen teilweise eingeschränkt. Aufgrund der gewählten Sicherungsinstrumente liegt das Preisniveau der Put-Optionen jedoch deutlich unterhalb des Preisniveaus zum Ende des Geschäftsjahres 2004."

Welche Derivate in einem Unternehmen eingesetzt werden, hängt immer von den Gegebenheiten ab. Während bei einem unbedingten Termingeschäft die Risiken einer negativen Entwicklung begrenzt, aber auch die Chancen einer positiven Entwicklung vermindert werden, werden bei bedingten Termingeschäften nur die Risiken begrenzt. Dafür sind diese Derivate auch teurer. Der Einsatz hängt somit insbesondere von der prognostizierten Entwicklung der zugrunde liegenden Zinsen, Währungen u. ä. ab.

Bei unsicheren Zahlungsströmen ist der Einsatz von unbedingten Termingeschäften gefährlich, da damit bei Nicht-Eintreten der Zahlungsströme eine Risikoposition aufgebaut wird. In solchen Fällen ist ein bedingtes Termingeschäft in der Regel vorteilhaft.

5 Risiken und Risikomanagement

Unternehmen sind einer Vielzahl von Risiken ausgesetzt, deren Steuerung auch für Investitionsrechnung und Finanzierung von großer Bedeutung ist. Die wichtigsten zu steuernden Finanzrisiken sind dabei

- Wechselkursrisiken,
- Zinsänderungsrisiken und
- Länderrisiken

Während Zinsänderungsrisiken genau so wie im nationalen Finanzmanagement entstehen, sind Wechselkursrisiken und Länderrisiken immanent für das internationale Geschäft. Zunächst werden die einzelnen Risikoarten vorgestellt und Risikomessmodelle dargelegt. Im Anschluss werden Instrumente zur Steuerung dieser Risiken erläutert.

5.1 Wechselkursrisiken
5.1.1 Risikoarten

Bei dem Fremdwährungsrisiko handelt es sich, wie bei Zinsänderungs- und Aktienkursrisiko, um ein Preisrisiko. Zusammen mit dem Inflationsrisiko zählt das Fremdwährungsrisiko zu den Geldwertrisiken. Es umfasst die Gefahr einer nachteiligen Entwicklung des Wechselkurses, und zwar für aktivische Positionen die Gefahr eines sinkenden und für passivische Positionen die Gefahr eines steigenden Wechselkurses, wie Abbildung 7 verdeutlicht. In beiden Fällen würde das realisierte Eigenkapital das angestrebte Eigenkapital unterschreiten.

	Wechselkurs	
	sinkt	steigt
offene aktivische Position	Verlust	Gewinn
offene passivische Position	Gewinn	Verlust

Abbildung 7: Wechselkursrisiken bei offenen Fremdwährungspositionen (Quelle: Schierenbeck, H., „Ertragsorientiertes Bankmanagement", 4. Auflage, Wiesbaden, 1994, S. 598)

Zudem besteht noch das Swapsatzrisiko, dass die Gefahr beinhaltet, dass sich die Differenz zwischen Devisenkassa- und -terminkurs (Swapsatz) in der Weise verändert, dass sich der Erfolg einer nachträglichen Schließung der offenen Devisenposition durch ein ... Swapgeschäft verschlechtert. Maßgebliche Größe für den Swapsatz sind die in- und ausländischen Zinssätze.

Letztlich gehören auch das Transfer- und das Erfüllungsrisiko zum Fremdwährungsrisiko. Das Transferrisiko gibt die Gefahr an, dass der Transfer der vom Schuldner geleisteten Beträge infolge von Zahlungsstockungen unterbleibt oder hinausgeschoben wird. Im Extremfall wird das Transferrisiko zum Konvertierungsrisiko, das die Gefahr beinhaltet, dass eine Währung nicht in eine andere umgetauscht werden kann. Das Erfüllungsrisiko gibt die Gefahr an, dass ein Vertragspartner seine Verpflichtungen nicht erfüllt. Bei all diesen Risikoarten handelt es sich um Ausfallrisiken.

Das Fremdwährungsrisiko unterteilt sich generell in zwei Subrisiken:

- zum einen das Wechselkursrisiko, das je nach Währungssystem das Risiko darstellt, welches durch die täglichen Schwankungen an den Devisenbörsen besteht,
- sowie zum anderen das Währungsrisiko, das die Gefahr von Veränderungen der Währungsparitäten durch Auf- bzw. Abwertungen beinhaltet.

Zur Verdeutlichung des Fremdwährungsrisikos seien zwei Beispiele aus der Vergangenheit des US-Dollar genannt:

- nach Aufgabe des Bretton-Woods-Systems fiel der US-Dollar bis 1979 auf 1,73 DM/US-$, stieg infolge der Hochzinspolitik der Regierung Reagan bis 1985 auf einen Kurs von 3,15 DM/US-$, um seitdem wieder abzusinken. Im April 1995 erreichte der US-Dollar seinen bisherigen Tiefststand mit 1,36 DM/US-$;
- nach der Senkung des amerikanischen Diskontsatzes von 6% auf 5,5% am 30.04.1991 und gleichzeitiger Veröffentlichung unvorteilhafter Wirt-

schaftsdaten sank der US-Dollar gegenüber dem Vortagsniveau von 1,7690 auf 1,7170 DM/US-$.

Deutlich wird damit, dass Wechselkurse nicht nur langfristig, sondern auch kurzfristig stark schwanken können.

Üblicherweise werden diejenigen Positionen, die dem Fremdwährungsrisiko ausgesetzt sind, als „Exposure" bezeichnet („to be exposed" = ausgesetzt sein). Das Risiko infolge des Fremdwährungsrisikos kann somit als

Risiko = Exposure × prozentuale Wechselkursänderung

beschrieben werden.
Die Höhe des Risikos hängt von drei Determinanten ab:

– der Zusammensetzung des Währungsportfolios, mit anderen Worten dem Grad der Diversifizierung des Portfolios,
– der Volatilität der Kurse untereinander, d. h. der Schwankungsbreite der Kurse, sowie
– der Korrelation zwischen den Wechselkursveränderungen, also die Möglichkeit, dass sich Wechselkursbewegungen neutralisieren oder gegenseitig verstärken.

Währungssysteme

Ein Währungssystem, auch Währungsordnung genannt, gibt die Basis für die Systematik der Währung eines Landes an. Unterschieden wird in zwei Arten von Währungssystemen:

– gebundene Währungen, in denen der Wert der Recheneinheit dem Wert einer bestimmten Gewichtsmenge des Geldstoffes entspricht. Charakteristisch sind Gold- und Silberwährungen.
– freie Währungen, in denen die wirtschaftliche Bedeutung von Recheneinheiten durch die Knapphaltung des Zahlungsmittelumlaufs gesichert werden soll. Hierzu gehören beispielsweise Papierwährungen.

Bis zum Ersten Weltkrieg wurde in den meisten Ländern die Goldwährung benutzt. Nach dem Zweiten Weltkrieg wurde als internationales Währungssystem das Bretton-Woods-Abkommen installiert, nach dessen Scheitern 1972 freie Wechselkurse die Regel wurden.

Unterschieden werden muss somit einerseits in frei floatenden und andererseits in begrenzt floatende Wechselkurse, die dadurch gekennzeichnet sind, das sie sich nur in einer bestimmten Bandbreite bewegen. In letzterem Fall ist das Wechselkursrisiko üblicherweise geringer als für frei floatende Währungen. Zudem existieren noch feste Wechselkurse, die an den Goldstandard, an Sonderziehungsrechte oder an eine andere Währung gekoppelt sind. In diesem Falle gibt es ex definitione kein Wechselkursrisiko. Zu beachten ist allerdings, dass von Zeit zu Zeit mit oft erheblichen Anpassungen der Wechselkurse zu rechnen ist, um die Differenz zwischen Marktpreis und festem Wechselkurs auszugleichen (Währungsrisiko).

Determinanten des Währungskurses
Anders als beispielsweise der Kurs von Anleihen bestimmen sich Wechselkurse in der Praxis nicht durch wenige, sondern hängen von vielen verschiedenen Einflussgrößen ab. Unter ceteris paribus-Annahmen gelten u. a. folgende Bedingungen:

- Außenhandelsbilanz: ein Defizit (Überschuss) in der Außenhandelsbilanz bewirkt eine größere(s) Nachfrage (Angebot) der betreffenden Fremdwährung. Der Kurs steigt (sinkt).
- Inflationsrate: steigt die Inflationsrate schneller (langsamer) als in einem anderen Land, so steigt (sinkt) der Kurs.
- Zinsniveau: liegt das Zinsniveau im Ausland höher (niedriger) als im Inland, so steigt (sinkt) der Kurs, da die Nachfrage in fremde Währung stärker (schwächer) wird.
- Kaufkraftparität: kann im Ausland für denselben Geldbetrag eine größere (kleinere) Gütermenge erworben werden, so steigt (sinkt) der Kurs, da die Nachfrage in fremde Währung größer (kleiner) wird.
- Verhalten der Zentralbanken: durch Intervention der Zentralbanken kann die Nachfrage bzw. das Angebot in Fremdwährungen steigen bzw. sinken. Dementsprechend reagiert auch der Kurs.
- Spekulation: infolge der Erwartungen der Spekulanten steigt (sinkt) die Nachfrage in eine Fremdwährung. Der Kurs steigt (sinkt) dementsprechend.
- politische Ereignisse: bestimmte politische Ereignisse nehmen auf den Kurs Einfluss, beispielsweise Wahlsiege bestimmter Politiker.

Es wird deutlich, dass der Wechselkurs von vielen Einflussgrößen bestimmt wird. Eine Prognose der zukünftigen Entwicklung fällt dementsprechend schwer.

5.1.2 Risikomessung
5.1.2.1 Exposure-Konzepte
5.1.2.1.1 Translationsrisiko

Translationsrisiken entstehen
- bei der Umrechnung von in den jeweiligen Landeswährungen aufgestellten Jahresabschlüssen von Tochterunternehmen in den in einheimischer Währung aufgestellten Jahresabschluss des Mutterunternehmens. Sie können somit bei Unternehmen entstehen, die an die Erstellung einer Weltbilanz gebunden sind.
- bei Jahresabschlüssen von Import-/Exportunternehmen, die oft einen beträchtlichen Anteil an Fremdwährungen in der Bilanz halten.

Das Translationsrisiko äußert sich lediglich in Buchwertänderungen, denen keine realen Zahlungen gegenüberstehen. Bei der Umrechnung der Positionen besteht die Wahl zwischen zwei Typen von Wechselkursen:

- zum einen die historischen Kurse, die im Zeitpunkt der Erstellung der jeweiligen Bilanzposition gültig waren,
- zum anderen die am Bilanzstichtag gültigen Kurse.

Im Falle von historischen Kursen besteht kein Translationsrisiko, da die Bilanzwerte in jedem Jahresabschluss mit dem gleichen Wechselkurs eingehen. Da in Deutschland (HGB), anders als in den USA oder Großbritannien, keine ausdrücklichen Vorschriften über die Wahl der Umrechnungsmethode bestehen, muss lediglich das Stetigkeitsgebot beachtet werden. Folgende Umrechnungsmethoden können in der Praxis somit angewandt werden:

- Stichtagskursmethode: alle Forderungen und Verbindlichkeiten werden zu dem am Bewertungstermin gültigen Wechselkurs umgerechnet;
- Zeitbezugsmethode: diese Methode folgt dem Prinzip, dass ausländische Tochterunternehmen bilanzieren sollten wie die Mutterunternehmen. Stark vereinfacht ausgedrückt werden diejenigen Positionen, die in der Bilanz der Tochterunternehmung mit den Anschaffungs- oder Herstellkosten bewertet werden, mit den historischen Kursen, alle anderen Positionen aber zu aktuellen Wechselkursen umgerechnet;

- funktionale Methode: vereinfacht ausgedrückt handelt und bilanziert jede Tochtergesellschaft in einer eigenen Funktionalwährung, das ist im allgemeinen die jeweilige Landeswährung, die bei der Konsolidierung zum Kassakurs umgerechnet wird;
- Fristigkeitsmethode: kurzfristige Positionen werden zum aktuellen, langfristige Positionen mit den historischen Wechselkursen umgerechnet;
- Nominal-Sachwert-Methode: monetäre Positionen werden mit den aktuellen, nicht-monetäre Positionen mit den historischen Wechselkursen umgerechnet.

Je nachdem, welche Bilanzpositionen mit historischen Kursen und welche mit Stichtagskursen umgerechnet werden, ist das Translation-Exposure unterschiedlich hoch. Als Ausgangspunkt für die Messung des Wechselkursrisikos sprechen somit zwei schwerwiegende Gründe gegen die Verwendung des Translationskonzeptes:

- das Exposure ist von der Umrechnungsmethode abhängig;
- die Positionen werden nicht mit ihren Markt-, sondern mit ihren Buchwerten bewertet.

5.1.2.1.2 Transaktionsrisiko

Transaktionsrisiken entstehen, wenn sich <u>zukünftige</u> Fremdwährungseingänge durch Wechselkursschwankungen verändern können. In diesem Fall entsteht das Risiko also durch bereits abgeschlossene Verträge, die in der Zukunft zu erfüllen sind. Das Transaktions-Exposure einer Bank setzt sich somit aus

- den Fremdwährungsforderungen,
- den Fremdwährungsverbindlichkeiten sowie
- den Fremdwährungskassenbeständen

zusammen. Das Transaktionsrisiko hängt von der Höhe der Netto-Zahlung in der Fremdwährung, dem Zeitpunkt der Zahlung sowie der Volatilität des Wechselkurses ab. Im Gegensatz zum Translationsrisiko beschränkt es sich aber nicht auf den Buchwert. Es macht sich stattdessen in den Zahlungsströmen bemerkbar. Der Nachteil dieses Verfahrens liegt in der Gegenwartsbezogenheit. Geschäfte, die in der Zukunft abgeschlossen werden bzw. werden müssen, berücksichtigt das Transaktionsrisiko nicht.

5.1.2.1.3 Ökonomisches Wechselkursrisiko

Das ökonomische Wechselkursrisiko (economic exposure) beinhaltet die Gefahr, dass Wechselkursveränderungen <u>alle</u> zukünftig in die Heimatwährung umgerechneten Cash-Flows beeinflussen. Zusätzlich zum Transaktions-Exposure gehören alle potenziellen zukünftigen Cash-Flows zum Economic Exposure. Unsicher ist aber nicht nur der zukünftige in Heimatwährung ausgedrückte Cash-flow, sondern auch der bereits zugrunde liegende Cash-flow in Fremdwährung. Da somit eine große Unsicherheit in der Messung des Economic Exposure besteht, wird dieses Verfahren in der Praxis kaum beachtet.

5.1.2.2 Kennzahlen

Als Kennzahlen zur Bestimmung des Fremdwährungsrisikos dienen folgende Kennzahlen:

historische Volatilität	auf logarithmierte Rendite bezogene annualisierte Standardabweichung
zukünftige Volatilität	gibt die Volatilität an, die in Zukunft gemessen wird
Kovarianz	Kennzahl für die Beurteilung des absoluten Gleichlaufs von Kursen
Korrelation	Kennzahl für die Beurteilung des auf den Bereich −1 bis +1 standardisierten Gleichlaufs von Kursen
Erwartungswert eines Verlustes	Diese Kennzahl gibt an, welcher Verlust zu erwarten ist
Wahrscheinlichkeit für Kursänderungen	Kennzahl, die angibt, mit welcher Wahrscheinlichkeit sich Kurse verändern
Maximaler Wertverlust	Verlust, der in einer bestimmten Periode maximal erreicht wurde

Abbildung 8: Kennzahlen für das Fremdwährungsrisiko

In gesetzlichen Bestimmungen werden die Volatilität als Risikomaß und der Korrelationskoeffizient als Maßzahl für den Zusammenhang zwischen zwei Währungen genutzt. Angezweifelt werden muss die Eignung letztendlich nur wegen der historischen Komponente: nur selten verläuft die Zukunft wie die Vergangenheit.

5.2 Zinsänderungsrisiken

Zunächst werden die Einflussfaktoren auf das Zinsänderungsrisiko dargestellt. Daraufhin werden unterschiedliche Methoden zur Steuerung von Zinsänderungsrisiken dargelegt, die aus verschiedenen Anlagemethoden und Bankrisikomessmodellen stammen.

Zinsänderungsrisiken resultieren aus Zinssatzänderungen, die zu Veränderungen der Barwerte führen. Die Aufgabe des Systems fester Wechselkurse (Bretton-Woods-Abkommen) Anfang der siebziger Jahre führte u. a. aber auch zu einer zunehmenden Zinsvolatilität. Bislang relativ stabile Papiere (u. a. Staatsanleihen) waren plötzlich starken Kursschwankungen ausgesetzt. Weiterhin führten die häufigen Wechsel in der Zinsstrukturkurve, also der Wechsel zwischen „normalen", „flachen" und „inversen" Zinsstrukturen, ein verstärkter Einsatz von Zinsinstrumenten mit enormer Hebelwirkung (z. B. Zinsderivate), ein sich veränderndes, strategisch geprägtes Verhalten der Sparer sowie eine Verringerung der Aktiv/Passivmargen zu einem höheren Zinsänderungsrisiko.

Vor allem seit der deutschen Wiedervereinigung und dem daraus resultierenden öffentlichen Kapitalbedarf haben sich der Umsatz und damit das Risiko im Geschäft mit Wertpapieren deutlich vergrößert.

Die Erfahrung mit den kräftigen Zinsanstiegen und teilweise inversen Zinsstrukturkurven in den Zeiträumen 1972-74 und 1980-81 führte zu einer regen Diskussion um die Erfassung, Kontrolle und Limitierung von Zinsänderungsrisiken. Im Jahre 1977 wies das Bundesaufsichtsamt für das Kreditwesen auf die Gefahren in Bezug auf Zinsänderungen hin. Weiterhin bat das Bundesaufsichtsamt, in die Jahresabschlüsse der Kreditinstitute eine Abschätzung des Zinsänderungsrisikos aufzunehmen. Seither wurden verschiedene Ansätze vorgestellt, um das Zinsänderungsrisiko erfassen, kontrollieren und limitieren zu können. Allgemein anerkannt ist heute keiner dieser Ansätze. Die Praxis lehnt die theoretischen Ansätze vielfach wegen der wirklichkeitsfremden Prämissen ab, während die praktischen Ansätze kaum theoretische Fundierung besitzen. Abbildung 9 zeigt die theoretischen Verfahren, die im Folgenden dargestellt werden.

Konzept	zurückgehend auf
Durationskonzept	Macaulay (1938) und Hicks (1939)
Zinsbindungsbilanz	Stützel (1964) und Scholz (1979)
Zinselastizitätsbilanz	**Rolfes (1985)**

Abbildung 9: Verschiedene Konzepte zur Erfassung von Zinsänderungsrisiken

Neben diesen Ansätzen wurden auch Maßnahmen entwickelt, die Verluste aus Zinsänderungen auffangen sollten (z. B. Abschluss gegenläufiger Zinstermingeschäfte). Auch die Verringerung des aktivischen Festzinsüberhangs durch verstärkten Übergang auf zinsvariable Wertpapiere kann der Reduzierung des Zinsänderungsrisikos dienen. Ausdrücklich erwähnt werden muss aber, dass ein Abwälzen des Zinsänderungsrisikos gleichzeitig zu einem höheren Kreditausfallrisiko führt. Die Streuung aller Risiken ist somit nicht möglich.

5.2.1 Zinsstrukturkurven
Zur Bestimmung diverser Kennzahlen eines verzinslichen Wertpapiers, z. B. des Barwertes oder auch der Macaulay-Duration, wird mit einem einheitlichen Zinssatz gearbeitet, der für alle Laufzeiten gilt. Werden aber die aktuellen Renditen öffentlicher Anleihen, also risikoloser Wertpapiere, über die zugehörigen Laufzeiten in einem Diagramm abgetragen, so lässt sich erkennen, dass für unterschiedliche Laufzeiten meist auch unterschiedliche Renditen gelten. Ein derartiges Diagramm wird „Zinsstrukturkurve" genannt.

Üblicherweise werden drei verschiedene Verläufe von Zinsstrukturkurven unterschieden:

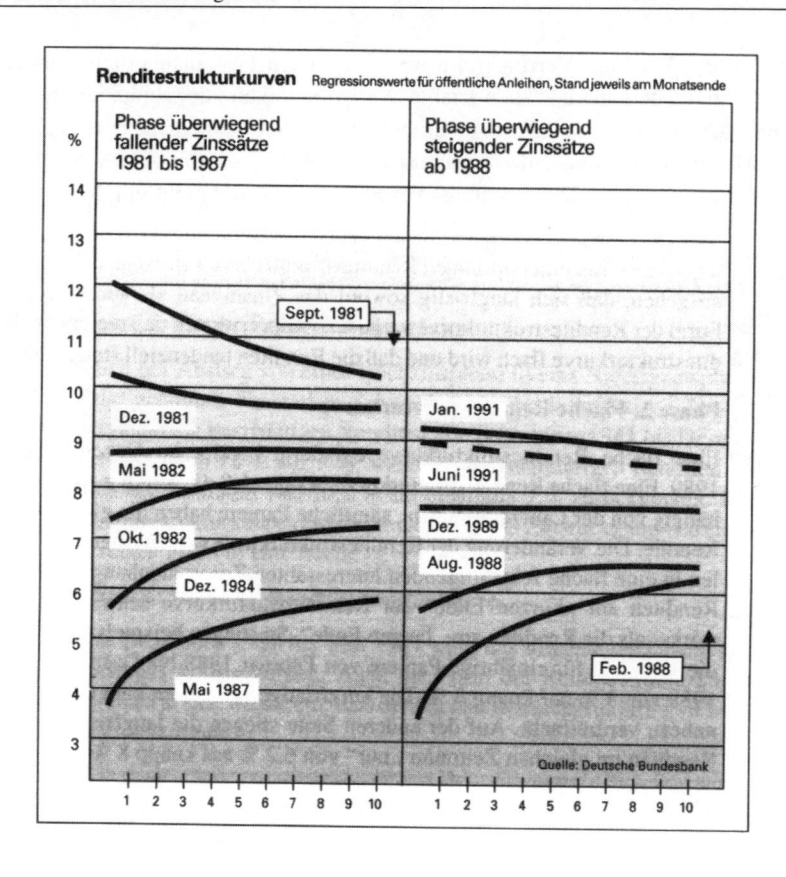

Abbildung 10: Renditestrukturkurven (Quelle: Eller, R., „Festverzinsliche Wertpapiere", Wiesbaden, 1995, S. 189)

Mit dem „kurzen Ende" sind Wertpapiere mit einer Restlaufzeit von bis zu drei Jahren gemeint, während das „lange Ende" Wertpapiere mit einer Restlaufzeit von mehr als fünf Jahren beinhaltet.

Der „Renditeabstand zwischen Papieren mit zehn- und einjähriger Restlaufzeit" veränderte sich beispielsweise zwischen September und Dezember 1995 um 0,25 Prozentpunkte (Monatsbericht der Deutschen Bundesbank, Dezember 1995, S. 25). Das Zinsniveau am „kurzen Ende" wird sehr stark von den Geldmarktsätzen beeinflusst, während für die langfristigen Laufzeitbereiche die „längerfristigen Wachstums- und Preiserwartungen der Marktteilnehmer" entscheidend sind. Entsprechend zeigten in der Vergangenheit die Renditen am „kurzen Ende" deutlich stärkere Schwankungen als die Renditen am „langen Ende" der Zinsstruktur.

5.2.2 Steuerung des Zinsänderungsrisikos

Zur Ermittlung der durch eine Zinsänderung bewirkten Kursveränderung wird zunächst die Änderung anhand der Barwertformel berechnet.

Bei einer Zinsänderung um Δi ergibt sich eine Änderung des Barwertes in Höhe von

$$\Delta BW = BW(i+\Delta i) - BW(i)$$

$$= \sum_{t=1}^{n} \frac{Z_t}{(1+i+\Delta i)^t} - \sum_{t=1}^{n} \frac{Z_t}{(1+i)^t}$$

mit: Z_t = Zins- bzw. Tilgungszahlung im Zeitpunkt t

Wird das Reinvermögen als Differenz der Barwerte der Aktiva A und Passiva P verstanden, so ergibt sich

$$\Delta BW = \Delta BW_A - \Delta BW_P = (BW_A(i_A + \Delta i_A) - BW_A(i_A)) - (BW_P(i_P + \Delta i_P) - BW_P(i_P))$$

mit: i_A = Marktzins der Aktiva
i_P = Marktzins der Passiva
BW_A = Barwert der Aktiva
BW_P = Barwert der Passiva

Es besteht die Möglichkeit, für jede Zinsänderung die neue Barwertdifferenz mit Hilfe dieser Formel zu berechnen. Aus der Bestrebung, die Komplexität dieser Rechnungen auf ein sinnvolles Maß zu reduzieren, wurden Kennzahlen und Verfahren entwickelt, die das gesamte Zinsänderungsrisiko eines Stichtags in einer Zielgröße quantifizieren.

Im Mittelpunkt der Untersuchungen über das Zinsänderungsrisiko steht die 1938 von Macaulay (Vgl. Macaulay, F.R., „Some Theoretical Problems Suggested by the Movements of Interest Rates Bond Yields and Stock Prices in the U.S. Since 1856", National Bureau of Economic Research, New York, 1938) bzw. 1939 von Hicks (Vgl. Hicks, J.R., „Value and Capital. An Inquiry into some fundamental principles of economic theory", Oxford, 1939) beschriebene Kennzahl Duration, die in Deutschland ab 1979 zunehmende

Aufmerksamkeit fand. Die Macaulay-Duration gibt die durchschnittliche Kapitalbindungsdauer eines festverzinslichen Wertpapiers in Jahren an und stellt das gewogene arithmetische Mittel aller auf den Zeitpunkt t=0 diskontierten Auszahlungen dar.

Das Ergebnis einer Investition in ein festverzinsliches Wertpapier setzt sich aus drei Komponenten zusammen:

- Kuponzahlungen, deren Höhe und Zeitpunkt bekannt sind,
- Zinseszinsen, deren Höhe vom zukünftigen Zinssatz abhängig sind (Wiederanlagerisiko), sowie
- Gewinne bzw. Verluste aus Kursänderungen, die wiederum vom Zinssatz abhängig sind (Kursrisiko).

Die beiden letztgenannten Ertragskomponenten verhalten sich bei Zinsänderungen genau gegenläufig, da bei steigenden (fallenden) Zinsen

- der Barwert fällt (steigt) und
- die Höhe der Zinseszinsen steigt (fällt).

Wird der Wert eines Wertpapiers über die Zeit abgetragen, so zeigt sich die Eigenschaft der Duration: die Duration gibt genau den Zeitpunkt an, in dem sich die Wirkungen von Wiederanlagerisiko und Kursrisiko exakt kompensieren.

Ein Anleger, dessen Planungshorizont genau mit der Duration eines Wertpapiers oder eines Portfolios übereinstimmt, erreicht unabhängig von Zinsänderungen immer einen angestrebten Endwert, wenn die Prämissen der Durationsmethode erfüllt sind. Dieses ist unabhängig davon, in welche Richtung und in welchem Ausmaß die Zinsänderungen stattfinden. Abbildung 11 zeigt, welche Auswirkungen ein Anleger mit einem bestimmten Planungshorizont T erwarten kann, wenn sich die Zinsen ändern.

Zinsverlauf	T<D	T=D	T>D
	Kurseffekt überwiegt	Kurseffekt = Zinseffekt	Zinseffekt überwiegt
steigende Zinsen	realisierter Gewinn < erwarteter Gewinn	realisierter Gewinn = erwarteter Gewinn	realisierter Gewinn > erwarteter Gewinn
fallende Zinsen	realisierter Gewinn > erwarteter Gewinn	realisierter Gewinn = erwarteter Gewinn	realisierter Gewinn < erwarteter Gewinn

Abbildung 11: Effekte von Zinsänderungen auf den Ertrag des Anlegers (vgl. Eller, R./Kempfle, W., „Die Finanzkennzahl „Duration" in der Anlageberatung", in: Die Bank, 12/1989, S. 677)

Als Problem des Durationskonzepts ergibt sich die Tatsache, dass die Duration auf mehreren Prämissen beruht, die in der Praxis nur äußerst selten anzutreffen sind:

– flache Zinsstrukturkurve;
– bei Zinsänderungen findet eine Parallelverschiebung der Zinsstrukturkurve statt;
– Zinsänderungen müssen direkt nach dem Kauf einer Anleihe stattfinden.

Diese wirklichkeitsfremden Prämissen, die in der Praxis zu starker Kritik geführt haben, sind aus modernen Durationsansätzen größtenteils verschwunden. So konnte bspw. der Ansatz der Key-Rate-Duration die Prämissen einer flachen Zinsstrukturkurve und der Parallelverschiebung derselben überwinden. Weiterhin gelang es in den letzten Jahren, ein Durationsmaß für Optionen und Wandelanleihen zu entwickeln.

Die Macaulay-Duration wird auf folgende Weise bestimmt:

– die Barwerte der einzelnen Zins- und Tilgungszahlungen werden mit der Anzahl der Jahre t bis zu den zugehörigen Zins- und Tilgungszahlungen gewichtet,
– die gewichteten Zahlungen werden addiert,
– die Summe der gewichteten Zahlungen wird schließlich durch die Summe der Barwerte geteilt.

Als Formel:

$$D = \frac{\sum_{t=1}^{n} t \times Z_t \times (1+i)^{-t}}{\sum_{t=1}^{n} Z_t \times (1+i)^{-t}}$$

Über die Macaulay-Duration lassen sich folgende Aussagen treffen:

- die Duration kann nie größer als die Laufzeit werden; für Zerobonds sind Duration und Restlaufzeit gleich;
- die Duration steigt (fällt) bei steigender (fallender) Restlaufzeit;
- die Duration bewegt sich umgekehrt zum Marktzinssatz i;
- die Duration bewegt sich gegenläufig zum Kupon und den daraus folgenden Auszahlungen Z_t;
- die Duration ist im Zeitlauf nicht konstant, sondern fällt analog zur Restlaufzeit.

Beispielhaft sei die Duration einer Anleihe mit einer Restlaufzeit von 6 Jahren und einem Kupon von 8% bei einem Marktzins von 6% berechnet.

Jahr	Zahlungsrückflüsse	Barwert	gewichteter Barwert (Zahl der Jahre × Barwert)
1	8	7,55	7,55
2	8	7,12	14,24
3	8	6,72	20,16
4	8	6,34	25,36
5	8	5,98	29,90
6	108	76,14	456,84
		109,85	554,05

Die Duration ergibt sich somit zu $D = \frac{554,05}{109,85} = 5,04$ Jahre

Dies besagt, dass die erste Hälfte des Kapitals nach 5,04 Jahren zurückgeflossen ist und die zweite Hälfte in der verbleibenden Zeit zurückfließt.

Zur Berechnung der Macaulay-Duration D_P eines Anleiheportfolios wird die Duration D_i der einzelnen im Portfolio enthaltenen Anleihen mit ihren Portfolioanteilen x_i gewichtet:

$$D_P = \sum_{i=1}^{n} x_i \times D_i \quad \text{mit} \sum_{i=1}^{n} x_i = 1$$

Beispielsweise sei die Duration eines Portfolios berechnet, das aus 4 Papieren besteht und folgende Eigenschaften aufweist (Marktzins i = 8%):

	Anleihe 1	Anleihe 2	Anleihe 3	Anleihe 4
Kupon	8%	10%	5%	6%
Restlaufzeit	7 Jahre	10 Jahre	3 Jahre	5 Jahre
Nominalwert	45.000	25.000	20.000	10.000
Kurs	100,-	113,42	92,27	92,01
Marktwert	45.000	28.355	18.454	9.201
Portfolioanteil	44,55%	28,07%	18,27%	9,11%
Duration in Jahren	5,62	6,97	2,85	4,44

Die Portfolioduration ergibt sich damit nach obiger Formel zu

$0,4455 \times 5,62$Jahre$+0,2807 \times 6,97$Jahre$+0,1827 \times 2,85$Jahre $+0,0911 \times 4,44$Jahre
$=5,39$Jahre

Der Wert bedeutet, dass Anleihe 3 und 4 bis zum Ende ihrer Laufzeiten gehalten werden, alle anfallenden Zinsen und Tilgungszahlungen zum gültigen Marktzins angelegt werden und Anleihe 1 und 2 nach genau 5,39 Jahren verkauft werden. Richtet sich der Anleger nach diesen Vorgaben, kann er keine Verluste erleiden.

In der Praxis bieten sich für die Duration folgende Einsatzmöglichkeiten:

1. Die Macaulay-Duration gibt die mittlere Kapitalbindungsdauer des Wertpapiers an. Auf diese Weise können Papiere besser beurteilt werden, als bei Vergleich der Restlaufzeiten.
2. Die Macaulay-Duration ermöglicht es, eine zeitpunktbezogene Rendite von Zinsänderungen unabhängig zu machen, d. h. zu immunisieren (so genannte „Passive Anlagestrategie").
3. Die Kennzahlen Modified Duration, Convexity und Key-Rate-Duration geben die Zinsreagibilität des Kurses an. Mit diesen Kennzahlen kann es gelingen, die Entwicklung der Zinsen auszunutzen (sogenannte „Aktive Anlagestrategie"). Sie sind damit ein Risikomaßstab für prozentuale Kursveränderungen.
4. Berechnung des Reinvermögens einer Bank als Summe der Barwertänderungen der Aktiva und Passiva.

5.2.3 Vergleich von Wertpapieren anhand der mittleren Kapitalbindungsdauer

Die Laufzeit ist als Parameter zum Vergleich von Wertpapieren nur sehr beschränkt geeignet, und zwar nur dann, wenn zwei Wertpapiere genau des gleichen Typs (beispielsweise gleiche Tilgungs- und Zinszahlungen usw.) miteinander verglichen werden. Werden dagegen Wertpapiere unterschiedlichen Typs anhand der Laufzeit geprüft, so treten in vielen Fällen Fehlkalkulationen auf.

Beispielhaft werden eine Anleihe mit einer Laufzeit von 10 Jahren und jährlichen Zinszahlungen von 5% sowie ein Zerobond mit einer Laufzeit von 9 Jahren und einem Ausgabekurs von 61,39 miteinander verglichen. Der Marktzins sei 5%. Wird die Risikoanalyse auf die Laufzeit beschränkt, so wird der Zerobond gewählt. Wird dagegen die Duration berücksichtigt, so ergibt sich

– für die Anleihe eine Duration von 8,11 Jahren und
– für den Zerobond eine Duration von 9 Jahren.

Unter Risikogesichtspunkten sollte somit die Anleihe gewählt werden, da das Kapital durchschnittlich kürzer gebunden ist.

Immunisierungs- und Laufzeitstrategien

Es gibt Anleger, die Wertpapiere nicht über die gesamte Restlaufzeit halten möchten, sondern die Papiere vor Fälligkeit zu einem im Voraus bestimmten Zeitpunkt (= Planungshorizont) verkaufen. Um sich eine bestimmte Mindestverzinsung zu sichern, können sie zwei zinsimmune Strategien anwenden:

– es werden ausschließlich Zerobonds erworben, deren Laufzeit genau mit dem Planungshorizont des Anlegers übereinstimmt. Damit erhält der Anleger immer einen von vornherein bekannten Geldbetrag;
– das Portfolio wird mit Hilfe der Duration immunisiert. Voraussetzung für die Immunisierung von Portfolios ist, dass im Portfolio mindestens eine Anleihe mit einer Duration größer und eine Anleihe mit einer Duration kleiner als der Planungshorizont vorhanden ist.

Besteht das Portfolio des Anlegers aus nur einem Wertpapier, so gestaltet sich die Immunisierung sehr einfach. Wie bereits dargelegt worden ist, gibt die Macaulay-Duration den Zeitpunkt an, in dem sich die Auswirkungen von Kursrisiko und Wiederanlagerisiko aufheben. Es muss somit nur eine Anleihe erworben werden, deren Restlaufzeit genau mit der Duration übereinstimmt.

Für Portfolios aus zwei und mehr Papieren gestaltet sich die Immunisierung bereits rechenaufwendiger. In diesem Fall wird die Durationsformel für Portfolios genutzt:

$$D_P = \sum_{i=1}^{n} x_i \times D_i \;.$$

Für zwei Papiere reduziert sich die Formel zu

$D_P = x_1 \times D_1 + x_2 \times D_2$ mit $x_1 + x_2 = 1$

Wird die zweite in die erste Formel eingesetzt und stellt sie nach x_1 um, so ergibt sich

$$x_1 = \frac{D_P - D_2}{D_1 - D_2}$$

Hat der Anleger nun einen Planungshorizont von 4 Jahren und besitzen die zwei Papiere, die er erwerben möchte, Durationen von 5,83 und 3,54 Jahren, so müssten

$$x_1 = \frac{4 \text{ Jahre} - 3{,}54 \text{ Jahre}}{5{,}83 \text{ Jahre} - 3{,}54 \text{ Jahre}} = \frac{0{,}46 \text{ Jahre}}{2{,}29 \text{ Jahre}} = 0{,}2009 = 20{,}09\%$$

des Anlagebetrages in Anleihe 1 und

$1 - x_1 = 0{,}7991 = 79{,}91\%$

in Anleihe 2 investiert werden, um das Portfolio zu immunisieren.

Auf diese Weise ist synthetisch eine Position aufgebaut worden, die genau derjenigen eines Zerobonds entspricht, dessen Endfälligkeit am letzten Tag des Planungshorizonts liegt.

Für zwei Anleihen ist die Berechnung der Anteile relativ unkompliziert. Es ist jedoch unmittelbar einsichtig, dass die Berechnung bei einer größeren Menge Anleihen zu Problemen führt und nur durch Hilfsmittel wie Computer zu erledigen ist.

Neben den Prämissen der Durationsmethode ergeben sich für die Immunisierungsstrategie weitere Problembereiche:

– Transaktionskosten werden nicht berücksichtigt;

– nach jeder Zinsänderung muss das Portfolio neu strukturiert werden, da sich die Duration der einzelnen Wertpapiere ändert. Somit ist der Durationshedge ein dynamischer Prozess. Werden zusätzlich die Transaktionskosten berücksichtigt, so macht eine Neustrukturierung nur bei größeren Zinsänderungen Sinn, da sonst die Transaktionskosten größer als der Nutzen werden;
– Geldmittel dürfen nur am Ende der Laufzeit entzogen werden;
– die Immunisierungsstrategie verlangt eine positive Convexity;
– weisen zwei Portfolios die gewünschte Duration auf, so muss die Convexity als Entscheidungskriterium zur Hilfe genommen werden.

Trotz dieser vielfältigen Kritikpunkte ist die Immunisierungsstrategie mit Hilfe der Duration in mehreren Studien empirisch bestätigt worden.

Neben der Immunisierungsstrategie existieren auch noch Laufzeitstrategien, die darauf aufgebaut sind, Anleihen unterschiedlicher Fälligkeitstermine nach vorgegebenen Schlüsseln zu kombinieren. Unterschieden wird in Hantel- und Leiterstrategien.

Häufig werden zur Risikoreduzierung so genannte Barbell Portfolios (Hantelstrategie) gebildet, die nur aus

– Papieren mit langer Laufzeit und
– Papieren mit kurzer Laufzeit

bestehen. Papiere mittlerer Laufzeit werden nicht beachtet. Von einer gleichmäßigen Hantel wird in diesem Zusammenhang gesprochen, wenn die Aufteilung zu gleichen Teilen in Kurz- und Langläufer erfolgt.

Das Ziel eines Barbell Portfolios besteht darin,

– durch die Langläufer eine hohe Rendite realisieren zu können sowie
– durch die Kurzläufer das Kursrisiko zu minimieren.

Zudem bieten Barbell Portfolios den Vorteil, dass die Convexity mit steigender Duration linear und nicht, wie bei Einzelwerten, überproportional wächst, und für jede gewünschte Duration größer als bei Einzelwerten ist. Zu beachten ist allerdings, dass Barbell Portfolios in aller Regel geringere Renditen als Einzelwerte bieten. Abzuwägen ist somit, ob die geringere Rendite dem verminderten Risiko entspricht.

Neben der Hantelstrategie kann der Anleger auch Leiterstrategien wählen, nach denen Anleihen auf alle verfügbaren Laufzeiten nach einem fest vorge-

gebenen Schlüssel kombiniert werden. Etwaige Zahlungsrückflüsse (Zinsen und Tilgung) werden wieder nach dem Verteilungsschlüssel angelegt.
Für die Immunisierungsstrategien ergeben sich nun folgende Alternativen:

- die Immunisierung erfolgt nach der Hantelstrategie; im Portfolio befinden sich nur Kurz- und Langläufer. Das Portfolio könnte folgendermaßen aussehen:

Marktzins i = 6%/ Planungshorizont: 6,10 Jahre	Duration in Jahren	Anteil im Portfolio
Anleihe mit 10% Kupon und 20 Jahre Laufzeit	11,25	30%
Anleihe mit 9% Kupon und 18 Jahre Laufzeit	10,61	20%
Zerobond mit Kurs von 94,34 und 1 Jahr Restlaufzeit	1,00	40%
Zerobond mit Kurs von 89,00 und 2 Jahren Restlaufzeit	2,00	10%
Portfolio	6,10	100%

Abbildung 12: Beispiel für eine Hantelstrategie

- Immunisierung nach der Leiterstrategie; im Portfolio befinden sich Papiere aller Laufzeiten nach festgeschriebenem Schlüssel. Abbildung 13 zeigt ein nach der Leiterstrategie aufgestelltes Portfolio, das aus Platzgründen auf sechs Laufzeiten beschränkt ist.

Marktzins i = 6%/ Planungshorizont: 5,11 Jahre	Duration in Jahren	Anteil im Portfolio
Anleihe mit 10% Kupon und 20 Jahre Laufzeit	11,25	10%
Anleihe mit 9% Kupon und 18 Jahre Laufzeit	10,61	10%
Anleihe mit 7% Kupon und 8 Jahre Laufzeit	6,44	20%
Anleihe mit 6,5% Kupon und 6 Jahre Laufzeit	5,16	20%
Zerobond mit Kurs von 89,00 und 2 Jahren Restlaufzeit	2,00	20%
Zerobond mit Kurs von 94,34 und 1 Jahr Restlaufzeit	1,00	20%
Portfolio	5,11	100%

Abbildung 13: Beispiel für eine Leiterstrategie

– Immunisierung nach der Bulletstrategie; im Portfolio befinden sich nur Papiere, deren Laufzeiten nur unwesentlich über oder unter dem Planungshorizont bzw. der Portfolioduration liegen. Ein derartiges Portfolio könnte folgendermaßen aussehen:

Marktzins i = 6%/ Planungshorizont 5,50 Jahre	Duration in Jahren	Anteil im Portfolio
Anleihe mit 6,5% Kupon und 6 Jahre Laufzeit	5,17	18,66%
Zerobond mit Kurs von 70,50 und 6 Jahren Restlaufzeit	6,00	50,00%
Anleihe mit 5,5% Kupon und 5 Jahre Laufzeit	4,50	6,34%
Zerobond mit Kurs von 74,73 und 5 Jahren Restlaufzeit	5,00	25,00%
Portfolio	5,50	100,00%

Abbildung 14: Beispiel für eine Bulletstrategie

Eine letzte Strategie besteht in der Nachahmung eines bestimmten Anleihemarktes. Auf diese Weise soll die Rendite- und Risikoabweichung vom Markt minimiert werden. Ein Vorteil dieser Strategie besteht darin, dass Portfolioumschichtungen beispielsweise im Verhältnis zu den Immunisierungsstrategien mit Hilfe des Durationskonzepts nur in einem sehr eingeschränkten Umfang unternommen werden müssen.

5.2.4 Risikomessung mit Hilfe der Durationsmethode
Modified Duration

Etwa zur gleichen Zeit wie Macaulay entwickelte Hicks unabhängig von diesem die Modified Duration (MD). Als Modified Duration ist die erste Ableitung der Barwertformel nach dem Zins, dividiert durch den Barwert, definiert. Sie hat gegenüber der Macaulay-Duration den Vorteil, dass sie die prozentuale Kursveränderung des Wertpapiers auf eine Zinsänderung angibt, während die Macaulay-Duration nur die durchschnittliche Kapitalbindungsdauer beziffert.

$$\frac{dBW}{di} = \sum -t \times Z_t \times (1+i)^{-t-1} \Rightarrow \frac{dBW}{BW} = -\frac{\sum t \times Z_t \times (1+i)^{-t}}{1+i} \times \frac{di}{BW} \Rightarrow \frac{dBW}{BW} = -\frac{D}{1+i} \times di$$

$$MD = -\frac{dBW}{di} \times \frac{1}{BW} = \frac{\sum -t \times Z_t \times (1+i)^{-t-1}}{BW} = \frac{D}{1+i}$$

Somit kann die Modified Duration direkt aus der Macaulay-Duration gewonnen werden.

Die Barwertdifferenz ergibt sich nach obiger Formel zu

$dBW = -MD \times BW \times di$

und für große Zinssatzänderungen angenähert als

$\Delta BW = -MD \times BW \times \Delta i$

Beispielsweise würde eine Anleihe mit einem Barwert von 100,- € und einer Modified Duration von 6,0 bei einem Zinsrückgang von 1,0%

$\Delta BW = -6{,}0 \times 100{,}-€ \times (-1{,}0\%) = 6{,}-€$

an Wert gewinnen.

Prozentual ergibt sich eine Kursveränderung von $-MD \times \Delta i$. Die Kursveränderung ist also umso größer, je größer auch die Modified Duration und damit die Macaulay-Duration ist. Somit sind die Durationskennziffern Kennzahlen für das Zinsänderungsrisiko.

Die prozentuale Änderung bezieht sich immer auf den „dirty price" des Wertpapiers, d. h. auf den Kurs inklusive Stückzinsen.

Für die Barwertdifferenz zwischen Aktiva und Passiva ergibt sich nach der Modified Duration

$\Delta BW = \Delta BW_A - \Delta BW_P = -MD_A \times BW_A \times \Delta i_A + MD_P \times BW_P \times \Delta i_P$

Da Barwerte und Zinsänderungen nicht beeinflusst werden können, muss das Risikomanagement die Werte der Modified Duration so variieren, dass ein möglichst geringes Risiko entsteht.

Die Modified Duration ist nur für kleine Zinssatzänderungen (< 1%) geeignet, da sie stets einen Fehler macht: sie betrachtet nicht die Veränderung auf der konvexen Barwert-Kurve, sondern die Veränderung auf der Tangentialgeraden im Punkt des geltenden Zinssatzes. Je größer die Zinssatzänderung, desto größer ist der Schätzfehler, der durch die Modified Duration gemacht wird.

Aus Risikogesichtspunkten kann die Modified Duration somit genutzt werden, da sie immer zu unterschätzenden Werten führt. Bei den in den heutigen Zeiten stark schwankenden Zinssätzen sollten in einem modernen Risiko-Controlling jedoch genauere Verfahren genutzt werden. Hierzu gehört das Konzept der Convexity.

Price Value of a Basis Point

Die Modified Duration gibt die prozentuale Kursveränderung einer Anleihe an. Im Gegensatz dazu gibt der „price value of a basis point" (PVBP) die absolute Änderung des Wertes eines Wertpapiers in Geldeinheiten an, wenn sich der Zinssatz um einen Basispunkt (0,01%) verändert. Er ergibt sich nach folgender Formel:

$$PVBP = \frac{\text{Modified Duration} \times \text{Barwert}}{10.000}$$

Ein Wertpapier mit einem Barwert von 105,- € und einer Modified Duration von 6,0 hat danach einen PVBP von

$$PVBP = \frac{6,0 \times 105,-€}{10.000} = 0,063€.$$

Das bedeutet, dass sich der Barwert des Wertpapiers bei einer Zinsänderung um einen Basispunkt um 0,063 verändert.

Der PVBP bietet dem Anleger die Möglichkeit, statt eines Planungshorizontes, wie bei der Macaulay-Duration, einen Risikobetrag vorzugeben, der nicht überschritten werden darf. Beispielhaft sei ein Portfolio aus fünf Papieren gebildet, die folgende Merkmale aufweisen (der Marktzins betrage 6,5%):

Papier	Barwert	Duration	Modified Duration	PVBP
Anleihe/5 Jahre Laufzeit/6% Kupon	97,92	4,46	4,18	0,0409
Anleihe/10 Jahre Laufzeit/8% Kupon	110,78	7,40	6,94	0,0769
Zerobond/10 Jahre Laufzeit	53,27	10	9,39	0,0500
Zerobond/4 Jahre Laufzeit	77,73	4	3,76	0,0292
Anleihe/8 Jahre Laufzeit/7,5% Kupon	106,09	6,35	5,96	0,0632

Gibt der Anleger nun z. B. ein Limit von 10.000 vor, die er bei einer Änderung des Zinssatzes um einen Basispunkt maximal bereit ist zu verlieren, so kann er aus den fünf beschriebenen Papieren ein Portfolio derart zusammenstellen, dass das Portfolio-PVBP genau den Anforderungen entspricht.

Möchte er sein Kapital beispielsweise zu 50% auf die 5jährige, zu 20% auf die 10jährige, zu 10% auf die 8jährige Anleihe, zu 15% auf den

10jährigen und zu 5% auf den 4jährigen Zerobond verteilen, so ergibt sich ein Portfolio-PVBP von

0,5×0,0409+0,2×0,0769+0,1×0,0632+0,15×0,0500+0,05×0,0292=0,0511

Das bedeutet, dass sich der Wert des Portfolios je Basispunkt Änderung um 0,0511 je 100 ändert. Bei einem Limit von 10.000 könnte der Anleger somit für insgesamt

$$\text{Marktwert} = 100 \text{ €} \times \frac{\text{Limit}}{\text{PVBP}} = 100 \text{ €} \times \frac{10.000 \text{ €}}{0,0511 \text{ €}} = 19.569.472 \text{ €}$$

Anteile erwerben. Kauft der Anleger dagegen nur Anteile der 10jährigen Anleihe, so dürfte er maximal 13.003.901 investieren. Für den 4jährigen Zerobond wären es hingegen 34.246.575. Da der Anleger durch Kombination der einzelnen Papiere jeden Wert zwischen 13 und 34 Mill. erreichen kann, besteht eine Vielzahl von Portfolio-Kombinationen, aus denen diejenige mit der größten Rendite herauszufinden ist.

Andererseits kann ein Risikocontrolling auch einen Anlagebetrag, z. B. 30.000.000, und ein Risikolimit, z. B. 15.000, vorgeben, aus denen dann die Zusammensetzung herausgefunden werden kann. Aus diesen Werten ergibt sich ein Portfolio-PVBP von

$$\text{PVBP} = 100 \text{ €} \times \frac{\text{Limit}}{\text{Marktwert}} = 100 \text{ €} \times \frac{15.000 \text{ €}}{30.000.000 \text{ €}} = 0,05 \text{ €}$$

Die Wertpapiere müssen somit in der Weise zusammengestellt werden, dass das Portfolio-PVBP einen Wert von 0,05 erhält. Da Anlagebetrag und Risikolimit nur Maximalbeträge darstellen, kann wiederum eine Vielzahl an Portfolio-Kombinationen erzeugt werden, aus denen die größte Rendite herauszufiltern ist.

Convexity

Gehören Macaulay-Duration und Modified Duration schon länger zum Repertoire der Risikocontroller, so wird die Convexity in der deutschsprachigen Literatur relativ selten diskutiert. Die Convexity gibt den Schätzfehler an, den die Modified Duration durch Betrachtung der Tangentialgeraden macht.

Die Formel für die Convexity wird aus dem Satz von Taylor entwickelt. Taylor folgend gilt (vgl. Bierwag, G.O., Kaufman, G.G., Latta, C.M., „Duration Models: A Taxonomy", in: The Journal of Portfolio Management, Fall 1988, S. 51; Livingston, M., „Measuring Bond Price Volatility", in: Journal of Financial and Quantitative Analysis, Juni 1979, S. 344):

$$BW(i+\Delta i) = BW(i) + \frac{dBW}{di} \times \frac{\Delta i}{1!} + \frac{d^2 BW}{di^2} \times \frac{(\Delta i)^2}{2!} + ... + \frac{d^n BW}{di^n} \times \frac{(\Delta i)^n}{n!}$$

Werden nur die ersten beiden Summanden der Gleichung betrachtet und subtrahiert von beiden Seiten BW(i), dann ergibt sich die Barwertdifferenz der Modified Duration:

$$BW(i+\Delta i) - BW(i) = \Delta BW = \frac{dBW}{di} \times \Delta i = -MD \times BW(i) \times \Delta i$$

Ein genaueres Ergebnis ergibt sich, wenn auch der dritte Summand in die Abschätzung aufgenommen wird. Für die Barwertdifferenz ergibt sich dann folgende Formel:

$$BW(i+\Delta i) - BW(i) = \Delta BW = -MD \times BW(i) \times \Delta i + \frac{1}{2} \times \frac{d^2 BW}{di^2} \times (\Delta i)^2$$

Die Convexity wird nun definiert als

$$= \frac{\sum_{t=1}^{n} t \times (t+1) \times Z_t \times (1+i)^{-t-2}}{\sum_{t=1}^{n} Z_t \times (1+i)^{-t}}$$

Die Barwertdifferenz ergibt sich damit absolut zu

$$\Delta BW = -MD \times BW(i) \times \Delta i + \frac{1}{2} \times C \times BW(i) \times (\Delta i)^2$$

und prozentual zu

$$= -MD \times \Delta i + \frac{1}{2} \times C \times (\Delta i)^2.$$

Neben der Modified Duration muss also auch die Convexity gesteuert werden, um einem möglichst niedrigen Risiko zu begegnen.
In der Praxis wird die Convexity häufig auch mit Hilfe folgender Näherungsformel bestimmt:

$$C = \frac{100.000.000}{\text{Barwert}} \times |K_1 - K_2|$$

mit: K_1 = Differenz zwischen Dirty Price, der bei einer Zinssatzsenkung um 1 Basispunkt zustande kommt, und dem herkömmlichen Dirty Price

K_2 = Differenz zwischen herkömmlichen Dirty Price und dem Dirty Price, der bei einer Zinssatzerhöhung um 1 Basispunkt zustande kommt

Die Convexity einer Anleihe mit einer Laufzeit von 5 Jahren und einem Kupon von 6% beträgt bei einem Marktzins von 8% exakt:

$$C = \frac{\sum_{t=1}^{n} t \times (t+1) \times Z_t \times (1+i)^{-t}}{(1+i)^2 \times \sum_{t=1}^{n} Z_t \times (1+i)^{-t}} = 21{,}9107544$$

Wie bei der Modified Duration ergeben sich auch bei der Convexity Schätzfehler, da die Ableitungen dritter und höherer Ordnung aus der Taylor-Reihe vernachlässigt werden. Dies führt dazu, dass die Convexity-Methode

- bei fallenden Marktzinsen einen zu geringen Wert und
- bei steigenden Marktzinsen einen zu hohen Wert

ergibt. Ein Risikocontroller hat das Problem, dass bei steigenden Marktzinsen Werte berechnet werden, die einen zu positiven Eindruck erwecken.

Abbildung 15 zeigt einen Vergleich der Ergebnisse von Barwert, Modified Duration und Convexity für eine Anleihe mit einem Zinssatz von 8% und einer Laufzeit von 8 Jahren, wenn eine Marktzinsänderung von 8% auf x% verursacht würde.

Markt-zins in x%	Anleihekurs (Barwert)	Preisschätzung nach der Convexity-Methode	Differenz zwischen Convexity-Methode und Barwert	Differenz zwischen MD- und Convexity-Methode
4	126,93	126,48	0,45	3,49
5	119,39	119,20	0,19	1,96
6	112,42	112,36	0,06	0,87
7	105,97	105,97	0,-	0,22
8	100,-	100,-	0,-	0,-
9	94,47	94,47	0,-	0,22
10	89,33	89,38	– 0,05	0,87
11	84,56	84,72	– 0,16	1,96
12	80,13	80,50	– 0,37	3,49

Abbildung 15: Berechnung des Schätzfehlers der Convexity

Es wird deutlich, dass die MD-Methode bei zunehmender Größe der Marktzinsänderung zu eklatanten Fehleinschätzungen führt, während die Convexity-Methode angenähert die „richtigen" Ergebnisse erbringt.

Die Convexity kann auch als Bewertungs- und Entscheidungskriterium für Anleihen oder Portfolios gleicher Duration genutzt werden. Unter sonst gleichen Bedingungen sollte immer die Anleihe mit der größeren Convexity gewählt werden, da sie bei Marktzinsänderungen immer zu günstigeren Werten führt.

Die Abbildung zeigt die Barwert/Marktzins-Relationen für zwei unterschiedliche Anleihen. Die Anleihen besitzen für einen Marktzins genau die gleiche Duration und einen identischen Barwert, lediglich die Convexity der Anleihen unterscheidet sich. Bei Marktzinsänderungen ergibt sich für Anleihe B, die die größere Convexity besitzt, immer ein günstigerer Wert.

Zu beachten ist, dass sich eine höhere Convexity im Preis niederschlägt. So wiegt die höhere Convexity den „zuviel" bezahlten Preis bei nur geringen Zinsschwankungen in aller Regel nicht auf. Zudem ist fraglich, ob höhere Convexity auch bei Nichtparallelverschiebung der Zinsstrukturkurve zu günstigeren Werten führt.

Zu beachten sind letztlich noch folgende Aspekte:

- der Vorteil der höheren Convexity verstärkt sich bei einem Übergang von einer flachen zu einer inversen Zinsstruktur, während er sich bei einem Übergang von einer flachen zu einer normalen Zinsstruktur abschwächt;
- der Effekt der Convexity ist bei niedrigem Marktzins höher;

- höhere Convexity ist nicht umsonst; sie wird sich immer im Preis wiederfinden;
- es ist fraglich, wie sich die höhere Convexity bei Nichtparallelverschiebung der Zinsstrukturkurve verhält.
- der Effekt der Convexity ist von der Volatilität der Zinsen abhängig. Bei hoher Schwankungsbreite sollte hohe Convexity angestrebt werden, während bei geringer Volatilität, das heißt in Zeiten stabiler Zinsen, Convexity ohnehin sinnlos ist.

Key-Rate-Duration

Das ursprüngliche Durationskonzept ist durch die Prämisse der parallelen Veränderung der flachen Zinsstrukturkurve nur bedingt geeignet, das Zinsänderungsrisiko zu messen. Um die wirkliche Zinsstruktur in die Formel für die Macaulay-Duration einzubauen, werden statt des Einheitszinssatzes die periodenadäquaten Spot-Rates verwandt. Die Spot-Rates ergeben sich aus den Zero-Coupon Bond-Renditen. Der sich ergebende Wert wird in der englischsprachigen Literatur als Effective Duration bezeichnet. Die Formel für die Effective Duration (ED) beträgt

$$ED = \frac{\sum_{t=1}^{n} t \times Z_t \times (1+i_t)^{-t}}{\sum_{t=1}^{n} Z_t \times (1+i_t)^{-t}}$$

Weiterhin muss auch die Annahme der parallelen Verschiebung der Zinsstrukturkurve modifiziert werden, da die Effective Duration nur dann Sinn macht, wenn folgender Zusammenhang gilt:

$$\frac{\Delta i_1}{1+i_1} = \frac{\Delta i_2}{1+i_2} = ... = \frac{\Delta i_n}{1+i_n}$$

Die weiteren Annahmen des Durationskonzepts bleiben allerdings erhalten.

Mit Hilfe der Effective Duration ist es gelungen, eine fundamentale Prämisse des Durationskonzepts zu überwinden: die flache Zinsstrukturkurve. Auf der Effective Duration aufbauend ist in den USA das Verfahren der „Key-Rate-Duration" entwickelt worden, das einer weiteren Prämisse abhilft: der Parallelverschiebung der Zinsstrukturkurve.

Der Term Key-Rate-Duration (KRD) bestimmt die Preisreaktion eines Wertpapiers auf Zinssatzänderungen der einzelnen Laufzeiten, also der Key-Rates. Die Key-Rates ergeben sich dabei aus den Spot-Rates.

Im Gegensatz zu Macaulay- und Effective Duration kann die KRD in aller Regel nicht anhand einer einfachen Formel bestimmt werden. Dies ist nur dann möglich, wenn die Cash-flows der einzelnen Kupons mit den gewählten Key-Rates übereinstimmen.

Für diesen Fall wird die i-te KRD analog zur Modified Duration bestimmt als (vgl. Ho, T.S.Y., „Key Rate Durations: Measures of Interest Rate Risks", in: The Journal of Fixed Income", September 1992, S. 32 f.)

$$KRD_i = \frac{1}{1+r_i} \times \frac{i \times Z_i \times (1+r_i)^{-i}}{\sum_{t=1}^{n} Z_t \times (1+r_t)^{-t}}$$

Stimmen Cash-flows und Key-Rates hingegen nicht überein, so müssen die KRDs numerisch bestimmt werden. In diesem Fall müssen die kurzfristigen Zinssätze und deren Wahrscheinlichkeiten modelliert werden. Dabei sind die kurzfristigen Zinssätze und ihre Wahrscheinlichkeiten so zu modellieren, dass einerseits keine Arbitragemöglichkeit und andererseits eine Konsistenz zur heute bestehenden Fristenstruktur der Spot-Rates besteht. Wie auch bei Berechnung der KRDs, wenn Cash-flows und Key-Rates übereinstimmen, stimmt die KRD in diesem Fall mit dem „negativen Wert der prozentualen Preisänderung des jeweiligen Wertpapiers als Reaktion auf eine Bewegung der i-ten Key-Rate" (r_i) überein.

Zur Bestimmung der KRD müssen der Preis des Wertpapiers vor (P) und nach der Verschiebung der Key-Rate r_i (P_i) erfaßt werden. Für die KRDs ergibt sich dann

$$KRD_i = \frac{\Delta P_i / P}{\Delta r_i}$$

Beispielhaft seien die KRDs für eine Anleihe mit einem Kupon von 8% und einer Restlaufzeit von fünf Jahren bestimmt. Die Zinsstrukturkurve ergibt sich aus folgenden Key-Rates:

Laufzeit	Zinssatz
1	7,0
2	7,5
3	8,0
4	8,5
5	9,0

Um die Auswirkungen einzelner Zinsänderungen vergleichen zu können, werden exemplarisch drei Verschiebungen vorgenommen:

– Key-Rate 1 verschiebt sich um 0,1% auf 7,1%
– Key-Rate 3 verschiebt sich um 0,1% auf 8,1%

– Key-Rate 5 verschiebt sich um 0,1% auf 9,1%

Aus diesen Änderungen ergeben sich folgende Barwerte und KRDs:

Lauf-zeit	Cash-flow	Zinssatz vor Verschiebung	Barwert	Verschiebung 1	Barwert	Verschiebung 2	Barwert	Verschiebung 3	Barwert
1	8	7,00	7,477	7,10	7,470	7,00	7,477	7,00	7,477
2	8	7,50	6,923	7,50	6,923	7,50	6,923	7,50	6,923
3	8	8,00	6,351	8,00	6,351	8,10	6,333	8,00	6,351
4	8	8,50	5,773	8,50	5,773	8,50	5,773	8,50	5,773
5	108	9,00	70,193	9,00	70,193	9,00	70,193	9,10	69,871
Preis			96,717		96,710		96,699		96,395
KRD					0,070		0,176		3,211

Die KRD der einjährigen und dreijährigen Spot-Rates bewegen sich im Gegensatz zur KRD der fünfjährigen Spot-Rate nur gering. Die Anleihe reagiert somit im Wesentlichen auf Veränderungen der letzten Spot-Rate, in deren Zeitpunkt die Tilgungszahlung erfolgt.

Die KRD zeichnet sich durch folgende Eigenschaften aus:

– bei identischer Verschiebung der einzelnen Spot-Rates ergibt die Summe der KRDs die Effective Duration;
– zur Bestimmung der i-ten KRD eines Portfolios müssen – wie auch bei den anderen Durationsmaßen – die barwertgewichteten i-ten KRDs der einzelnen Wertpapiere addiert werden. Somit kann die KRD eines Portfolios bestimmt werden, wenn die KRDs der einzelnen Bestandteile bekannt sind.

Die Immunisierung eines Portfolios gelingt nun, indem alle KRDs eines Portfolios den Wert Null erhalten. Zur Erreichung könnten einem Portfolio beispielsweise Futures und Zinsderivate beigemischt werden.

Dem Konzept der Key-Rate-Duration hängen aber Fehler an, die teilweise auch bei anderen Durationsmaßen anzutreffen sind:

– die Beziehung zwischen der Zins- und der Preisänderung ist nicht linear, sondern konvex;
– für die numerische Berechnung von KRDs ist noch kein Verfahren anerkannt.

5.2.5 Anwendung der Durationsmethode im Risikomanagement

Das Durationskonzept bietet für das Risikomanagement verschiedene Strategien. Je nachdem, ob der Verlust minimiert, also ein bestimmter Mindestgewinn realisiert werden soll, oder bestimmte erwartete Entwicklungen ausgenutzt werden sollen, kann

- entweder mit Hilfe der Macaulay-Duration eine Immunisierungsstrategie vollzogen werden,
- oder mit Hilfe der Modified Duration, der Convexity, des PVBP oder der Key-Rate-Duration sowie einer prognostizierten Zinsentwicklung ein Portfolio derart zusammengestellt werden, dass ein vorher bestimmter Verlust nicht überschritten bzw. ein maximaler Gewinn realisiert wird.

Wählt das Management die Immunisierungsstrategie, so müssen von diesem nur Planungshorizont und Anlagebetrag vorgegeben werden, die dann umgesetzt werden. Stehen beispielsweise 40 Mill. € für ein Jahr und 20 Mill. € für drei Jahre zur Verfügung, so werden zwei Portfolios zusammengestellt, deren Durationen ein bzw. drei Jahre betragen und eine maximale Rendite bieten. Auf diese Weise gelingt es, die Bindungsfristen der Passiva in der Anlageplanung zu berücksichtigen. Beachtet werden muss in diesem Verfahren jedoch noch das Bonitäts- und Liquiditätsrisiko.

Die Realisierung der zweiten Strategie gestaltet sich für das Risikomanagement ungleich schwerer, da die Zinsentwicklung prognostiziert werden muss. Erst dann kann mit Hilfe der Kennzahlen der Maximalverlust bzw. der Maximalgewinn errechnet werden. Andererseits können Portfolios anhand der Kennzahlen betreffend ihres Risikos direkt miteinander verglichen werden. Eine weitere Möglichkeit besteht für das Risikomanagement in der Weise, dass ein Maximalverlust vorgegeben werden kann und mit Hilfe des PVBP daraufhin der Anlagebetrag bestimmt wird.

Es ist zu bedenken, dass die maximale Veränderung des Marktzinsniveaus zwischen Jahreshöchst- und -tiefstkurs, gemessen an der Umlaufrendite, innerhalb des Jahres 1981 230 Basispunkte betrug und sich die durchschnittliche Veränderung seit 1972 auf 126 Basispunkte belief, so ist die Modified Duration zur Berechnung des täglichen Risikos durchaus geeignet. In einem worst-case-Szenarium könnte hingegen eine längere Haltedauer, beispielsweise 10 Tage oder 3 Monate, angenommen werden, die, je nach Marktzinsänderung, möglicherweise auf der Convexity beruhen sollte.

5.2.6 Zinsspannenrisiko
Arten des Zinsspannenrisikos
Unter dem Zinsspannenrisiko ist die Gefahr zu verstehen, dass Zinsänderungen Verluste verursachen, die das realisierte vom geplanten Eigenkapital abweichen lassen. Es gliedert sich in drei Formen:

1. das „variable Zinsänderungsrisiko": es resultiert daraus, dass variabel verzinsliche Aktiva und Passiva gemeinhin voneinander verschiedene Zinsreagibilitäten besitzen. Auf Marktzinsänderungen reagieren sie also unterschiedlich schnell oder in unterschiedlichem Ausmaß.
2. das „Basisrisiko": variabel verzinsliche Positionen können an eine unterschiedliche Basis gekoppelt werden, z. B. LIBOR und prime rate. Da sich diese unabhängig voneinander bewegen können, würden in diesem Falle geschlossene variable Positionen geöffnet. Eine geschlossene Position besteht, wenn die Höhe der Zinserträge mit der Höhe der Zinszahlungen übereinstimmt. Das Basisrisiko ist eine Spezialform des variablen Zinsänderungsrisikos.
3. das „Festzinsrisiko": die Restlaufzeiten und Fälligkeitsstrukturen festverzinslicher Aktiva und Passiva sind üblicherweise nicht gleich. Beispielsweise besteht ein Risiko, wenn eine Bank ein Darlehen mit 5jähriger Zinsbindungsfrist gewährt, das mit 90tägigem Termingeld finanziert wird. Steigt nun nach Abschluss des Geschäftes das Zinsniveau und damit der Zinsaufwand für das Termingeld, so sinkt die Zinsmarge und kann sogar negativ werden. Typisch für das Festzinsrisiko sind aber auch Kursverluste festverzinslicher Wertpapiere, die durch ein Ansteigen des Zinsniveaus hervorgerufen werden.

Das Festzinsrisiko untergliedert sich weiter in vier Risikoarten:

- das „festverzinsliche Basisrisiko": entgegen gesetzte, festverzinsliche Positionen mit gleicher Restlaufzeit können unterschiedlich stark auf Zinsänderungen reagieren. Eine geschlossene Position würde damit geöffnet.
- das „Zinsspannenrisiko": besitzen Aktiv- und Passivpositionen eine unterschiedliche Fristenstruktur, so kann bei einer Änderung des Zinsniveaus oder der Zinsstruktur die Zinsspanne schrumpfen und sogar negativ werden. Die Zinsspanne gibt die Differenz zwischen Aktiv- und Passivzins an.
- das „Abschreibungsrisiko": infolge des Imparitätsprinzips müssen noch nicht realisierte Kursverluste antizipiert werden, während Kursgewinne erst im Falle der Realisierung erfasst werden dürfen.

- das „Fristenablaufrisiko": das Kapital aus auslaufenden Geschäften kann möglicherweise nur zu ungünstigeren Zinssätzen wiederangelegt oder aufgenommen werden. In diesem Fall sinkt der Zinsertrag oder steigt die Zinsbelastung.

Ein Unternehmen unterliegt nur dann keinem Zinsänderungsrisiko, wenn alle Forderungen und Verbindlichkeiten in Restlaufzeit, Fälligkeitsstruktur, Zinselastizität und Basiszins identisch sind.

5.3 Länderrisiko

Internationale Forderungen und Verbindlichkeiten haben in den Bilanzen einen bedeutenden Stellenwert erreicht. Sie unterliegen aber nicht nur den spezifischen Ausfall- bzw. Marktrisiken, sondern zusätzlich noch dem so genannten Länderrisiko. Unter dem Länderrisiko ist die Gefahr zu verstehen, dass ein Schuldner seinen Verpflichtungen aus politischen Gründen nicht nachkommen will oder aus wirtschaftlichen Gründen nicht nachkommen kann. Somit gehört das Länderrisiko zu den Ausfallrisiken. Dies ergibt sich aus der Tatsache, dass nicht nur die Zins- und Tilgungszahlungen der einzelnen Staaten, sondern auch diejenigen der dort ansässigen Unternehmen in hohem Maße von der wirtschaftlichen und politischen Lage im Land selbst abhängen. Beispielsweise können Devisenbeschränkungen der jeweiligen Regierung dazu führen, dass Unternehmen versprochene Zahlungen in Fremdwährungen nicht erfüllen können. Wegen dieser Abhängigkeit der Unternehmen von ihren Heimatländern bewerten Rating-Agenturen Unternehmen eines Landes gemeinhin nie besser als den zugehörigen Staat (so genanntes sovereign ceiling).

Ein Investor unterliegt

- nur dem Länderrisiko, wenn er mit einem ausländischen Staat oder einer ausländischen öffentlichen Körperschaft ein Geschäft abschließt;
- dem Länderrisiko und dem einzelwirtschaftlichen Ausfallrisiko, wenn er ein Geschäft mit einem Partner aus dem auswärtigen privaten Sektor tätigt.

Durch den starken Anstieg der Ölpreise in den 70er Jahren erhielten die Erdölexportierenden Länder, allen voran die Staaten des Nahen Ostens, Milliarden Dollar überschüssigen Kapitals (Petrodollars), das sie internationalen Banken liehen. Da die heimischen Kapitalmärkte nicht das gesamte Kapital aufnehmen konnten, wurde ein großer Teil der Petrodollars an Entwicklungsländer vergeben. Dabei mussten teilweise sogar negative Realzinsen akzeptiert werden, da ansonsten keine Kreditnehmer hätten gefunden werden können. In Folge einer durch Erdölpreiserhöhungen bedingten weltweiten Rezession Anfang der 80er Jahre stiegen die Realzinsen jedoch deutlich an, was am Beispiel der Sätze für 3-Monats-Termingeld deutlich wird (vgl. Tabelle 8).

Tabelle 8: 3-Monats-Zinssätze 1978–1984

	1978	1979	1980	1981	1982	1983	1984
USA	8,9	12,1	14,2	16,8	13,2	9,6	10,8
BRD	3,7	6,7	9,5	12,1	8,9	5,8	6,0
Japan	5,1	5,9	10,7	7,4	6,8	6,5	6,3

Zudem belasteten die gestiegenen Ölpreise und der Preisverfall vieler Rohstoffe, mit denen die Entwicklungsländer einen großen Teil ihrer Deviseneinnahmen decken, die Zahlungsbilanz und die Exporteinnahmen vieler Entwicklungsländer. Die Entwicklungsländer konnten auf diese Veränderungen auf zweierlei Art reagieren:

– Entweder mussten Devisen, die bislang für Investitionsgüter ausgegeben wurden, von nun an für Brennstoffe und Zinszahlungen verwendet werden, d. h. die wirtschaftliche Entwicklung musste zurückgehalten werden,
– oder zusätzliche Devisen mussten beschafft werden, um die gleiche Menge an Investitionsgütern und an Brennstoffen importieren sowie die zusätzlichen Zinszahlungen leisten zu können. Als Möglichkeit blieb in diesem Falle nur, den Schuldenstand zu erhöhen. Dieser Weg wurde von den meisten Entwicklungsländern eingeschlagen.

Da die Deviseneinnahmen nicht mehr ausreichten, die Auslandsverschuldung zu bedienen, musste Mexiko 1982 als erster lateinamerikanischer Staat seine Zahlungsunfähigkeit erklären. Einige weitere lateinamerikanische Staaten folgten in den nächsten Jahren. In dieser Zeit erreichten Mexiko und Brasilien Schuldendienstquoten von 65% bzw. 85%. Seit dieser Zeit hat das Interesse an der Analyse des Länderrisikos immens zugenommen.

Weitere Gründe für die Schuldenkrise liegen in der Misswirtschaft (beispielsweise Subventionierung von ineffizienten Staatsbetrieben) oder dem ineffizienten Einsatz der empfangenen Gelder (z. B. Investitionen in Prestigeobjekte oder Rüstung) in den Entwicklungsländern und den teilweise protektionistischen Maßnahmen der Industrieländer (z. B. für Agrarprodukte). Nicht zu unterschätzen ist der Einfluss des Ost-West-Konflikts bis Anfang der 90er Jahre, der durch Rüstungslieferungen auf die Entwicklungsländer übertragen wurde. Bürgerkriege und zwischenstaatliche Konflikte (Stellvertreterkriege) waren die Folge.

Den Banken wurde wegen der Zahlungsprobleme der Entwicklungsländer häufig vorgeworfen, dass sie das Zinsrisiko durch den hohen Umfang variabel verzinslicher Kredite auf die Kreditnehmer abgewälzt hätten. Damit wurde ein Marktrisiko, in diesem Falle das Zinsänderungsrisiko, auf die Gegenpartei übergewälzt. Die Folge war ein höheres Ausfallrisiko, in diesem Fall das Länderrisiko.

1987 war die Schuldenkrise so weit fortgeschritten (vgl. Tabelle 9), dass nach Einschätzung der Zeitschrift Institutional Investor nur noch 17 von 108 bewerteten Ländern als kreditwürdig eingestuft wurden!

Tabelle 9: Verschuldungsstand der Entwicklungsländer seit 1980

	1980	1985	1990	1994
Schulden (Mrd. Dollar)	658	1.112	1.518	1.945

Gegen die wirtschaftliche Abwärtstendenz in den Entwicklungsländern schlossen Schuldner und Kreditnehmer Ende der 80er Jahre Umschuldungsabkommen ab. In deren Gegenzug verpflichteten sich die Entwicklungsländer häufig, ihre Wirtschaftspolitik zu reformieren, um Inflation und Staatsverschuldung abzubauen. Als Folge der Wirtschaftsreformen ergaben sich in vielen Staaten der Dritten Welt jedoch soziale Spannungen und politische Unruhen, da die Sparmaßnahmen der Regierungen häufig durch Kürzung der Sozialausgaben erkauft wurden. Die wirtschaftliche Verbesserung des Landes wurde somit in vielen Fällen durch eine politische Destabilisierung erreicht, die das Länderrisiko häufig erhöhte anstatt es zu senken.

Ende 1994 sahen viele Kreditgeber der Industrienationen die Schuldenkrise der Dritten Welt als beendet an, jedoch muss deutlicher zwischen Schwellenländern und Least Developed Countries (LDC) differenziert werden.

Schwellenländer, auch „Newly Industrializing Countries" (NIC), sind Entwicklungsländer, die wirtschaftlich nahe den Industrieländern stehen. Nach der Definition der UNO wird ein Entwicklungsland zum Schwellenland, wenn es

- ein jährliches Bruttoinlandsprodukt pro Kopf von mindestens 2.000 US-Dollar erzielt und
- ein Drittel des Bruttoinlandsproduktes aus industrieller Produktion erwirtschaftet.

Zu den Schwellenländern gehören beispielsweise die so genannten „Vier kleinen Tiger" (Hongkong, Südkorea, Singapur und Taiwan) oder Argentinien.

LDC sind besonders unterentwickelte Länder, für die vier Bedingungen erfüllt sein müssen:

- BIP pro Kopf: Durchschnitt aus drei Jahren unter 900 US-Dollar,
- Index der ökonomischen Diversifizierung (Anteil der Industrie am BIP, der Zahl der Beschäftigten in der Industrie, dem Stromverbrauch pro Kopf und dem Grad der Exportorientierung der Wirtschaft)
- Ergänzter Index der physischen Lebensqualität (Lebenserwartung, Kalorienversorgung pro Kopf, Einschulungsrate im Primär- und Sekundarschulen, Alphabetisierungsrate der Erwachsenen)
- Einwohnerzahl (maximal 75 Mio.).

Zu den LDC gehören vor allem Staaten Schwarzafrikas, aber auch etwa Bangladesch, Nepal und Vanuatu.

Während die Schwellenländer Südostasiens und Lateinamerikas mit ihrer Schuldenlast keinerlei Probleme haben, können viele schwarzafrikanische Staaten ihren Schuldendienst auch heute kaum leisten. Besonders gegenüber diesen Staaten müssen Unternehmen das Risiko eines Kredites genau analysieren.

Im Folgenden werden zunächst die Arten und Determinanten des Länderrisikos erklärt und Kennzahlen zur Bestimmung des Risikos aufgezeigt. Da die einzelnen Kennzahlen das Risiko nicht genau genug quantifizieren, werden danach Verfahren erläutert, die verschiedene Merkmale in Ratings oder Rankings zusammenfassen.

5.3.1 Arten des Länderrisikos

Das Länderrisiko setzt sich aus zwei Komponenten,

- dem politischen Risiko sowie
- dem wirtschaftlichen Risiko

zusammen. Unter das politische Risiko fallen all diejenigen Gefahren, die mit der politischen Lage des Landes zusammenhängen, und zwar sowohl innenpolitische als auch außenpolitische. Demgegenüber handelt es sich beim wirtschaftlichen Risiko um die Gefahr, dass den Zins- und Tilgungszahlungen aus wirtschaftlichen Gründen nicht mehr nachgekommen werden kann.

5.3.1.1 Politische Risiken
Innenpolitisches Risiko
Das innenpolitische Risiko umfasst diejenigen Risiken, die sich im Land selbst ergeben. Komponenten dieses Risikos sind u. a.:

- Soziale Verhältnisse;
- Innere Unruhen: ethnische, religiöse, rassistische sowie ideologische Konfliktpotenziale;
- Bürokratismus und Funktionsfähigkeit der öffentlichen Verwaltung;
- Politische Führung;
- Ausländermentalität.

Diese Faktoren haben allesamt einen großen Einfluss auf die Stabilität eines Landes. Eine Veränderung eines einzigen Faktors kann die Stabilität verschlechtern oder gar ruinieren und dazu führen, dass die Zins- und Tilgungszahlungen eingestellt werden. Beispielsweise würde ein Staat, in dem ein Bürgerkrieg herrscht, seine militärische Rüstung um jeden Preis verstärken wollen, während Zins- und Tilgungszahlungen nur nachrangig behandelt würden. Die Aufgabe eines Risikomanagements muss es deshalb sein, diese Faktoren dauernd zu überprüfen und auf Veränderungen zu reagieren.

Indikatoren für das innenpolitische Risiko
Die innenpolitische Stabilität eines Landes ist nur bedingt durch quantitative Kennziffern zu bestimmen. Vielmehr müssen Einschätzungen über qualitative Größen gemacht werden, die naturgemäß mit großen Unsicherheiten behaftet sind.

Zur Bestimmung der sozialen Verhältnisse in einem Land können Indikatoren wie Einkommens- und Vermögensstrukturen, aber auch die Analphabetenquote herangezogen werden. Die gegenwärtigen Vermögensverteilungen in weiten Teilen der Dritten Welt – die kleine Oberschicht besitzt einen großen Teil der Produktion und des Kapitals – deuten auf soziale Konflikte hin. Zudem bestehen in vielen Entwicklungsländern große Disparitäten zwischen städtischen und ländlichen Gebieten: während sich der größte Teil der Investitionen in den Städten konzentriert, bleiben die ländlichen Gegenden in ihrer Entwicklung stehen oder fallen zurück.

Eine hohe Analphabetenquote besteht üblicherweise, wenn das Schulsystem schlecht ausgebaut ist und/oder viele Kinder die Schule nicht besuchen können, weil sie zum Lebensunterhalt ihrer Familien beitragen müssen. Beide Faktoren deuten auf schlechte soziale Verhältnisse im Land hin.

Innere Unruhen lassen sich durch die Anzahl von Demonstrationen, Revolten, Anschlägen, Staatsstreichen, politischen Morden usw. quantifizieren. Beachtet werden müssen aber auch ethnische Konfliktpotentiale, die in weiten Teilen Schwarzafrikas existieren. Beispielsweise bekämpften sich in Ruanda die ethnischen Gruppen Hutu und Tutsi, das Land galt aus diesem Grund als nicht kreditwürdig. Ein weiterer kultureller Konfliktherd liegt in der Zersplitterung eines Landes durch Sprachen oder Religionen.

Die Funktionsfähigkeit der öffentlichen Verwaltung lässt sich beispielsweise an dem Erwerbstätigenanteil in diesem Sektor messen. In großen Teilen der Dritten Welt sind die Verwaltungsstellen völlig übersetzt und belasten die ohnehin angespannte Kassenlage des Staates.

Die politische Führung eines Landes kann durch die Regierungsform, Häufigkeit von Regierungswechseln, Rolle von Opposition und Militär u. ä. bewertet werden. Eine politische Umwälzung kann aus drei Gründen stattfinden:

- durch Wahlen, die einen Wechsel der politischen Führung bewirken;
- durch einen gewaltsamen Umsturz oder
- durch den Kurswechsel der Regierung.

Eine instabile Regierung ließ sich in den Jahren nach der politischen Wende beispielsweise in Polen erkennen, wo in zwei Jahren sechs verschiedene Ministerpräsidenten an der Spitze der Regierung standen.

Indikatoren wie Verstaatlichung oder Enteignung ausländischer Wirtschaftssubjekte lassen auf die Ausländermentalität schließen. Beispielsweise verloren in Libyen viele ausländische Unternehmen und damit die hinter den Unternehmen stehenden Banken durch Verstaatlichungen ihr Kapital. An diesem Faktor wird deutlich, wie sicher von außen investiertes Kapital in einem Land ist. Hinweise auf Verstaatlichungen sind somit genauestens zu prüfen.

Außenpolitisches Risiko
Unter das außenpolitische Risiko fallen all die Faktoren, die das Land von außen bedrohen. Das ist zum einen die Gefahr militärischer Konflikte, zum anderen aber auch die Realisierbarkeit außenpolitischer Ziele.

Zur Bestimmung der Gefahr militärischer Konflikte muss zum einen der Faktor „territoriale Spannungen" untersucht werden. Beispielsweise kann hier der Konflikt zwischen Argentinien und Großbritannien um die Falklandinseln 1982 genannt werden, der die Handelsbeziehungen zwischen Argentinien und der Europäischen Gemeinschaft beeinträchtigte. Die wirtschaftliche Entwicklung Argentiniens wurde aus diesem Grunde stark erschwert, wodurch sich auch der Schuldendienst verschlechterte.

Weiterhin müssen auch ideologische Streitigkeiten in den Untersuchungen berücksichtigt werden. Albanien war etwa jahrzehntelang vom Welthandel so gut wie ausgeschlossen, u. a., weil es sich ideologisch zum Stalinismus bekannte.

Zuletzt sind auch die Beziehungen zu den Nachbarstaaten zu prüfen, die wesentlichen Einfluss auf die Stabilität eines Landes nehmen. Zu denken sei hier nur an Israel, dessen außenpolitische Stabilität durch die Beziehung zu den arabischen Nationen untergraben wird.

Die Realisierbarkeit außenpolitischer Ziele ist stark daran geknüpft, in welcher Weise das Land in internationale Organisationen und Abkommen eingebunden ist. Durch die Zusammenarbeit in der EU gelingt es beispielsweise deren Mitgliedstaaten, gemeinsam außenpolitisch ein größeres Gewicht zu erringen.

Ein Faktor, der nach Ende des Ost-West-Konflikts an Bedeutung verloren hat, sind die Beziehungen zu den Weltmächten. Eine rein ideologische Trennung ist auch in der Dritten Welt nicht mehr zu beobachten. Beispielsweise haben sich mit dem politischen Wechsel im Ostblock und dem gewandelten Verhältnis des Westens zum gewählten Kommunismus und Sozialismus die Beziehungen der angolanischen Regierung zu den USA stark verbessert, obwohl erstere weiterhin marxistisch orientiert ist. Geändert hat sich die Legitimation der Regierung durch freie Wahlen.

Gruppenrisiko

Unter dem Gruppenrisiko ist die Gefahr zu verstehen, dass sich mehrere Länder wirtschaftlich oder politisch gleich verhalten. Dies ist beispielsweise der Fall, wenn sich mehrere Staaten zusammenschließen,

– um wirtschaftlich zusammenzuarbeiten. Zu solchen Organisationen gehören die EU, Mercosur oder die NAFTA;
– um am Weltmarkt gemeinsam auftreten zu können. So würde ein Ölpreisverfall alle OPEC-Mitglieder treffen und das Länderrisiko der einzelnen Mitglieder jeweils vergrößern;
– um gemeinsam politisch aufzutreten (zum Beispiel die Arabische Liga) und beispielsweise die Zins- und Tilgungszahlungen verweigern.

Eine Reihe von internationalen Organisationen mit ihren Mitgliedern und Zielen enthält Tabelle 10.

Tabelle 10: Internationale Organisationen

Organisation	Mitglieder	Ziel/Funktion
Andenpakt	Bolivien, Ecuador, Kolumbien, Peru, Venezuela	Förderung von Handel, Industrialisierung und Entwicklung der Mitgliedsländer
ATPC	Australien, Bolivien, Brasilien, China, Indonesien, Malaysia, Nigeria, Thailand, Zaire	Erforschung und Entwicklung von Zinn; Ausschluss Dritter bei der Zinnvermarktung; Aushandlung und Durchführung des Internationalen Zinnabkommens
ASEAN	Brunei, Indonesien, Malaysia, Philippinen, Singapur, Thailand, Vietnam	Förderung politischer, wirtschaftlicher und sozialer Zusammenarbeit zwischen den Mitgliedstaaten
CEFTA	Polen, Rumänien, Slowakei, Slowenien, Tschechei, Ungarn	Errichtung einer Freihandelszone der Mitglieder, Aufnahme in die Europäische Union
EFTA	Island, Liechtenstein, Norwegen, Schweiz	Förderung des Freihandels zwischen den Mitgliedern
Europäischer Wirtschaftsraum	Staaten der EU sowie Island, Liechtenstein, Norwegen	Freier Verkehr von Personen, Waren, Dienstleistungen und Kapital
ICCO	19 Erzeugerstaaten (87% der Weltausfuhr), 27 Verbraucherstaaten (55% der Welteinfuhr)	Koordinierung der Politik von Erzeugern und Konsumenten für Kakao
ICO	51 Export- (99% der Weltausfuhr) und 24 Importländer (90% der Welteinfuhr)	Diskussionsforum zwischen Produzenten und Konsumenten für Kaffee
Mersosur	Argentinien, Brasilien, Paraguay, Uruguay	Freihandel unter Mitgliedern und Festlegung gemeinsamer Außenzölle
NAFTA	Kanada, Mexiko, USA	Förderung des Handels zwischen den Mitgliedstaaten
OPEC	Algerien, Gabun, Indonesien, Irak, Iran, Katar, Kuwait, Libyen, Nigeria, Saudi-Arabien, Venezuela, Vereinigte Arabische Emirate	Kartell zur Koordinierung der Erdölpolitik
UPEB	Costa Rica, Dom. Rep., Guatemala, Honduras, Kolumbien, Nicaragua, Panama, Venezuela	Mindestpreise für Bananen und deren traditionelle Vermarktung; Harmonisierung von Exportkapazität und Nachfrage; Erschließung neuer Märkte; internationale Vereinbarung über Bananenhandel

Zwar gehört das Gruppenrisiko genau genommen zum außenpolitischen Risiko, jedoch erfordert seine Tragweite eine besondere Analyse durch das Risikomanagement, da Veränderungen bestimmter Determinanten alle Staaten einer Gruppe treffen können.

5.3.1.2 Wirtschaftliche Risiken
Indikatoren für das binnenwirtschaftliche Risiko
Das wirtschaftliche Risiko eines Landes setzt sich analog zum politischen aus einem binnen- und einem außenwirtschaftlichen Risiko zusammen. Dabei gehen in den binnenwirtschaftlichen Faktor all diejenigen Elemente ein, die die wirtschaftliche Situation im Land beschreiben. Ziel einer solchen Untersuchung ist es beispielsweise festzustellen,

- wie weit die Wirtschaft entwickelt ist,
- wie sich die Wirtschaft in letzter Zeit entwickelt hat,
- wie die Wirtschaftsaussichten für die Zukunft sind,
- wie viele Arbeitslose das Land hat und
- welches Erwerbspotential im Land steckt.

Der Entwicklungsstand der Volkswirtschaft lässt sich am Bruttosozialprodukt, Bruttosozialprodukt pro Kopf, Bruttoinlandsprodukt und Bruttoinlandsprodukt pro Kopf messen. Unter dem Bruttoinlandsprodukt wird der Geldwert aller in einem bestimmten Zeitraum erzeugten Waren und Dienstleistungen verstanden. Enthalten sind auch die Waren und Dienstleistungen, die im Inland von Ausländern erstellt wurden. Dagegen werden Waren und Dienstleistungen, die im Ausland von Inländern erzeugt werden, nicht berücksichtigt. Das Bruttosozialprodukt zeigt statt dessen auf, was die Inländer produziert haben, also einschließlich der Waren und Dienstleistungen, die Inländer im Ausland erstellt haben, und ausschließlich der Waren und Dienstleistungen, die Ausländer im Inland erzeugt haben.

Die Nutzung des Bruttosozialproduktes (BSP) oder des Bruttoinlandsproduktes (BIP) ist nur eingeschränkt möglich, da beispielsweise

- Umweltausgaben das BSP bzw. BIP steigern statt mindern oder
- Hausarbeit, also beispielsweise Hausfrauenarbeit, nicht berücksichtigt wird. Dieser Faktor spielt in Entwicklungsländern eine besondere Rolle, da dort die Subsistenzwirtschaft überwiegt.

Als Wohlstandsindikatoren müssen somit zusätzlich Faktoren wie der Verbrauch von Rohstoffen, Umweltbelastungen, aber auch der Freizeitwert betrachtet werden.

Zur Bestimmung der Wirtschaftsentwicklung der letzten Zeit lässt sich auf das reale Wachstum des BSP zurückgreifen. Das nominelle Wachstum des BSP kann nicht genutzt werden, da eine hohe Wachstumsrate keine Wohlstandsmehrung bedeutet, wenn die Wachstumsrate der Bevölkerung höher als die des BSP ist. Deshalb liefert das reale BSP-Wachstum aussagefähigere Ergebnisse als das nominelle Wachstum. Doch auch das reale Wachstum hat Schwächen. So muss untersucht werden, wie das Wachstum zustande kommt. Eine Verlängerung der Arbeitszeit führt zwar üblicherweise zu einem BSP-Wachstum, gleichzeitig sinkt aber die Freizeit, was als Wohlstandsminderung verstanden werden kann. Umgekehrt kann ein negatives BSP-Wachstum eine Wohlstandsmehrung beinhalten, wenn gleichzeitig eine Arbeitszeitverkürzung eintritt. Als Indikator scheint somit das reale BSP pro Arbeitsstunde geeigneter. Doch auch diese Kennzahl hat die Schwächen des BSP oder des BIP.

Problematisch ist auch, dass diese Kennziffern keine Aussage über die Vermögensverteilung im Land machen. Ebenso existiert keine allgemeingültige Währung, in die BSP und BIP umgerechnet werden können. Der US-Dollar, in den allgemein umgerechnet wird, tendiert zu einer Unterschätzung der Lage in den Entwicklungsländern, während die weiter entwickelten Staaten überbewertet werden. Zudem bedeutet ein größeres BSP bzw. BIP pro Kopf nicht automatisch eine Risikoverringerung. Für die Entwicklungsländer ist statt dessen häufig eine U-Verteilung, das heißt hohes Risiko bei niedrigem und höherem BIP bzw. BSP pro Kopf und niedriges Risiko bei mittlerem BIP bzw. BSP pro Kopf, zu beobachten, da die reicheren Entwicklungsländer den Aufschwung mit einer hohen Verschuldung bezahlt haben.

Zur Bestimmung der Wirtschaftsstruktur lässt sich auf die Anteile des primären, sekundären und tertiären Sektors am Bruttosozial- bzw. -inlandsprodukt zurückgreifen. Hieran lässt sich erkennen, in welchem Stadium der Entwicklung sich das Land befindet. Beispielsweise ist Deutschland bereits eine Dienstleistungsgesellschaft (Anteil des Dienstleistungssektors am BIP 62%), während Laos noch ein landwirtschaftlich geprägtes Land ist (Anteil der Landwirtschaft am BIP 49%, Anteil der Landwirtschaft an den Erwerbstätigen 70%).

Zur Untersuchung der Zukunftsaussichten eignet sich u. a. die Kapitalbindung, die an der Spar- und der Investitionsquote gemessen werden kann. Die Sparquote gibt den Anteil der Ersparnis der privaten Haushalte am verfügbaren Einkommen derselben an. Die Investitionsquote, die sich als Anteil der

Investitionen am BSP oder BIP ergibt, ist ein Anhaltspunkt für die Wachstumschancen einer Volkswirtschaft. Je höher die Investitionsquote ist, desto höher wird die Wachstumschance für die Volkswirtschaft angesehen. Abhängig ist die Investitionsquote von der Sparquote. Der Anteil der Investitionen, der nicht durch die Ersparnis im Inland gedeckt wird, finanziert sich durch Auslandskapital.

Für die Untersuchung der Binnenwirtschaft spielt die Finanz- und Geldpolitik eine entscheidende Rolle. Als Indikatoren eignen sich u. a. die Inflationsrate oder das Geldmengenwachstum. Bei sehr hoher Inflation ziehen viele Investoren ihr Kapital ins Ausland ab, so dass die wirtschaftliche Entwicklung zurückfällt. Hinterfragt werden muss aber jeweils die Art der Inflationsrate. Zu unterscheiden sind

- der Preisindex der Lebenshaltung (mit bzw. ohne Nahrungsmitteln),
- der Preisindex des Bruttosozialprodukts,
- der industrielle Erzeugerpreisindex,
- der Index der Grundstoffindustrie,
- der Index der Investitionsindustrie,
- der Index der Verbrauchsgüterindustrie.

Beim Vergleich von Inflationsraten muss sichergestellt sein, dass es sich um dieselbe Art handelt. Doch schon bei der Erstellung der Preisindizes treten Probleme auf, die bei der Interpretation beachtet werden müssen:

- der Preisindex bezieht sich immer auf einen bestimmten Warenkorb eines bestimmten Jahres (Basisjahr). Je länger das Basisjahr zurückliegt, desto weniger entspricht der Warenkorb der tatsächlichen Verbrauchsstruktur;
- die Qualität der Produkte ändert sich, was im Preisindex nicht wiedergegeben wird. Ein wachsender Preisindex hat bei einer Qualitätssteigerung eine nur begrenzte Aussagefähigkeit;
- manche Güter gehen vom Markt, während neue entstehen, für die keine Vergleichspreise bestehen;
- bisherige Güter vollführen untypische Preisschwankungen, so dass sie durch andere Güter ausgetauscht werden müssen.

Auch beim Vergleich der Geldmenge muss der Begriff hinterfragt werden, da mehrere Geldmengenbegriffe unterschieden werden können.

Je nachdem, welche Geldmenge betrachtet wird, ergeben sich in aller Regel unterschiedliche Wachstumsraten, so dass bei der Interpretation des Wachstums die betrachtete Geldmenge hinterfragt werden muss.

Die Beschäftigungslage gibt darüber Aufschluss, inwieweit Armut, bedingt durch Arbeitslosigkeit, im Land herrscht, wie viele potentielle Arbeitskräfte im Land vorhanden sind oder wie groß der Teil der arbeitenden Bevölkerung an der Gesamtbevölkerung ist.

Als Indikator für öffentliche Defizite kann das „Primary Budget Gap" (Budgetlücken)-Konzept angewendet werden. Das Konzept gibt an, ob sich das Verhältnis von öffentlicher Schuld zum Bruttosozialprodukt stabilisiert hat oder zunimmt. Die Budgetlücke ergibt sich als Differenz zwischen dem tatsächlichen Primärdefizit und demjenigen Primärdefizit, bei dem das Verhältnis zwischen öffentlicher Schuld und Bruttosozialprodukt unverändert bleibt (stabilisierendes Primärdefizit). Das Primärdefizit ist das Staatsdefizit ohne die Zinszahlungen auf ausstehende Schuld.

Indikatoren für das außenwirtschaftliche Risiko
Handelshemmnisse
Handelshemmnisse dienen dem Zweck, die eigene Industrie vor Fremdprodukten zu schützen. Sie lassen sich in

- tarifäre Handelshemmnisse („tariff barriers"), das sind vor allem Zölle, und in
- nichttarifäre Handelshemmnisse („non-tariff barriers"), zu denen u. a. mengenmäßige Beschränkungen, Importverbote, technische Handelshemmnisse wie Normen, Vorschriften über Verpackung, Gesundheits-, Sicherheits- und Umweltstandards sowie freiwillige Exportbeschränkungen zählen,

unterteilen. Aber auch Handelsblöcke wie Mercosur oder NAFTA erschweren Drittländern den Marktzugang. Eine weitere Form von Handelshemmnissen sind Subventionszahlungen, beispielsweise für das europäische Verkehrsflugzeug Airbus, die die Exporte verbilligen.

Handelshemmnisse der Industriestaaten, beispielsweise die Importquoten für Bananen aus Lateinamerika in die EU, verschlechtern die Devisenbeschaffung der Entwicklungsländer. Die Aufhebung aller Handelshemmnisse ist Ziel der World Trade Organization (WTO). Zölle wurden durch mehrere Handelsrunden im GATT (General Agreement on Tariffs and Trade), dem Vorläufer des WTO, stufenweise reduziert und haben ihre Rolle als bedeutendstes Handelshemmnis an die non-tariff barriers verloren. Die zukünftige Entwicklung des Protektionismus hat einen nicht unerheblichen Einfluss auf die wirtschaftliche Lage eines Landes, da weltweite Zollrücknahmen zu einem deutlichen Wirtschaftswachstum führen.

Zahlungsbilanz

Die Zahlungsbilanz besteht aus all den Transaktionen, die in einer Periode zwischen In- und Ausländern getätigt werden.

Die Analyse der Teilbilanzen der Zahlungsbilanz ergibt einen Überblick über die Struktur des Außenhandels und somit über die Wettbewerbsfähigkeit eines Staates. Beispielsweise muss Spanien bedeutend mehr Güter importieren als es exportiert, was sich in einer negativen Leistungsbilanz des Landes niederschlägt. Die Leistungsbilanz gibt ebenso einen Aufschluss über den Grad der Diversifizierung des Außenhandels. Die Diversifizierung kann dabei auch in Abhängigkeit von den exportierten Gütern bestimmt werden. Die Übertragungsbilanz gibt einen Überblick, in welchem Maße das Land Zahlungen von Gastarbeitern erhält. Ein Leistungsbilanzdefizit in Höhe von 2–3% des Bruttoinlandsproduktes gilt noch als tolerabel.

Die Kapitalbilanz gibt Aufschluss darüber, wie stark das Ausland im Inland investiert. Hohe Investitionen deuten darauf hin, dass das Vertrauen des Auslands in die Wirtschaft des Landes hoch ist und ein stetiges Wachstum erwarten lässt. Zudem deutet eine hohe Investitionsrate auf eine steigende Wettbewerbsfähigkeit des Landes und somit auf zukünftig höhere Exporte hin, nicht zuletzt deshalb, weil das Land durch ausländische Investitionen auch neue Technologien erhält.

Kennzahlen zur Verschuldungslage

Die meisten Finanzierungskennziffern der heutigen Länderrisikoanalysen beruhen auf dem liquiditätstheoretischen Ansatz, den Avramovic 1964 entwickelte. Avramovic untersuchte dabei die Fähigkeit eines Landes, die fristgerechte Bedienung seiner Auslandsschulden zu sichern. Er ging dabei von den Handlungsalternativen aus, die einem Land zur Verfügung stehen, um bei Devisenknappheit seine Schulden zu begleichen:

– die Exporte steigern,
– die Importe verringern,
– neue Kredite im Ausland aufnehmen oder
– die Währungsreserven verringern.

Avramovic vernachlässigte für seine Kennziffer, die Reserveadäquanz, die Möglichkeiten, die Exporte zu steigern und neue Kredite im Ausland aufzunehmen, da diese de facto nur beschränkt durchführbar sind. Die Reserveadäquanz erfasst damit die beiden übrigen Möglichkeiten, indem die Reserven, die aus Gold- und Devisenreserven einschließlich der Nettoposition beim

IWF bestehen, zu den Importen an Gütern und Dienstleistungen in Bezug gesetzt werden. Je größer die Kennziffer ist, desto positiver wird die Möglichkeit des Landes eingeschätzt, Liquiditätsengpässe in Zukunft bewältigen zu können. Liegt die Reserveadäquanz unter 0,17, so erscheint ein kurzfristiger Liquiditätsengpass möglich.

$$\text{Reserveadäquanz} = \frac{\text{internationale Reserven}}{\text{Importe an Gütern und Dienstleistungen pro Jahr}}$$

Eine weitere Kennzahl zur Messung der Kreditwürdigkeit eines Staates ist die Schuldendienstquote, die erstmals in den 30er Jahren Anwendung fand, als mehrere südamerikanische Staaten zahlungsunfähig wurden. Die Schuldendienstquote ergibt sich als Anteil der Zins- und Tilgungszahlungen an den Deviseneinnahmen aus Exporten von Gütern und Dienstleistungen.

$$\text{Schuldendienstquote} = \frac{\text{Zinsen} + \text{Tilgung der Auslandsschulden}}{\text{Deviseneinnahmen aus Export von Gütern und Dienstleistungen}}$$

Je geringer die Schuldendienstquote ist, d. h. je mehr Devisen das Land für Importe zur Verfügung hat, desto höher ist die Zahlungsfähigkeit des Landes einzuschätzen. Eine Quote, die über 0,20-0,25 liegt, deutet auf Probleme des Landes hin.

Als Kennzahl zur Bestimmung des Länderrisikos ist die Schuldendienstquote nur bedingt geeignet, da die am wenigsten entwickelten Länder deshalb so niedrige Schuldendienstquoten haben, weil sie wegen ihres hohen Risikos kaum Kreditgeber finden. Weiterhin wird die Fristenstruktur der Auslandsschulden ebenso wie Schwankungen der Exporteinnahmen nicht berücksichtigt. Liquiditätsengpässe entstehen aber genau dann, wenn die Exporteinnahmen bei ungünstigen Fristenstrukturen plötzlich einbrechen.

Zur Überwindung dieser Mängel sind zahlreiche weitere Schuldendienstkennziffern konzipiert worden, deren wichtigste im Folgenden erklärt werden.

Die Chase Manhattan Bank entwarf die Schuldenrückzahlungsfähigkeitsquote. Sie gibt die Fähigkeit eines Staates an, seine Schulden mittels des Überschusses der Exporte über das Importminimum zu leisten. Das Importminimum gibt den Güterwert an, den ein Staat minimal einführen muss, um die Versorgung von Industrie und Bevölkerung aufrechterhalten zu können. Es wird approximativ berechnet, indem die um Brennstoffe und Nahrungsmittel verminderten gesamten Importe um ein Viertel reduziert werden. Brennstoffe und Nahrungsmittel werden diesem Wert wieder voll aufgeschlagen, da sie als nicht verminderbar gelten, ohne dass dies weitreichende Folgen hätte.

Analog zur Schuldenrückzahlungsfähigkeitsquote wird die Schuldendienstquote zur Schuldendienstleistungsfähigkeitsquote erweitert. Sie berücksichtigt im Gegensatz zur Schuldendienstquote das Importminimum und die internationalen Reserven, womit der kurzfristige Zeitbezug berücksichtigt wird.

$$\text{Schuldendienstleistungsfähigkeitsquote} = \frac{\text{Zinsen} + \text{Tilgung der Auslandsschulden}}{\text{Exporteinnahmen} - \text{Importminimum} + \text{internationale Reserven}}$$

Als Ausweitung zur Schuldendienstquote entwickelte das Development Assistance Committee (DAC) der OECD die angepasste durchschnittliche Schuldendienstquote, die auch die Fristenstruktur der Verbindlichkeiten berücksichtigt. Dabei gehen die innerhalb der nächsten 1 bis 15 Jahre auf Auslandsschulden fälligen Zins- und Tilgungszahlungen in die Berechnung ein. Abgezogen wird eine Berichtigungsgröße, die sich aus den internationalen Reserven minus dem Importbedarf für zwei Monate zusammensetzt. Der Nenner besteht aus den Exporteinnahmen des laufenden Jahres.

Der Vorteil dieser Kennziffer gegenüber der normalen Schuldendienstquote liegt darin, dass kurzfristige Fluktuationen der Zins- und Tilgungszahlungen die tatsächlichen Entwicklungen nicht verfälschen. Fluktuationen entstehen beispielsweise, wenn Tilgungszahlungen gestundet werden.

Andere mögliche Kennziffern zur Beschreibung der Verschuldungslage eines Landes sind:

– Anteil der Auslandsverschuldung an den Exporteinkünften; diese Kennziffer gibt einen Überblick über den Verschuldungsstand des Landes in Abhängigkeit von den Exporten.

– Anteil der Auslandsverschuldung am Bruttosozialprodukt; dieser Indikator gibt eine Auskunft über den Verschuldungsstand in Abhängigkeit von der Größe der Wirtschaft. Eine Quote von 0,40 deutet dabei auf langfristige Probleme hin.

– Anteil des Schuldendienstes am Bruttosozialprodukt; diese Kennziffer gibt an, welcher Anteil des BSP für den Schuldendienst verwendet werden muss. Der Zirkelschluss besteht bei dieser Kennzahl genauso wie bei der

Schuldendienstquote: kreditunwürdige Länder erhalten so niedrige Quoten, weil sie keine Kredite erhalten, also auch keine Zinsen und Tilgungen leisten müssen.
- Anteil der Zinszahlungen an den Exporteinkünften;
- Anteil der Zinszahlungen am Bruttosozialprodukt;
- Anteil der internationalen Reserven an der Auslandsverschuldung;
- Anteil der internationalen Reserven an den Importausgaben (in Monaten).

Export- und Importstrukturen
Hohe Preisschwankungen für Rohstoffe beinhalten ein besonderes Problem für Entwicklungsländer, da gemeinhin fast ausschließlich Rohstoffe exportiert werden. Eine Kennzahl zur Messung der Preisentwicklungen sind die Terms of Trade. Sie ergeben sich als Verhältnis des Export- zum Importgüterpreisindex.

$$\text{Terms of Trade} = \frac{\text{Exportgüterpreisindex}}{\text{Importgüterpreisindex}}$$

Steigende Terms of Trade bedeuten, dass das Land für die gleiche Menge an Exporten mehr Güter importieren kann, da die Preise für die Exportgüter entweder

- stärker stiegen als die Preise für die Importgüter oder
- schwächer fielen als die Preise für die Importgüter.

Da das Land mehr Güter importieren kann, verbessert sich die wirtschaftliche Lage.

Umgekehrt führen fallende Terms of Trade verständlicherweise zu einer Verschlechterung der wirtschaftlichen Lage, da für die gleiche Menge an Importen mehr Güter exportiert werden müssen. Die typische Reaktion einer Regierung, um dies zu verhindern, liegt darin, die nun überbewertete Währung des Landes zu subventionieren.

Somit sind die Terms of Trade ein Indikator für die wirtschaftliche und soziale Lage im Land. Ein Problem der Terms of Trade liegt aber darin, dass sie keine Aussage über Güterqualität, technische Entwicklungen oder auch die Strukturen von Exporten und Importen machen. Somit ist ihre Anwendbarkeit eingeschränkt.

Eine Kennziffer sind aber nicht nur die Terms of Trade selbst, sondern auch ihre Sensitivität gegenüber einzelnen Güterpreisschwankungen. Länder, die von nur wenigen Import- oder Exportgütern abhängig sind, besitzen naturgemäß eine größere Sensitivität als Länder, die von vielen Gütern abhängig sind. Eine Preisänderung für Öl würde beispielsweise die Terms of Trade für Saudi-Arabien direkt in hohem Maße verändern, während die der USA nur gering schwanken würden (Terms-of-Trade Risiko).

Kennzahlen, die die Abhängigkeit eines Landes von der Weltwirtschaft widerspiegeln, sind der Anteil der Exporte am Bruttosozialprodukt, die Exportquote, und der Anteil der Importe am Bruttosozialprodukt.

Kritik an den Kennziffern

Die Liste der oben genannten Kriterien lässt sich noch erheblich erweitern. Je nachdem, welche Kennziffern benutzt werden, ergeben sich aber völlig verschiedene Ergebnisse, was die Beispiele zu Lateinamerika untermauern. Es kann nicht eine einzelne Kennziffer bestimmt werden, die das gesamte Länderrisiko quantifiziert. Zudem sind die Daten, die zur Erstellung der Kennziffern benötigt werden, oftmals schon überholt, so dass sie in einem professionellen Management verwendet werden sollten.

Aus diesem Grunde können die Kennziffern nur eine ergänzende Funktion in der Länderrisikoanalyse besitzen. Eine Prognose über die zukünftige Entwicklung ersetzen sie nicht. Hier setzen mehrere Konzepte von Institutionen und Zeitschriften an, die qualitative und quantitative Kriterien zu einem Oberindex zusammenfassen.

Zuletzt sei darauf verwiesen, dass Kennziffern nur eine Aussage über die kurzfristige Zukunft machen können. Viele Unternehmen planen jedoch langfristig. Gerade diese Pläne müssen berücksichtigt werden, da langfristige Beziehungen oft erst noch aufgebaut werden müssen.

5.3.2 Erfassungsmodelle des Länderrisikos

In der Praxis bestehen eine Vielzahl von Verfahren, die versuchen, das Länderrisiko zu erfassen. Im allgemeinen handelt es sich dabei um sogenannte Scoring-Modelle, die dadurch gekennzeichnet sind, dass die einzelnen Beurteilungskriterien durch Punktwerte zum Ausdruck gebracht werden, wodurch auch qualitative Kriterien in die Bewertung miteingehen können.

Da die einzelnen Verfahren unterschiedliche Kennziffern nutzen, kommen sie teilweise auch zu differierenden Ergebnissen. Um die Ergebnisse verwerten zu können, muss deshalb das jeweilige Konzept hinterfragt werden.

Länderbeurteilung in Euromoney

Die britische Zeitschrift Euromoney veröffentlicht seit 1979 meist 2mal jährlich eine eigenständige Länderbewertung. Im März 1996 bestand das Verfahren aus folgenden Komponenten:

- prognostizierte Wirtschaftsdaten für das nächste Jahr (25% Gewichtung), die im März 1996 von 24 Volkswirten von führenden Instituten bestimmt wurden. Das Ergebnis dieser Umfrage wird in Euromoney getrennt vom Länderrating veröffentlicht.
- politisches Risiko, wobei festgestellt wird, mit welcher Wahrscheinlichkeit der zu bewertende Staat seinen Zahlungsverpflichtungen nachkommt (25% Gewichtung).
- Schuldenindikator (10% Gewichtung), der sich aus den drei Kennzahlen
- Schuldendienstquote,
- Zahlungsbilanz/Bruttosozialprodukt sowie
- Auslandsverschuldung/Bruttosozialprodukt
- zusammensetzt. Er wird durch folgende Formel berechnet:

$$\frac{\text{Auslandsverschuldung}}{\text{BSP}} + 2 \times \text{Schuldendienstquote} - 10 \times \frac{\text{Zahlungsbilanz}}{\text{BSP}}$$

- Je geringer der Index, desto besser die Bewertung. Die Daten für die Berechnung stammen aus den World Bank World Debt Tables.
- Schulden in Verzug oder Schulden, deren Zahlungstermine verschoben („rescheduled") wurden (10% Gewichtung); hier wird eine Punktzahl zwischen null und zehn vergeben, die angibt, welcher Anteil der Schulden in den letzten drei Jahren in Verzug gerieten oder deren Zahlungstermine verschoben wurden.
- Länderratings der Agenturen (10% Gewichtung); hier wird der Durchschnitt der Länderratings von Moody's, Standard & Poor's und IBCA gebildet. In Abhängigkeit vom Durchschnittsrating wird die Punktzahl vergeben.
- Zugang zu Bankfinanzierungen (5% Gewichtung); dieser wird aus den Auszahlungen von privaten, langfristigen und nicht garantierten Anleihen als Anteil am BSP bestimmt.
- Zugang zu kurzfristiger Finanzierung (5% Gewichtung).
- Zugang zu den internationalen Finanzmärkten (5% Gewichtung); hierbei wird untersucht, wie leicht der Staat in die internationalen Finanzmärkte eintreten kann.
- Zugang zu und Abschlag auf Forfaitierungen (5% Gewichtung); hier wird der maximal mögliche Wert und derjenige spread untersucht, der gegenüber „risikolosen" Staaten wie den USA aufgeschlagen wird. Die Punkt-

zahl ergibt sich als Differenz des durchschnittlich maximalen Volumens, das forfaitierungsfähig ist, und dem spread.

Länderbeurteilung im Institutional Investor
In der amerikanischen Zeitschrift Institutional Investor werden seit 1979 meist 2mal jährlich Länderbeurteilungen publiziert. Zu diesem Zweck werden 75 bis 100 führende internationale Banken nach ihren Einschätzungen befragt, wobei die Skala von 0 bis 100 reicht. Die Gewichtung der einzelnen Einschätzungen wird vom Institutional Investor nicht bekanntgegeben, jedoch werden Banken mit weltweiten Interessen stärker berücksichtigt als die weniger involvierten Banken.

Bewertung der Rating-Agenturen
Die Unterschiede in der Bewertung der Rating-Agenturen sind, soweit vorhanden, in aller Regel minimal. Die Agenturen scheinen somit fast die gleichen Kriterien und die gleichen Gewichtungen derselben zu benutzen, so dass in diesem Zusammenhang auf die Aussage der beiden größten Agenturen zurückgegriffen werden kann. Die genaue Vorgehensweise wird dabei nicht veröffentlicht.

Steuerung des Länderrisikos
Umschuldungsabkommen
Umschuldungsabkommen dienen dem Zweck, in Zahlungsschwierigkeiten geratene Länder zu unterstützen. Üblicherweise enthalten Umschuldungsabkommen folgende Hilfen:

- Schuldenstreckung: die Rückzahlung der Schulden eines Landes wird in die Zukunft verlegt, so dass das Land Zeit hat, die Wirtschaftspolitik zu reformieren;
- Zinsermäßigung: die Zinssätze für die Schulden eines Landes werden reduziert, so dass der laufende Schuldendienst sinkt;
- „fresh money": die in Schwierigkeiten befindlichen Länder erhalten „frisches Kapital", um kurzfristige Probleme überwinden zu können oder Kapital für Reformen zu erhalten.

Die Gläubiger der Entwicklungsländer lassen sich im Allgemeinen in Staaten und Kreditinstitute unterteilen. Um die Verhandlungen mit den Schuldnern gemeinsam führen zu können, haben sich die Staaten der Gläubigerländer im „Pariser Club" vereinigt. Der Zusammenschluss der Kreditinstitute heißt „Londoner Club". Der Pariser Club wurde 1956 gegründet, als mehrere europäische Staaten über Argentinien verhandelten. Heutzutage tritt der Club zusammen, wenn ein Schuldnerland um Umschuldungsverhandlungen bittet. Dabei nehmen alle Gläubiger teil, die zu Verhandlungen bereit sind. Da an den Verhandlungen nur Staaten teilnehmen, wird nur über Kredite öffentlicher Institutionen verhandelt. Im Londoner Club sind dagegen mehr als 500 Kreditinstitute vereinigt. Der Londoner Club führt Umschuldungsverhandlungen für Bankkredite durch.

Unter die Umschuldungsabkommen fällt auch der so genannte Brady-Plan, durch den Entwicklungsländern vor allem Lateinamerikas ein Teil der Schulden erlassen, die Zinsen ermäßigt und die restlichen Forderungen durch Weltbank und Internationalen Währungsfonds (IWF) garantiert wurden.

Umschuldungsabkommen sollten von einer Bank bzw. einem Bankenkonsortium durchgeführt werden, wenn dadurch eine spürbare Verbesserung des Schuldendienstes erreicht wird. Graphisch kann dies durch die Schuldenerleichterungen-Laffer-Kurve („Debt Relief Laffer-Curve") verdeutlicht werden.

Abb.: Schuldenerleichterung-Laffer-Kurve

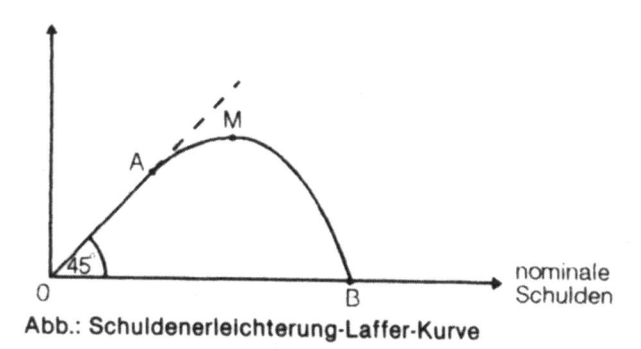

Abbildung 16: Debt Relief Laffer-Curve

Im Bereich OA steigt der Rückzahlungswert proportional zum Nominalwert der Schulden, wobei die Bank immer den vollen Rückzahlungswert erwarten kann. Daraufhin fällt die Steigung im Bereich AM ab, wobei die Kurve im Punkt M den maximalen Rückzahlungswert erreicht. In diesem Fall hat sich die Bonität des Schuldners schon verschlechtert, so dass nicht mehr der volle Nennwert zurückgezahlt wird. Ab dieser Verschuldung führt jede weitere zusätzliche Verschuldung zu einer Verringerung des Rückzahlungswertes, da das Land die Schuldenlast nicht mehr vollständig bedienen kann bzw. will. Im Punkt B ist jede Rückzahlung eingestellt.

Befindet sich die Kurve im Bereich der Punkte OAM, so würde ein Schuldenerleichterung zu geringeren Rückzahlungen führen, was einer Bank nichts nützt. Hingegen führt eine Schuldenerleichterung im Bereich MB zu einer Rückzahlungssteigerung. Dies ergibt sich aus der Tatsache, dass ein Staat wirtschaftspolitische Anpassungen, die mit Umschuldungsabkommen in der Regel einhergehen, nur dann durchführt, wenn er selbst davon Nutzen hat, nicht aber, wenn der Nutzen durch die Zins- und Tilgungszahlungen ans Ausland fließt.

Problematisch ist die Bestimmung des Punktes, auf dem sich die Kurve gerade befindet. Somit ist auch die Strategie, die für eine Bank optimal ist, nur schwierig zu bestimmen.

Sekundärmärkte

Der Sekundärmarkt, der seit Beginn der Schuldenkrise 1982 besteht, ist der Finanzmarkt für die Kredite an Entwicklungsländer. Er ermöglicht dem Kreditgeber, also hauptsächlich den Banken, ihre Kredite zum marktmäßigen Preis zu verkaufen und sich somit aus dem Kredit zurückzuziehen. Auf der anderen Seite ermöglicht es der Sekundärmarkt den Schuldnerländern, ihre Kredite zurückzukaufen.

Unterschieden werden auf dem Sekundärmarkt fünf Arten von Transaktionen:

- tauschen Banken Kredite untereinander, wird von einem **einfachen Kredittausch** gesprochen (Par-Swaps oder Ratio-Swaps);
- verkauft der Kreditgeber den Kredit für eine Geldzahlung, so handelt es sich um ein **Bargeschäft** (Cash-Swap);
- kauft das Schuldnerland den Kredit zurück, so wird von einem **Schuldenrückkauf** gesprochen (Debt-Buy-Back-Swap);
- wird der Kredit in Wertpapiere oder inländische Verschuldung in Form von „dept-equity-swaps", „dept-peso-swaps" oder „debt-for-nature-swaps" übertragen, so handelt es sich um eine **Schuldenumwandlung**. Bei **Debt-Peso-Swaps** wird ein Kredit in eine auf die Heimatwährung des Schuldners lautende Verbindlichkeit umgewandelt. Dadurch soll Kapitalflüchtlingen die Möglichkeit gegeben werden, wieder in die Heimatwährung zu investieren. Demgegenüber wird bei **Debt-Equity-Swaps** ein Kredit gegen eine Investition im Schuldnerland getauscht. Im Falle von einem Dreieckgeschäft verkauft die Bank den Kredit an einen Investor, der die-

sen daraufhin gegen Direktinvestitionen in Landeswährung eintauscht. Investoren stimmen diesem Geschäft zu, da sie die Landeswährung billiger als über den herkömmlichen Wechselkurs erwerben. Bei der Investition im Entwicklungsland handelt es sich häufig um Staatsbetriebe, die auf diese Weise privatisiert werden. **Debt-for-Nature-Swaps** haben die Besonderheit, dass ein Kredit dem Schuldner unter der Auflage verkauft wird, den Gegenwert oder einen Teil davon in Landeswährung zur Finanzierung von Umweltschutzprojekten zu benutzen. Auf diese Weise wurden bis 1992 17 Debt-for-Nature-Swaps mit einem Gegenwert von 100 Mill. US-Dollar finanziert;
– wird der Kredit in eine andere Art von Auslandsverbindlichkeiten, beispielsweise Anleihen, getauscht, so wird von **Schuldentausch** gesprochen (Debt-Bond-Swap).

Hauptmarktteilnehmer am Sekundärmarkt sind erwartungsgemäß Geschäftsbanken und die Regierungen der Schuldnerländer. Zudem spielen aber auch Investoren und Umweltgruppen eine beachtliche Rolle.

Banken treten auf dem Sekundärmarkt als Verkäufer auf, wenn sie nicht mehr bereit sind, das Risiko eines Kredites zu tragen oder in der Zukunft eine weitere Verschlechterung der Bonität des Schuldners befürchten. Demgegenüber treten sie als Käufer auf, wenn sie in der Zukunft mit einer Verbesserung der Bonität des Schuldners rechnen. Eine Bank wird sich von ihren Krediten trotz negativer Aussichten aber beispielsweise nicht trennen, wenn sie durch Wertberichtigungen Steuervorteile erringt, die die Verluste aufwiegen.

Die Regierungen der Schuldnerländer engagieren sich auf dem Sekundärmarkt aus zahlreichen Gründen. Einerseits wird die Auslandsverschuldung mit einem Abschlag zurückgekauft oder in heimische Währung transformiert. Andererseits werden auf diese Weise aber auch Investitionen ins Land gelockt oder Privatisierungen ermöglicht, da Auslandskapital ins Land kommt.

Investoren nutzen den Sekundärmarkt beispielsweise, wenn sie in einem Land investieren wollen. Durch Umwandlung des Kredites in eine Verbindlichkeit in der Heimatwährung des Schuldners kann der Investor ein Projekt gemeinhin zu einem günstigeren Wechselkurs finanzieren.

Umweltgruppen investieren im Sekundärmarkt, um auf diese Weise Kredite gegen „Natur" einzutauschen. Dabei werden die Kredite entweder in heimische Währung transformiert und örtlichen Umweltgruppen zur Verfügung gestellt, oder dem Schuldnerland gegen umweltpolitische Bedingungen erlassen.

Der Wert eines Kredites wird am Sekundärmarkt üblicherweise in Prozent des Nominalwerts angegeben. Er wird vor allem von folgenden Einflüssen bestimmt:

- gesamtwirtschaftliche Rahmenbedingungen: die Kurse reagieren stark auf das Wirtschaftswachstum und das Niveau der Auslandsverschuldung eines Landes. Hingegen nehmen Exporte, Importe, Wechselkurse und Währungsreserven kaum Einfluss auf den Kurs eines Kredites;
- Maßnahmen des Schuldnerlandes: Schuldenumwandlungsprogramme haben wie die Unterbrechung und Wiederaufnahme von Schuldenrückzahlungen Einfluss auf die Kurse am Sekundärmarkt. Da die Investoren diese Entwicklungen in aller Regel aber vorwegnehmen, ist die Art des Einflusses schwer festzustellen;
- Aktionen der Gläubiger: da die Zahl der Gläubiger relativ gering ist, haben Aktionen von Banken erheblichen Einfluss auf die Kurse. Beispielsweise kann eine Erhöhung der Reserven für Kreditausfälle im Entwicklungsländergeschäft als Verhärtung der Verhandlungen zwischen Banken und Entwicklungsländern angesehen werden, worauf die Kurse fallen;
- Aktionen Dritter: Änderungen der Steuervorschriften nehmen üblicherweise dann Einfluss auf die Kurse, wenn eine Bank einen Kredit genau dann verkauft (nicht verkauft), wenn die Wertberichtigung auf den Kredit die Steuergutschrift nicht (mehr als) ausgleicht. Die Ankündigung des Brady-Plans, die den Entwicklungsländern günstige Umschuldungen ermöglichte, ließ das Kursniveau der betroffenen Länder steigen.

Über das Wirtschaftswachstum oder das Niveau der Auslandsverschuldung Informationen zu erhalten, fällt relativ leicht. Hingegen sind beispielsweise Aktionen anderer Banken nur schwer vorauszusagen. Über die Kursentwicklung am Sekundärmarkt können somit nur weite Schätzungen erfolgen. Eine Risikoschätzung kann aber, analog zu den Marktrisiken, beispielsweise über die Volatilität oder den maximum draw-down erfolgen.

Wertberichtigungen
Existieren beispielsweise in den USA, Luxemburg oder den Niederlanden Bestimmungen über Wertberichtigungen, bestehen in Deutschland keine gesetzlichen Wertberichtigungsvorschriften. Allenfalls aus Urteilen der Finanzgerichte können rechtliche Normen abgeleitet werden.

Die Wertberichtigungen der Länderkredite können zum einen durch die Verschlechterungen oder Verbesserungen in den Einschätzungen der verschiedenen Institute gewonnen werden. Zum anderen kann aber auch auf die Quoten des Sekundärmarktes zurückgegriffen werden, auf denen die Länderforderungen mit Bonitätsabschlägen gehandelt werden. Über die Funktionsfähigkeit der Sekundärmärkte bestehen allerdings Zweifel.

Im so genannten „Polen-Urteil" des Hessischen Finanzgerichts wurde die Wertberichtigung einer Forderung an die polnische Außenhandelsbank von 50% erlaubt. Ausgegangen wurde dabei von der Rating-Bewertung 16,3 der Zeitschrift Institutional Investor (vgl. Schobert, A., „Wertberichtungen auf Auslandsforderungen, insbesondere bei Kreditinstituten", in: Die steuerliche Betriebsprüfung, 4/1986, S. 77; Junga, S., Tussing, W., „Aktuelle Fragen aus der Praxis der Außenprüfung", in: Die steuerliche Betriebsprüfung, 3/1991, S. 67).

Auch das so genannte Hamburger Modell berücksichtigt die Ratingskala des Institutional Investor. Dabei wird davon ausgegangen, dass

– ein Rating über 50 auf keine Probleme schließen lässt und keine Wertberichtigungen nötig sind;
– ein Rating unter 50 abzuschreiben ist.

Somit lassen sich Einzelwertberichtigungen auch aus den Ratingkennziffern ableiten. Für die Ratings der Agenturen lässt sich auf die Ausfallquoten zurückgreifen (vgl. Tabelle 11).

Tabelle 11: Moody's Ratings 1970-1998 (in % in Abhängigkeit des Ratings und der Laufzeit)

	1 J.	2 J.	3 J.	4 J.	5 J.	6. J.	7 J.	8 J.	9 J.	10 J.
Aaa	0,00	0,00	0,00	0,04	0,14	0,24	0,35	0,47	0,61	0,77
Aa	0,03	0,04	0,09	0,23	0,36	0,50	0,64	0,80	0,91	0,99
A	0,01	0,06	0,20	0,35	0,50	0,68	0,85	1,05	1,29	1,55
Baa	0,12	0,38	0,74	1,24	1,67	2,14	2,67	3,20	3,80	4,39
Ba	1,29	3,60	6,03	8,51	11,1	13,4	15,2	17,1	18,9	20,63
B oder schlechter	6,47	12,8	18,5	23,3	27,7	31,6	35,0	38,0	40,7	43,91

Ein Kredit an ein Land bzw. ein Unternehmen aus einem Land mit einem Rating von Ba und einer Laufzeit von zehn Jahren fällt somit mit einer Wahrscheinlichkeit von 20,63% aus. Die Abschreibung von 20,63% des Kredites (der Forderung etc.) würde somit dem Risiko entsprechen.

Das Risiko einer zukünftigen Wertberichtigung lässt sich beispielsweise durch die Volatilität der Länderbeurteilungen ermitteln.

Aufgaben

Aufgabe 1
Strukturieren Sie die Finanzierungsarten nach verschiedenen Gesichtspunkten!

Aufgabe 2
Die Hybrid-AG weist ein Rating von Ba auf. Die X-Bank bietet der Hybrid-AG einen Kredit mit einer Laufzeit von zehn Jahren an, der mit 7% verzinst wird. Prüfen Sie, ob die Hybrid-AG diesen Kredit annehmen soll, wenn die Bearbeitungskosten 1% und die Eigenkapitalkosten 0,6% des Kreditbetrages betragen! Der risikolose Zinssatz beträgt 3%. Die ratingabhängigen Ausfallraten lassen sich folgender Tabelle entnehmen:

	1 J.	2 J.	3 J.	4 J.	5 J.	6. J.	7 J.	8 J.	9 J.	10 J.
Aaa	0,00	0,00	0,00	0,04	0,14	0,24	0,35	0,47	0,61	0,77
Aa	0,03	0,04	0,09	0,23	0,36	0,50	0,64	0,80	0,91	0,99
A	0,01	0,06	0,20	0,35	0,50	0,68	0,85	1,05	1,29	1,55
Baa	0,12	0,38	0,74	1,24	1,67	2,14	2,67	3,20	3,80	4,39
Ba	1,29	3,60	6,03	8,51	11,1	13,4	15,2	17,1	18,9	20,6
B oder schlechter	6,47	12,8	18,5	23,3	27,7	31,6	35,0	38,0	40,7	43,9

Aufgabe 3
Die Hybrid-AG möchte sich am Kapitalmarkt über eine fünfjährige Anleihe selbst refinanzieren. Das Rating liegt bei Ba. Bei einem Volumen von 10 Mio. € würde die Anleihe mit 6,2% verzinst, wobei zusätzliche Kosten von jährlich 300.000 € für die Anleihe entstehen. Alternativ bietet die Billig-Bank einen Kredit mit dem gleichen Volumen an, der fair bepreist ist. Die Bearbeitungskosten betragen 1% und die Eigenkapitalkosten 0,6% des Kreditbetrages. Der risikolose Zinssatz beträgt 3%. Wie sollte sich die Hybrid-AG finanzieren?

Aufgabe 4
Welchen Risiken sind Unternehmen im internationalen Geschäft insbesondere ausgesetzt?

Aufgabe 5
Die Hybrid-AG weist eine offene passivische Fremdwährungsposition auf. Bei welcher Wechselkursentwicklung erleidet die Hybrid-AG Verluste?

Aufgabe 6
Wovon hängt das Wechselkursrisiko ab?

Aufgabe 7
Die Hybrid-AG hat eine offene Forderung über 100.000 US-$, die in drei Monaten fällig wird. In gleicher Höhe hat die Hybrid-AG eine Verbindlichkeit über 100.000 US-$, fällig ebenfalls in drei Monaten. Welche Auswirkungen hat eine Kursveränderung von 1,30 US-$/€ auf 1,20 US-$/€?

Aufgabe 8
Von welchen Determinanten hängt der Währungskurs ab?

Aufgabe 9
Die Hybrid-AG will ein neues Werk in China errichten. Chinas Währung ist an einen nicht veröffentlichen Währungskorb gebunden. Welches Risiko trägt die Hybrid-AG in diesem Fall?

Aufgabe 10
Welche Arten von Risikomessungen werden bei Wechselkursrisiken unterschieden?

Aufgabe 11
Von welchen Komponenten hängt das Ergebnis einer Investition in festverzinsliche Wertpapiere ab?

Aufgabe 12
Wie entwickelt sich der Barwert, wenn der Zinssatz steigt (fällt)?

Aufgabe 13
Eine Anleihe weist einen Kupon von 6% und eine Restlaufzeit von acht Jahren auf. Der Marktzins beträgt 3%. Wie hoch ist die Duration dieser Anleihe?

Aufgabe 14
Eine Anleihe weist einen Kupon von 4% und eine Restlaufzeit von sechs Jahren auf. Der Marktzins beträgt 5%. Wie hoch ist die Duration dieser Anleihe?

Ein Zerobond hat eine Restlaufzeit von 5,1 Jahren. Welche Anlage sollte aus Risikogesichtspunkten gewählt werden?

Aufgabe 15
Berechnen Sie die Modified Duration für die in Aufgabe 13 und Aufgabe 14 dargestellten Anleihen! Wie verändert sich der Barwert bei einer einprozentigen Zinssenkung näherungsweise?

Aufgabe 16
Gegeben sind die folgenden Zahlungsreihen:

	0	1	2	3	4
A	-100	50	35	45	0
B	-150	40	40	60	60

Sie können zu jedem Zeitpunkt Geld für jährlich 10% mit einer Laufzeit von 1 Jahr aufnehmen bzw. anlegen! Welche Investition würden sie auswählen? Welchen Wert haben diese Investitionen im Zeitpunkt t = 0?

Aufgabe 17
Ein Autofahrer hat einen Unfall verschuldet. Er steht vor folgendem Entscheidungsproblem:
– Er zahlt den Schaden selbst. Die sofort fällige Auszahlung beläuft sich auf 3.000 €.
– Er überlässt die Schadenregulierung seiner Haftpflichtversicherung. Dafür hat er in der Zukunft folgende zusätzliche Prämienzahlungen zu leisten:
  – 1. Jahr: 1.000 € zusätzliche Prämienzahlung
  – 2. Jahr: 800 € zusätzliche Prämienzahlung
  – 3. Jahr: 800 € zusätzliche Prämienzahlung
  – 4. Jahr: 600 € zusätzliche Prämienzahlung
  – 5. Jahr: 600 € zusätzliche Prämienzahlung
  – 6. Jahr: 0 € zusätzliche Prämienzahlung

Welche Entscheidung empfehlen Sie, wenn mit einem Zinssatz von
a) i = 8% oder
b) i = 10% zu rechnen ist?

Aufgabe 18
Ein Geschädigter erhält vom Gericht eine Jahresrente von g = 120.000 € für vier Jahre zugesprochen und möchte diese kapitalisieren. Welche sofortige Barabfindung K_0 entspricht der Rente beim Zinssatz von
a) i = 6%
b) i = 10%

Aufgabe 19
Zu welchem Zinssatz muss ein Geldbetrag X angelegt werden, damit in zehn Jahren das Dreifache vorhanden ist?

Aufgabe 20
Ein Warenkorb kostet in Deutschland 1.000 €, in den USA 1.300 US-$. Der heutige Wechselkurs beträgt 1,20 US-$/€. Wie muss sich der Wechselkurs entwickeln, wenn die Kaufpreisparität erreicht werden soll?

Aufgabe 21
Ein Unternehmen ist bislang nur in Ländern mit solchen Fremdwährungen investiert, die eine positive Korrelation gegeneinander aufweisen. Das Unternehmen möchte in ein neues Land investieren. Wie sollte die Fremdwährungen dieses Landes bestmöglich zu den anderen Fremdwährungen korreliert sein, um das Fremdwährungsrisiko zu minimieren?

Aufgabe 22
In einem Unternehmen sind folgende Vorgänge aufgezeichnet worden:
1. Am 3.2. treffen Rohstoffe (Holz) von einem Lieferanten für 900 € ein.
2. 200 € sind bereits am 2.1. angezahlt worden, der Rest wird am 2.05. bezahlt.
3. Am 10.3. werden aus dem Holz zwei Stühle in der Fertigungsabteilung hergestellt.
4. Dabei fallen neben den Materialkosten Lohnkosten in Höhe von 400 € und sonstige Kosten (Hilfsmaterial, Energiekosten) in Höhe von 120 € an. Das verwendete Hilfsmaterial wurde am 5.3. gekauft, angeliefert und bar bezahlt. Löhne und Stromrechnung werden am 28.3. durch Banküberweisung beglichen.
5. Am 25.3. und am 4.4. werden die beiden Stühle für je 1.000 € verkauft.
6. Der eine Kunde zahlt am 9.4. und der andere begleicht seine Rechnung am 2.5.

Ermitteln Sie die Höhe der Auszahlungen, Ausgaben, Aufwendungen, Einzahlungen, Einnahmen und Erträge (Abrechnungsperiode: 1 Monat)

	Januar	Februar	März	April	Mai
Auszahlung					
Ausgabe					
Aufwand					
Einzahlung					
Einnahme					
Ertrag					

Aufgabe 23: Bestimmen Sie die geeignete Investition nach der Kostenvergleichsrechnung!

Planungszeitraum = 4 Jahre
Maximaler Absatz = 100.000 Stück
Nettopreis je Stück = 10 €
Kalkulatorische Zinsen = 10%

Investition	A	B
Anschaffungspreis	600.000 €	600.000 €
Erwartete Nutzungsdauer	4 Jahre	4 Jahre
Produktionsmenge je Jahr	60.000 Stück	60.000 Stück
Beschäftigungsvariable Kosten je Stück	4 €	3 €
Beschäftigungsfixe Kosten (ohne Abschreibung und Zinsen) je Jahr	70.000 €	120.000 €

Aufgabe 24: Bestimmen Sie die geeignete Investition nach der Kostenvergleichsrechnung!

Planungszeitraum = 5 Jahre
Maximaler Absatz = 100.000 Stück
Nettopreis je Stück= 10 €
Kalkulatorische Zinsen = 10%

Investition	A	B
Anschaffungspreis	600.000 €	600.000 €
Erwartete Nutzungsdauer	4 Jahre	5 Jahre
Produktionsmenge je Jahr	60.000 Stück	60.000 Stück
Beschäftigungsvariable Kosten je Stück	4 €	3 €
Beschäftigungsfixe Kosten (ohne Abschreibung und Zinsen) je Jahr	70.000 €	120.000 €

Aufgabe 25: Bestimmen Sie die geeignete Investition nach der Gewinnvergleichsrechnung!

Planungszeitraum = 4 Jahre
Maximaler Absatz = 100.000 Stück
Nettopreis je Stück= 10 €
Kalkulatorische Zinsen = 10%

Investition	A	B
Anschaffungspreis	600.000 €	600.000 €
Erwartete Nutzungsdauer	4 Jahre	4 Jahre
Produktionsmenge je Jahr	60.000 Stück	80.000 Stück
Beschäftigungsvariable Kosten je Stück	4 €	5 €
Beschäftigungsfixe Kosten (ohne Abschreibung und Zinsen) je Jahr	70.000 €	120.000 €

Aufgabe 26: Bestimmen Sie die geeignete Investition nach der Gewinnvergleichsrechnung!

Planungszeitraum = 5 Jahre
Maximaler Absatz = 100.000 Stück
Nettopreis je Stück = 10 €
Kalkulatorische Zinsen = 10%

Investition	A	B
Anschaffungspreis	500.000 €	600.000 €
Erwartete Nutzungsdauer	5 Jahre	4 Jahre
Produktionsmenge je Jahr	60.000 Stück	80.000 Stück
Beschäftigungsvariable Kosten je Stück	6 €	5 €
Beschäftigungsfixe Kosten (ohne Abschreibung und Zinsen) je Jahr	70.000 €	170.000 €

Aufgabe 27: Bestimmen Sie die geeignete Investition nach der Rentabilitätsvergleichsrechnung!

Planungszeitraum = 4 Jahre
Maximaler Absatz = 100.000 Stück
Nettopreis je Stück= 10 €
Kalkulatorische Zinsen = 10%

Investition	A	B
Anschaffungspreis	600.000 €	600.000 €
Erwartete Nutzungsdauer	4 Jahre	4 Jahre
Produktionsmenge je Jahr	60.000 Stück	80.000 Stück
Beschäftigungsvariable Kosten je Stück	4 €	5 €
Beschäftigungsfixe Kosten (ohne Abschreibung und Zinsen) je Jahr	70.000 €	120.000 €

Aufgabe 28: Bestimmen Sie die geeignete Investition nach der Gewinn- und der Rentabilitätsvergleichsrechnung!
Planungszeitraum = 5 Jahre
Maximaler Absatz = 100.000 Stück
Nettopreis je Stück = 10 €
Kalkulatorische Zinsen = 10%

Investition	A	B
Anschaffungspreis	500.000 €	600.000 €
Erwartete Nutzungsdauer	5 Jahre	5 Jahre
Produktionsmenge je Jahr	60.000 Stück	80.000 Stück
Beschäftigungsvariable Kosten je Stück	6 €	5 €
Beschäftigungsfixe Kosten (ohne Abschreibung und Zinsen) je Jahr	70.000 €	200.000 €

Aufgabe 29: Bestimmen Sie die geeignete Investition nach der statischen Amortisationsdauer!

Jahr	A	B
0	-1.000.000	-1.000.000
1	50.000	150.000
2	100.000	150.000
3	150.000	150.000
4	200.000	150.000
5	250.000	150.000
6	300.000	150.000
7	350.000	150.000
8	400.000	150.000

Aufgabe 30
Wie lang ist die Amortisationsdauer einer Investition, wenn die Anschaffungsauszahlung 60.000 € beträgt und über eine Nutzungsdauer von sechs

Jahren mit jährlichen Rückflüssen in Höhe von 30.000 € gerechnet wird? Wie lang ist die Amortisationszeit, wenn die gleichen Rückflüsse nur drei Jahre lang erzielt werden?

Aufgabe 31

Zu vergleichen sind drei Investitionsalternativen, für deren identisches Produkt sich der mögliche maximale Absatz bei einem festen Preis von 10 € im Zeitablauf wie folgt entwickelt:

Jahr	Maximaler Absatz
1	60.000
2	70.000
3	80.000
4	90.000
5	100.000
6	100.000

Die drei möglichen Investitionsalternativen weisen dabei folgende maximale Produktionsmengen je Jahr, fixe Kosten je Jahr und Anschaffungskosten auf:

	Produktionsmenge je Jahr	fixe Kosten je Jahr	Anschaffungskosten
A	70.000	120.000 €	1.200.000 €
B	80.000	40.000 €	900.000 €
C	100.000	10.000 €	600.000 €

Aufgrund von Produktionsverbesserungen im Zeitablauf wird für die variablen Kosten von folgenden Entwicklungen ausgegangen:

	A	B	C
1	6 €	10 €	12 €
2	5 €	8,5 €	10 €
3	4 €	7 €	8 €
4	3 €	5,5 €	8 €
5	2 €	4 €	6 €
6	1 €	2,5 €	4 €

Bestimmen Sie die geeignete Investition nach Gewinn-, Kosten- und Rentabilitätsvergleichsrechnung sowie nach der statischen Amortisationsrechnung! Welchen Einfluss hat die Abschreibungsmethode auf die Berechnung? Gehen Sie dabei von einem kalkulatorischen Zinssatz von 10% aus!

Aufgabe 32
Aufgrund der Lage am Chipmarkt ist das Unternehmen Alpha AG zur Schließung einer Fabrik gezwungen. Die Unternehmensleitung hat die Wahl zwischen folgenden Fabriken, wobei die Kapazität dauerhaft um 650 Mio. Stück verringert werden kann:

Investition	A	B	C
Kapazität in 1.000 Stück	500.000	600.000	600.000
Abbruchkosten der Fabrik in Mio. €	100	85	115
Abfindungszahlungen an Mitarbeiter in Mio. €	50	65	35
Fixe Kosten in Mio. €	50	55	60
Variable Kosten je Stück in €	0,30	0,25	0,20

Welche Fabrik soll geschlossen werden? Wählen Sie die Fabrik nach der Kostenvergleichsrechnung!

Aufgabe 33
Die Alpha-AG ist Chiphersteller und aufgrund der aktuellen Lage zu einer Restrukturierung gezwungen. Zurzeit kann die Alpha AG insgesamt 2 Milliarden Chips mit einem Marktpreis von 10 € je Stück produzieren. Aufgrund der Marktbedingungen geht die Absatzplanung für die kommenden fünf Jahre von folgenden maximalen Verkaufszahlen aus:

Jahre	maximale Verkaufszahl
1	800 Mio. Stück
2	1.300 Mio. Stück
3	1.400 Mio. Stück
4	1.600 Mio. Stück
5	2.000 Mio. Stück

Die Produktion der Alpha AG läuft zurzeit in drei Fabriken, wobei Fabrik A eine Kapazität von 600 Mio. Stück, Fabrik B von 500 Mio. Stück und Fabrik C von 900 Mio. Stück hat. Die Fixkosten der Fabriken betragen für die Fabriken A und C jeweils 2 Mrd. € und für Fabrik B 1,5 Mrd. €. Etwaige Abbruchkosten führen zu Belastungen von jeweils 3 Mrd. €. Die variablen Kosten betragen bei Fabrik A 6 € je Stück, bei Fabrik B 6 € je Stück und bei Fabrik C 7 € je Stück.

Entscheiden Sie aufgrund der vorliegenden Daten anhand eines geeigneten Verfahrens der statischen Investitionsrechnung, in welcher Form eine Restrukturierung durchgeführt werden soll!

Aufgabe 34
Gegeben sind die folgenden Zahlungsreihen:

	0	1	2	3
A	-90	40	50	61
B	-90	60	50	40

a) Bestimmen Sie zu wählende Investition nach der statischen Gewinnvergleichsrechnung bei einem kalkulatorischen Zinssatz von 10%!
b) Welche Kritikpunkte bestehen an den Verfahren der statischen Investitionsrechnung?
c) Wie würden Sie entscheiden, wenn Sie zu jedem Zeitpunkt Geld für jährlich 10% aufnehmen bzw. für 10% anlegen können und jeweils eine Laufzeit von einem Jahr besteht?
d) Ein Unternehmen will die Investition von Ihnen übernehmen. Welchen Wert hat die Investition im Zeitpunkt t = 0?

Aufgabe 35
Gegeben sind die folgenden Zahlungsreihen:

	0	1	2	3	4
A	-100	50	40	40	0
B	-150	40	40	60	60

Sie können zu jedem Zeitpunkt Geld für jährlich 10% mit einer Laufzeit von 1 Jahr aufnehmen bzw. anlegen! Welche Investition würden sie auswählen? Welchen Wert haben diese Investitionen im Zeitpunkt t = 0?

Aufgabe 36
Ein Autofahrer, der einen Unfall verschuldet hat, steht vor folgendem Entscheidungsproblem:
– Er kann den Unfallschaden ohne Inanspruchnahme seiner Haftpflichtversicherung selbst regulieren. Die dabei entstehende und sofort fällige Auszahlung beläuft sich auf 4.250 €.

– Er kann die Schadenregulierung seiner Haftpflichtversicherung überlassen, hat dann jedoch durch den Verlust des Schadenfreiheitsrabattes in den nächsten Jahren mit folgenden zusätzlichen Prämienzahlungen zu rechnen:
  – 1. Jahr: 1.800 € zusätzliche Prämienzahlung
  – 2. Jahr: 1.000 € zusätzliche Prämienzahlung
  – 3. Jahr: 800 € zusätzliche Prämienzahlung
  – 4. Jahr: 700 € zusätzliche Prämienzahlung
  – 5. Jahr: 600 € zusätzliche Prämienzahlung
  – 6. Jahr: 500 € zusätzliche Prämienzahlung

Welche Entscheidung empfehlen Sie, wenn mit einem Zinssatz von
a) i = 8% oder
b) i = 10% zu rechnen ist?

Aufgabe 37
Ein bei einem Autounfall Geschädigter erhält eine Jahresrente von g = 8.000 € für n = 8 Jahre zugesprochen und möchte diese kapitalisieren. Welche sofortige Barabfindung K_0 entspricht der Rente beim Zinssatz von i = 8%?

Aufgabe 38
Ein Lottospieler gibt jährlich 4.000 € für das Lottospielen aus. Welchen Endwert K_n hat diese Zahlungsreihe bei einer Spielzeit von n = 10 Jahren und einem Zinssatz von i = 7%?

Aufgabe 39
Zu welchem Zinssatz müssen 100 € angelegt werden, damit in zehn Jahren das Doppelte vorhanden ist?

Aufgabe 40
Sie haben im Preisausschreiben gewonnen und können nun wählen. Entweder Sie nehmen 10.000 € in bar, oder Sie erhalten einen zinslosen Kredit über 70.000 €, den Sie in sieben jährlichen Raten zu je 10.000 € zurückzuzahlen haben. Für welche Alternative entscheiden Sie sich bei einem Marktzins von 4%?

Aufgabe 41
Ein Schuldner hat sich verpflichtet zu zahlen: 20.000 € nach zwei Jahren, 50.000 € nach fünf Jahren und 40.000 € nach sieben Jahren. Er will sich dieser Verpflichtung durch eine einzige Zahlung zum Zeitpunkt 0 entledigen. Wie hoch muss diese sein, wenn mit i = 8% gerechnet wird?

Aufgabe 42
Für ein Wohnhaus bietet A 240.000 € in bar, B 300.000 € nach fünf Jahren und C 360.000 € nach sechs Jahren. Welches Angebot ist das günstigste bei i = 8%?

Aufgabe 43
Ein Betrieb plant den Kauf einer Maschine zum Preis von 20.000 €. Die Lebensdauer der Maschine wird auf n = 4 Jahre geschätzt. In jedem Jahr werden Einzahlungen von 15.000 € erwartet. Die jährlichen Betriebs- und Instandhaltungsauszahlungen werden mit 10.000 € veranschlagt. Nach Ablauf von vier Jahren kann ein Restwert von 8.000 € realisiert werden. Lohnt sich diese Investition bei einem Zinssatz von i = 6%?

Aufgabe 44
Jemand macht mit 40 Jahren eine Erbschaft von 200.000 €, die er für 20 Jahre zu i = 8% anlegt. Nach dieser Zeit lässt er sich die nach dieser Zeit jeweils am Jahresende auf das akkumulierte Kapital anfallenden Jahreszinsen auszahlen. Wie hoch sind diese?

Aufgabe 45
Sie gründen ein Unternehmen für genau eine Investition, die folgende Merkmale aufweist:
- Anschaffungsauszahlung: 1.000.000 €
- Produzierte = abgesetzte Menge pro Jahr = 15.000 Stück
- Absatzpreis = 90 €
- Variable Kosten pro Stück = 55 €
- Fixkosten = 200.000 €
- Nutzungsdauer = 4 Jahre
- Marktzins = 8%

a) Welchen Barwert hat die Investition?
b) Die BWM-AG möchte Ihnen das Unternehmen abkaufen. Wegen besonderer Fertigungsmöglichkeiten kann die BWM-AG die variablen Kosten von 55 € auf 50 € pro Stück senken, wovon Sie wissen. Welchen Kaufpreis wird Ihnen die BWM-AG maximal bezahlen? Kommt es zwischen Ihnen und der BMW-AG zu einer Einigung? Begründen Sie ihre Antwort!

Aufgabe 46
Betrachten Sie die beiden folgenden Investitionen:

	0	1	2	3	4
Investition A	-100	20	30	40	50
Investition B	-120	30	40	40	50

Welches der beiden Projekte ist vorzuziehen, wenn die Kassazinssätze mit $i_{0,1} = 5\%$, $i_{0,2} = 7\%$, $i_{0,3} = 8\%$ und $i_{0,4} = 9\%$ anzusetzen sind?
Wie groß ist unter den angegebenen Bedingungen der Terminzinssatz $i_{1,2}$?

Aufgabe 47
Ein Zero-Bond, dessen Inhaber in vier Jahren mit Einzahlungen in Höhe von 1.000 € rechnen kann, notiert heute zu 777 €. Ein zweiter Zero Bond, der in drei Jahren den gleichen Betrag verspricht, wird zum Preise von 840 € gehandelt.
a) Berechnen Sie die Kassazinssätze für Laufzeiten von drei und vier Jahren.
b) Ermitteln Sie den Terminzinssatz $i_{3,4}$.

Aufgabe 48
Eine Investition hat die Zahlungsreihe -100;110. Wie hoch ist der interne Zinssatz?

Aufgabe 49
Ein Investor hat die Wahl zwischen folgenden Projekten:

Zeitpunkt	0	1
Projekt A	-1	10
Projekt B	-10	25

Wählen Sie die geeignete Investition nach dem Verfahren der internen Zinssätze und nach der Kapitalwertmethode!

Aufgabe 50
Eine Investition hat die Zahlungsreihe -100;10;110. Wie hoch ist der interne Zinssatz?

Aufgabe 51
Eine Investition hat die Zahlungsreihe -100;150;-20. Wie hoch ist der interne Zinssatz?

Aufgabe 52
Das Unternehmen Alpha AG erwirtschaftet einen Gewinn von 1 Mrd. € pro Jahr und bewegt sich in einem stagnierenden Markt. Für die Zukunft wird damit gerechnet, dass der Gewinn konstant bleibt. Wie groß muss der Marktwert der Aktien bei einer Renditeerwartung von 10% sein? Das Unternehmen hat 500 Mio. Aktien begeben. Wie hoch ist der faire Aktienkurs?

Aufgabe 53
Das Unternehmen Beta AG erwirtschaftet ebenfalls einen Gewinn von 1 Mrd. € pro Jahr. Analysten rechnen mit einer Gewinnsteigerung pro Jahr von 20%, die 10 Jahre andauern wird. Ab diesem Zeitpunkt wird von einem konstanten Gewinn ausgegangen. Wie hoch ist der Marktwert der Aktien bei einer Renditeerwartung von 10% bzw. 15% und der Aktienkurs bei 500 Mio. begebenen Aktien?

Aufgabe 54
Es gelten die Rahmenbedingungen von der vorigen Aufgabe. Ein Analyst rechnet für die Beta AG nur mit einer Gewinnsteigerung pro Jahr von 18%. Welchen Einfluss hat dies auf den Aktienkurs?

Aufgabe 55
Es gelten die Rahmenbedingungen von Aufgabe 53. Das Unternehmen Beta AG gibt eine Gewinnwarnung heraus. Im ersten Jahr kann der Gewinn nur um 10% gesteigert werden. In den folgenden neun Jahren soll wieder eine Gewinnsteigerung von 20% erzielt werden. Wie entwickelt sich der Aktienkurs?

Aufgabe 56
Die Lev-GmbH plant ein neues Investitionsobjekt mit einem Volumen von 24.000.000 €. Aufgrund der Investitionsplanung wird ein Kapitalertrag von 4.560.000 € pro Jahr erwartet.
Für die Finanzierung stehen Bankkredite zu einem Zinssatz von 8% p.a. zur Verfügung.
Um den Verschuldungsgrad nicht zu stark steigen zu lassen, planen die Gesellschafter eine anteilige Finanzierung mit zusätzlichem Eigenkapital, wobei drei Alternativen in Betracht gezogen werden:
  a) Erhöhung der Stammeinlagen der „alten" Gesellschafter um insgesamt 6.000.000 €;
  b) Aufnahme eines neuen Gesellschafters, der 12.000.000 € einbringen will;
  c) Die Alternativen a) und b) werden zusammen durchgeführt;

a) Auf welchem Effekt basiert die Lösung des Finanzierungsproblems, wenn unterstellt wird, dass die Gesellschafter eine maximale Verzinsung des Eigenkapitals anstreben?
b) Zeigen Sie, für welche Alternative sich die Gesellschafter unter der oben genannten Zielsetzung entscheiden werden!
c) Welche Gründe könnten für eine Wahl der anderen Alternativen sprechen?

Aufgabe 57
Erläutern Sie, welche Auswirkungen Basel II auf die Unternehmensfinanzierung haben wird!

Aufgabe 58
Erläutern Sie, welche Aussagen der interner Zinssatz über eine Investition treffen kann und welche nicht!

Aufgabe 59
Bestimmen Sie die geeignete Investition nach einem Ihnen bekannten Verfahren der statischen Investitionsrechnung!
Planungszeitraum = 5 Jahre
Maximaler Absatz = 100.000 Stück
Nettopreis je Stück = 10 €
Kalkulatorische Zinsen = 10%

Investition	A	B
Anschaffungspreis	500.000 €	600.000 €
Erwartete Nutzungsdauer	4 Jahre	5 Jahre
Produktionsmenge je Jahr	60.000 Stück	80.000 Stück
Beschäftigungsvariable Kosten je Stück	6 €	5 €
Beschäftigungsfixe Kosten (ohne Abschreibung und Zinsen) je Jahr	70.000 €	200.000 €

Aufgabe 60
Ein Zero-Bond mit einer Restlaufzeit von vier Jahren und einem Endwert von 100 notiert heute zu 79,21. Ein anderer Zero-Bond hat eine Restlaufzeit von zwei Jahren und bei einem Endwert von 100 einen heutigen Kurs von 90,70. Wie hoch ist der Terminzinssatz $i_{2,4}$?

Aufgabe 61
Ein Betrieb verfügt über eine Maschine, deren jährliche Betriebskosten (fixe und variable Kosten) 200.000 € betragen. Auf dem Markt erscheint eine neue Maschine, deren Anschaffungspreis 310.000 € und deren jährliche Betriebskosten (bei der gleichen Produktion) 120.000 € betragen. Die Nutzungsdauer der neuen Maschine wird auf 5 Jahre veranschlagt. Soll die alte Maschine nach der statischen Investitionsrechnung weiter benutzt oder soll sofort die neue Maschine angeschafft werden, wenn der Investor mit einem Kalkulationszinssatz von i=10% rechnet? Begründen Sie ihre Antwort!

Aufgabe 62
Das Unternehmen Caimler-Dysler AG hat in der letzten Periode, die soeben zu Ende gegangen ist, einen Gewinn von 2 Mrd. € pro Jahr erwirtschaftet. Analysten rechnen mit einer Gewinnsteigerung pro Jahr von 14%, die 5 Jahre andauern wird. Ab diesem Zeitpunkt wird von einem konstanten Gewinn ausgegangen, der identisch mit dem im fünften Jahr ist.

a) Wie groß ist der Marktwert der Aktien bei einem fairen KGV von 10?
b) Wie groß ist der Aktienkurs bei 500 Mio. begebenen Aktien? Welche Empfehlung (kaufen oder verkaufen) würden Sie bei einem Aktienkurs von 82 € ausgeben?

Aufgabe 63
Zu vergleichen sind zwei Investitionsalternativen, für deren identisches Produkt folgender Absatz prognostiziert wird:

Jahr	Maximaler Absatz
1	30.000
2	50.000
3	60.000
4	70.000
5	80.000

Der Planungszeitraum beträgt 5 Jahre und der Nettoabsatzpreis pro Stück 10 €. Zu rechnen ist mit kalkulatorischen Zinsen von 10%.

Investition	A	B
Anschaffungspreis	500.000 €	600.000 €
Erwartete Nutzungsdauer	5 Jahre	4 Jahre
Maximale Produktionsmenge je Jahr	60.000 Stück	80.000 Stück
Beschäftigungsvariable Kosten je Stück	6 €	5 €
Beschäftigungsfixe Kosten (ohne Abschreibung und Zinsen) je Jahr	10.000 €	115.000 €

Bestimmen Sie die geeignete Investition nach den Methoden der statischen Investitionsrechnung! Interpretieren Sie Ihre Lösung!

Aufgabe 64
Der Manager eines Rentenfonds erwartet in naher Zukunft einen Rückgang der langfristigen Renditen. Er hält größtenteils Papiere mit kurzer Restlaufzeit, möchte aber von der vermuteten Entwicklung profitieren, ohne das Portfolio umzuschichten. Da er nur geringe liquide Mittel hält, scheidet der Kauf langfristiger Anleihen aus. Zeigen Sie, auf welches Finanzinstrument der Manager zurückgreifen und welche Position er aufbauen muss, um die erwartete Entwicklung nutzen zu können! Wie beurteilen Sie diese Strategie?

Aufgabe 65
Die Industrie-AG beabsichtigt, in zwei Monaten insgesamt 40 Mio. € durch die Emission einer festverzinslichen Anleihe zu beschaffen. Das Papier soll mit einem Kupon von 6,5% ausgestattet und nach Ablauf von vier Jahren getilgt werden. Da das Renditeniveau für vergleichbare Titel im Moment bei 6,5% liegt, könnte die Schuldverschreibung zum Kurs von 100 am Markt platziert werden. Allerdings wird in Kürze mit einem Anstieg der Renditen für vierjährige Papiere gerechnet. Die Industrie-AG müsste in diesem Fall entweder
- einen höheren Kupon bieten, um für das Papier weiterhin einen Emissionskurs von 100 zu erzielen, oder
- einen geringeren Kurs akzeptieren, falls der Kupon beibehalten wird.

Aus diesem Grund wird nach geeigneten Hedge-Instrumenten gesucht. Die Entscheidung fällt auf Zinsfutures.
Welcher Future sollte eingesetzt werden und welche Position sollte eingenommen werden? Beschreiben Sie die Auswirkungen eines
- Renditeanstiegs,
- Renditerückgangs

auf die Future-Position und den Erlös im Rahmen der Platzierung der oben beschriebenen Schuldverschreibung! Gehen Sie davon aus, dass die Industrie-

AG die Anleihe in jedem Fall mit einem Nominalzinssatz von 5,5% ausstattet und die Papiere der Industrie-AG ein erstklassiges Rating erzielen werden!

Aufgabe 66
Zeigen Sie die wesentlichen Unterschiede auf, die einen „Perfect Hedge" unterbinden können, wenn Rentenpapiere mit Hilfe von Futures gegen Kursverluste gesichert werden!

Aufgabe 67
Die A-AG verkauft am 1.6.2006 für 2,9 Millionen Euro eine Maschine und räumt dem Kunden ein Zahlungsziel von drei Monaten ein. Der Finanzmanager der A-AG rechnet damit, dass der Kunde diese Frist ausschöpft und die Zahlung am 1.9.2006 leistet. Der Betrag wird erst wieder Anfang Dezember benötigt. Bis dahin möchte der Finanzmanager das Geld anlegen. Da er in naher Zukunft einen Rückgang des Zinsniveaus befürchtet, strebt er eine Fixierung des aktuellen Zinsniveaus für „3-Monats-Geld" an. Welche Absicherungsinstrumente kann der Finanzmanager einsetzen und wie würde die Absicherung genau aussehen?

Aufgabe 68
Die A-AG hat zur Finanzierung einer Investition einen dreijährigen, variabel verzinslichen Kredit über 20 Millionen Euro aufgenommen, dessen Zinssatz jährlich angepasst wird. Es wird mit einem Zinsanstieg in der Zukunft gerechnet, wogegen das Unternehmen geschützt werden soll. Welche Absicherungsinstrumente können eingesetzt werden und wie würde die Ausstattung genau aussehen?

Aufgabe 69
Der Manager eines Rentenportfolios hält zehn Million Euro nominal einer Floating Rate Note, deren Ausstattung wie folgt ist:

- Zinssatz: 12-Monats-Euribor,
- Roll-over-Termin: jährlich am 1.6.,
- Restlaufzeit: 6 Jahre
- Tilgung: 100%

Der Fondsmanager wendet sich am 1.6.2006 an eine Geschäftsbank, weil er die Zinszahlung für die übernächste Zinsperiode, die vom 1.6.2007 bis zum 1.6.2008 reicht, festschreiben möchte.

Die Geschäftsbank hat soeben zehn Million Euro nominal einer festverzinslichen Anleihe erworben. Die Ausgestaltung des Papiers ist wie folgt:

- Kupon: 7%,
- Zinstermine: jährlich am 1.6.,
- Restlaufzeit: 3 Jahre,
- Tilgung: 100%,
- Aktueller Kurs: 100%

Der Portfolio-Manager der Bank möchte das Papier in einem Jahr veräußern und sucht einen Weg, sich gegen Kursverluste zu schützen. Fondsmanager und Geschäftsbank vereinbaren ein Forward Rate Agreement „12 gegen 24", das folgendermaßen ausgestattet ist:

- Referenzzins: 12-Monats-Euribor,
- Forward Rate: 7%
- Volumen: 10 Mio. Euro

a) Prüfen Sie, ob der Abschluss eines FRA zwischen dem Fondsmanager und der Geschäftsbank zweckmäßig erscheint! Bedenken Sie, dass beide Parteien damit einen Sicherungseffekt erzielen wollen! Welche Position nehmen die Partner jeweils ein?
b) Zeigen Sie, welche der beiden Parteien Ausgleichszahlungen leistet, wenn der 12-Monats-Euribor am 1.6.2007 entweder bei 9% oder bei 6% liegt! Bestimmen Sie jeweils die Ausgleichszahlung und untersuchen Sie, inwieweit die Vertragspartner ihr Ziel erreicht haben!

Aufgabe 70
Die A-AG hat vor einem Jahr insgesamt 60 Millionen Euro in eine Floating Rate Note investiert, die folgende Ausstattung aufweist:

- Zinssatz: 12-Monats-Euribor + 2%
- Zinsanpassung: jährlich am 1.7.
- Laufzeit: 4 Jahre

Da der Fondsmanager in den nächsten Jahren mit sinkenden Zinsen rechnet, entscheidet er sich zur Absicherung eines bestimmten Mindestzinsniveaus. Als Hedge-Instrument wählt er den nachstehenden Floor:

- Referenzzinsatz: 12-Monats-Euribor

- Roll-over-Termine: jährlich am 1.7.
- Gesamtlaufzeit: 4 Jahre
- Strike: 6%
- Volumen: 60 Mio. Euro
- Prämie: 0,8% p.a.

a) Zeigen Sie auf, in welches Intervall der 12-Monats-Euribor fallen muss, damit sich der Kauf des Floors lohnt!

Der Fondsmanager überlegt, statt einer Floor-Long- eine Cap-Short-Position zu eröffnen. Er möchte den folgenden Cap verkaufen:

- Referenzzinsatz: 12-Monats-Euribor
- Roll-over-Termine: jährlich am 1.7.
- Gesamtlaufzeit: 4 Jahre
- Strike: 8%
- Volumen: 60 Mio. Euro
- Prämie: 1,5% p.a.

b) Erläutern Sie, wann die Veräußerung des Caps vorteilhaft ist!

Aufgabe 71
Die A-AG hat Kapital über die Emission einer Floating Rate Note beschafft, die folgendermaßen ausgestattet ist:

- Zinssatz: 12-Monats-Euribor + 1,5%
- Zinsanpassung: jährlich am 1.7.
- Laufzeit: 6 Jahre

Die Gesellschaft möchte die Gefahr steigender Referenzzinssätze beseitigen und entscheidet sich für einen Long Collar, der aus den beiden nachstehenden Zinsbegrenzungsverträgen konstruiert werden soll:
Cap:

- Referenzzinsatz: 12-Monats-Euribor
- Roll-over-Termine: jährlich am 1.7.
- Gesamtlaufzeit: 5 Jahre
- Strike: 8%
- Volumen: 50 Mio. Euro
- Prämie: 1,5% p.a.

Floor:

- Referenzzinsatz: 12-Monats-Euribor
- Roll-over-Termine: jährlich am 1.7.
- Gesamtlaufzeit: 5 Jahre
- Strike: 5%
- Volumen: 50 Mio. Euro
- Prämie: 0,6% p.a.

Bestimmen Sie jeweils den kritischen 12-Monats-Euribor, bei dem eine Absicherung mit dem Long Collar zu derselben effektiven Zinsbelastung führt, wie

- ein vollständiger Verzicht auf eine Absicherung,
- eine Absicherung mit dem oben beschrieben Cap!

Aufgabe 72
Eine Geschäftsbank hat vor einiger Zeit Kapital in einen Reverse Floater investiert. Die Ausstattung des Papiers lässt sich dem folgenden Tableau entnehmen:

- Nominalwert: 10 Mio. €
- Zinssatz: 15% – 2 × 12-Monats-Euribor; 0% falls 12-Monats-Euribor ≥ 7,5%
- Zinsanpassung: jährlich am 1.7.
- Laufzeit: 4 Jahre

Da für die Zukunft heftige Schwankungen des Referenzzinsatzes erwartet werden, sucht die Geschäftsbank nach einer Möglichkeit, sich gegen ungünstige Entwicklungen des 12-Monats-Euribors zu schützen. Er sucht nach einem geeigneten Hedge-Instrument und seine Wahl fällt schließlich auf Zinsbegrenzungsverträge. Dabei stehen dem Manager die beiden folgenden Instrumente zur Verfügung:

Cap:

- Referenzzinsatz: 12-Monats-Euribor
- Roll-over-Termine: jährlich am 1.7.
- Gesamtlaufzeit: 3 Jahre

- Strike: 4%
- Prämie: 1,2% p.a.

Floor:

- Referenzzinsatz: 12-Monats-Euribor
- Roll-over-Termine: jährlich am 1.7.
- Gesamtlaufzeit: 3 Jahre
- Strike: 4%
- Prämie: 0,8% p.a.

a) Beschreiben Sie zunächst, wie sich Änderungen des Referenzzinssatzes auf die Zinserträge der Geschäftsbank auswirken! Welcher Gefahr ist die Geschäftsbank ausgesetzt?

b) Für welchen Zinsbegrenzungsvertrag sollte sich der Portfolio-Manager entscheiden? Welches Volumen sollte dem ausgewählten Instrument zugrunde liegen?

c) Bestimmen Sie den effektiven Zinsertrag für folgende Ausprägungen des 12-Monats-Euribors:

- 3%
- 8%
- 12%

Gehen Sie davon aus, dass die Geschäftsbank den im Aufgabenteil b) ermittelten Zinsbegrenzungsvertrag abgeschlossen hat!

Die Geschäftsbank hat sich dafür entschieden, den weiter unten aufgeführten Cap zu verkaufen. Diese Position wird zusätzlich zu der im Aufgabenteil b) ermittelten aufgebaut.

Cap:

- Referenzzinsatz: 12-Monats-Euribor
- Roll-over-Termine: jährlich am 1.7.
- Gesamtlaufzeit: 3 Jahre
- Volumen: 10 Mio. €
- Strike: 12%
- Prämie: 0,4% p.a.

d) Zeigen Sie, wie die Transaktion den effektiven Zinsertrag der Geschäftsbank beeinflusst! Bestimmen Sie sodann den effektiven Zinsertrag für die folgenden Ausprägungen des Referenzzinssatzes:

- 3%
- 8%
- 12%
- 16%

Aufgabe 73
Der Manager eines Rentenfonds hält eine festverzinsliche Bundesanleihe (Straight Bond), die folgende Ausstattungsmerkmale aufweist:

- Nominalwert: 7 Mio. €
- Restlaufzeit: 5 Jahre
- Kupon: 4%
- Zinsanpassung: jährlich am 1.6.
- Tilgung: 100%

Da in der Zukunft mit einem merklichen Zinsanstieg gerechnet wird, sucht der Fondsmanager nach einer Möglichkeit, die fixen in variable Kuponzahlungen zu verwandeln. Er könnte beispielsweise in den untenstehenden Interest Rate Swap eintreten, den eine Geschäftsbank quotiert:

- Volumen: 7 Mio. €
- Laufzeit: 5 Jahre
- Referenzzinssatz: 12-Monats-Euribor
- Roll-over-Termine: jährlich am 1.6.
- Swap-Satz: 4,95-5,00

a) Welche Position muss der Fondsmanager beim Abschluss des Interest Rate Swaps einnehmen, um sein Ziel zu erreichen? Wie hoch ist der Swap-Satz?
b) Bestimmen Sie den kritischen Referenzzinssatz (Break-Even-Zinssatz), bei dem die „Bundesanleihe mit Swap" denselben Zinsertrag beschert, wie ein Verzicht auf den Interest Rate Swap!

Lösungen

Aufgabe 1
Die Finanzierungsarten lassen sich einerseits in Außen- und Innenfinanzierung und andererseits in Eigen- und Fremdfinanzierung gliedern:

Finanzierungsarten	Außenfinanzierung	Innenfinanzierung	
Eigenfinanzierung	Beteiligungsfinanzierung (Einlagenfinanzierung) Subventionsfinanzierung	Selbstfinanzierung (Gewinnthesaurierung)	
Eigen- und Fremdfinanzierung		Finanzierung aus durch Vermögensverkauf freigesetzten Mitteln	Aus Sicht der Gesellschafter
		Sale-and-Lease-Back-Verfahren	
		Factoring	
		Forfaitierung	
		Asset Backed Securities	
		Swap-Geschäfte	
		Finanzierung durch Rationalisierung	
		Finanzierung aus Abschreibungsgegenwerten	
Fremdfinanzierung	Kreditfinanzierung	Finanzierung aus Rückstellungen	
Aus der Sicht der Gesellschaft			

Aufgabe 2
Die Kosten des Kredites setzen sich zusammen aus:
Risikoloser Zinssatz
+ Bearbeitungskosten
+ Eigenkapitalkosten
+ Risikokosten.
Bei einem risikolosen Zinssatz von 3%, Bearbeitungskosten von 1% und Eigenkapitalkosten von 0,6% ergibt sich vor Risikokosten ein Zinssatz von 4,6%. Die Ausfallrate für zehnjährige Anleihen mit einem Rating von Ba beträgt 20,63%, d. h. pro Jahr 2,063%. Damit ergibt sich ein fairer Zinssatz nach

Risikokosten von 6,663%, der unter dem angebotenen von 7% beträgt. Das Angebot sollte somit abgelehnt werden.

Aufgabe 3
Die Kosten des Kredites setzen sich zusammen aus:
Risikoloser Zinssatz
+ Bearbeitungskosten
+ Eigenkapitalkosten
+ Risikokosten.
Bei einem risikolosen Zinssatz von 3%, Bearbeitungskosten von 1% und Eigenkapitalkosten von 0,6% ergibt sich vor Risikokosten ein Zinssatz von 4,6%. Die Ausfallrate für fünfjährige Anleihen mit einem Rating von Ba beträgt 11,10%, d. h. pro Jahr 2,22%. Damit ergibt sich ein fairer Zinssatz nach Risikokosten von 6,82%. Die Anleihe wird mit 6,2% verzinst zuzüglich 0,3% (300.000 €/10.000.000 €) jährlichen Kosten = 6,5%. Somit ist die Anleihe günstiger als der Kredit.

Aufgabe 4
Als wesentliche Risiken treten Wechselkurs- und Länderrisiken auf. Wechselkursrisiken entstehen durch die mögliche negative Entwicklung eines Wechselkurses. Unter dem Länderrisiko ist dagegen die Gefahr zu verstehen, dass ein Schuldner seinen Verpflichtungen aus politischen Gründen nicht nachkommen will oder aus wirtschaftlichen Gründen nicht nachkommen kann. Daneben existieren auch im internationalen Geschäft Zinsänderungsrisiken, die durch Zinsänderungen auf internationale Forderungen und Verbindlichkeiten wirken.

Aufgabe 5
Bei einem Anstieg des Wechselkurses erleidet die Hybrid-AG Verluste. Bei einer offenen aktivischen Position würde hingegen bei sinkenden Kursen ein Verlust entstehen.

Aufgabe 6
Das Wechselkursrisiko hängt von drei Determinanten ab:

– der Zusammensetzung des Währungsportfolios,
– der Volatilität der Kurse untereinander sowie
– der Korrelation zwischen den Wechselkursveränderungen.

Lösungen

Aufgabe 7
Da die Fremdwährungspositionen faktisch ausgeglichen sind und somit keine offene Fremdwährungsposition besteht, hat die Währungskursentwicklung keine Auswirkung auf die Hybrid-AG. Allerdings kann eine offene Währungsposition bei Konkurs einer Fremdwährungsgegenpartei entstehen, so dass neben dem Ausfallrisiko noch ein Fremdwährungsrisiko tritt. Neben dem Fremdwährungsrisiko besteht aber noch ein Risiko in der Rechnungslegung, da in Rechnungslegungssystemen, in denen keine unrealisierten Gewinne ausgewiesen werden dürfen, sondern nur unrealisierte Verluste, Verluste ausgewiesen werden müssen.

Aufgabe 8
Folgende Determinanten wirken auf den Währungskurs:

- ein Defizit (Überschuss) in der Außenhandelsbilanz bewirkt eine größere(s) Nachfrage (Angebot) der betreffenden Fremdwährung. Der Kurs steigt (sinkt).
- Inflationsrate: steigt die Inflationsrate schneller (langsamer) als in einem anderen Land, so steigt (sinkt) der Kurs.
- Zinsniveau: liegt das Zinsniveau im Ausland höher (niedriger) als im Inland, so steigt (sinkt) der Kurs, da die Nachfrage in fremde Währung stärker (schwächer) wird.
- Kaufkraftparität: kann im Ausland für denselben Geldbetrag eine größere (kleinere) Gütermenge erworben werden, so steigt (sinkt) der Kurs, da die Nachfrage in fremde Währung größer (kleiner) wird.
- Verhalten der Zentralbanken: durch Intervention der Zentralbanken kann die Nachfrage bzw. das Angebot in Fremdwährungen steigen bzw. sinken. Dementsprechend reagiert auch der Kurs.
- Spekulation: infolge der Erwartungen der Spekulanten steigt (sinkt) die Nachfrage in eine Fremdwährung. Der Kurs steigt (sinkt) dementsprechend.
- politische Ereignisse: bestimmte politische Ereignisse nehmen auf den Kurs Einfluss, beispielsweise Wahlsiege bestimmter Politiker.

Aufgabe 9
Aus Sicht der Hybrid-AG bestehen zwei Risiken:

- einerseits das Risiko einer Veränderung der Währungen im Währungskorb, die zu einer Veränderung des Wechselkurses mit der chinesischen Währungen führen und

- andererseits das Risiko, dass China den Währungskorb ändert und damit die Determinanten des Wechselkursrisikos verändert.

Aufgabe 10
Es werden drei Exposure-Konzepte unterschieden:

- Translationsrisiken (Risiken bei der Umrechnung im Jahresabschluss),
- Transaktionsrisiken (Risiken durch zukünftige Fremdwährungsein- oder -ausgänge) sowie
- Ökonomische Wechselkursrisiken (Transaktionsrisiken zuzüglich mögliche zukünftige Fremdwährungs-Cash-flows).

Aufgabe 11
Das Ergebnis hängt von drei Determinanten ab:

- Kuponzahlungen, deren Höhe und Zeitpunkt bekannt sind,
- Zinseszinsen, deren Höhe vom zukünftigen Zinssatz abhängig sind (Wiederanlagerisiko), sowie
- Gewinne bzw. Verluste aus Kursänderungen, die wiederum vom Zinssatz abhängig sind (Kursrisiko).

Aufgabe 12
Bei steigendem (sinkendem) Zinssatz sinkt (steigt) der Barwert.

Aufgabe 13
Die Duration ergibt sich folgendermaßen:

Jahr	Zahlungsrückflüsse	Barwert	Gewichteter Barwert (Zahl der Jahre × Barwert)
1	8	7,77	7,77
2	8	7,54	15,08
3	8	7,32	21,96
4	8	7,11	28,43
5	8	6,90	34,50
6	8	6,70	40,20
7	8	6,50	45,53
8	108	85,26	682,05
		135,10	875,53

Die Duration ergibt sich damit zu

$$\frac{875{,}53}{135{,}10}$$

= 6,48 Jahre.

Aufgabe 14
Die Duration ergibt sich folgendermaßen:

Jahr	Zahlungsrückflüsse	Barwert	Gewichteter Barwert (Zahl der Jahre × Barwert)
1	4	3,81	3,81
2	4	3,63	7,26
3	4	3,46	10,37
4	4	3,29	13,16
5	4	3,13	15,67
6	104	77,61	465,64
		94,92	515,90

Die Duration ergibt sich damit zu

$$\frac{515{,}90}{94{,}92}$$

= 5,43 Jahre. Da der Zerobond eine geringere Restlaufzeit = Duration aufweist, sollte dieser aus Risikogesichtspunkten gewählt werden.

Aufgabe 15
Die Modified Duration ergibt sich aus

$$\frac{Duration}{1+i}.$$

In Aufgabe 13 ergibt sich damit eine Modified Duration von

$$\frac{6{,}48}{1{,}03}$$

= 6,29 und in Aufgabe 14 von

$$\frac{5{,}43}{1{,}05}$$

= 5,17. Damit ergibt sich im ersten Fall bei einer einprozentigen Zinssenkung eine Barwertveränderung von -MD × Barwert × Δi = -6,29 × 135,10 × -1% = 8,50 und im zweiten Fall von -5,17 × 94,92 × -1% = 4,91.

Aufgabe 16

A: $-100 + \frac{50}{1{,}1} + \frac{35}{1{,}1^2} + \frac{45}{1{,}1^3} = 8{,}19$

B: $-150 + \frac{40}{1{,}1} + \frac{40}{1{,}1^2} + \frac{60}{1{,}1^3} + \frac{60}{1{,}1^4} = 5{,}48$

Da A den größeren Barwert aufweist, sollte er aus ökonomischen Gründen gewählt werden.

Aufgabe 17

Im ersten Fall zahlt der Autofahrer sofort 3.000 €. Im zweiten Fall entsprechen seine zukünftigen Prämienzahlungen einem Barwert von

a) $\frac{1.000}{1{,}08} + \frac{800}{1{,}08^2} + \frac{800}{1{,}08^3} + \frac{600}{1{,}08^4} + \frac{600}{1{,}08^5} = 3.096{,}23$ €

b) $\frac{1.000}{1{,}1} + \frac{800}{1{,}1^2} + \frac{800}{1{,}1^3} + \frac{600}{1{,}1^4} + \frac{600}{1{,}1^5} = 2.953{,}66$ €

Bei 8% Zinssatz würde der Autofahrer somit selbst den Schaden regulieren, bei 10% würde die Versicherung den Schaden übernehmen, da dies günstiger als 3.000 € selbst zahlen ist.

Aufgabe 18

Die Jahresrente entspricht einem Barwert von

a) $\frac{120.000}{1{,}06} + \frac{120.000}{1{,}06^2} + \frac{120.000}{1{,}06^3} + \frac{120.000}{1{,}06^4} = 415.812{,}67$ €

b) $\frac{120.000}{1{,}1} + \frac{120.000}{1{,}1^2} + \frac{120.000}{1{,}1^3} + \frac{120.000}{1{,}1^4} = 380.383{,}85$ €

Aufgabe 19

Wenn ein Geldbetrag X angelegt wird, um daraus das Dreifache 3X nach zehn Jahren zu erhalten, so ergibt sich der Zusammenhang $3X = X \times (1+i)^{10}$ => $3 = (1+i)^{10}$ => $\sqrt[10]{3} - 1 = i$ => i = 11,61%.

Aufgabe 20
Da der aktuelle Kurs zur Erreichung der Kaufkraftparität 1,30 US-$/€ beträgt, muss der Kurs deutlich steigen.

Aufgabe 21
Risikominimierend wäre eine solche Fremdwährung, die zu allen anderen Fremdwährungen negativ korreliert wäre. In einem solchen Fall sinkt das Gesamt-Fremdwährungsrisiko am stärksten. Insofern ist eine solche Strategie dann am besten, wenn das Fremdwährungsrisiko allein Entscheidungsrelevant für das Unternehmen wäre.

Aufgabe 22
Zur Bearbeitung der Aufgabe empfiehlt es sich die Bearbeitung in Einzelabschnitte wie folgt zu unterteilen:
1) Zugang von Holz und damit Ausgabe von 900 €.
2) Bezahlung führt zur Auszahlung von 200 € im Januar und 700 € im Mai.
3) Betriebsbedingter Verbrauch des Holzes führt zu Aufwand von 900 € im März.
4) Zugang von Arbeitsleistung und sonstigen Stoffen führt zu Ausgabe von 520 € bei gleichzeitiger Auszahlung, da alles im selben Monat bezahlt wird. Der betriebsbedingte Verbrauch zieht Aufwand und Kosten von 250 € ebenfalls im Juli nach sich.
5) Verkauf und Lieferung des Stuhls 1 führt zu Ertrag und Einnahme von 1.000 € im März. Stuhl 2 wird im März ins Lager eingestellt und darf somit nur zu Herstellungskosten (710 €) bewertet werden. Ertrag zusätzlich 710 €. Wenn Stuhl 2 im April vom Lager genommen und verkauft wird, ist dies Aufwand (710 €). Gleichzeitig entstehen Einnahmen und Erträge von 1.000 €.
6) Bezahlung der Tische führt zu Einzahlungen von jeweils 1.000 € im April und Mai

	Januar	Februar	März	April	Mai
Auszahlung	200		520		700
Ausgabe		900	520		
Aufwand			900+520	710	
Einzahlung				1.000	1.000
Einnahme			1.000	1.000	
Ertrag			1.000+710	1.000	

Aufgabe 23

	A	B
Fixkosten	70.000	120.000
Var. Kosten	240.000	180.000
Kalk. Abschr.	150.000	150.000
Kalk. Zinsen	30.000	30.000
Gesamtkosten	490.000	480.000

Investition B ist zu wählen, da bei gleicher Produktionsmenge geringere Kosten entstehen.

Aufgabe 24

	A	B
Fixkosten	70.000	120.000
Var. Kosten	240.000	180.000
Kalk. Abschr.	150.000	120.000
Kalk. Zinsen	30.000	30.000
Gesamtkosten	490.000	450.000

Investition B ist zu wählen, da geringere Kosten entstehen. Allerdings ist die Lösung nicht eindeutig, da Investition A eine geringere Nutzungsdauer aufweist und eine Erweiterung der Investition für das fünfte Jahr untersucht werden müsste. Da solche Angaben fehlen, ist eine eindeutige Antwort nicht ermittelbar.

Aufgabe 25

	A	B
Umsatz	600.000	800.000
Fixkosten	70.000	170.000
Var. Kosten	240.000	400.000
Kalk. Abschr.	150.000	150.000
Kalk. Zinsen	30.000	30.000
Gesamtkosten	490.000	700.000
Gewinn	110.000	100.000

Investition A ist eindeutig zu wählen, da ein höherer Gewinn erwartet werden kann.

Aufgabe 26

	A	B
Umsatz	600.000	800.000
Fixkosten	70.000	170.000
Var. Kosten	360.000	400.000
Kalk. Abschr.	100.000	150.000
Kalk. Zinsen	25.000	30.000
Gesamtkosten	555.000	750.000
Gewinn	45.000	50.000

Investition B ist zu wählen, da ein höherer Gewinn erwartet werden kann. Allerdings ist die Lösung nicht eindeutig, da bei Investition B der Gewinn nur vier Jahre erwartet werden kann und nicht fünf Jahre wie bei Investition A. Der Totalgewinn über die Gesamtnutzungsdauer liegt bei Investition A bei 225.000, bei Investition B nur bei 200.000. Wenn für das fünfte Jahr eine weitere Investition gefunden wird, die mehr als 25.000 Gewinn verspricht, sollte B gewählt werden, ansonsten A. Zudem ist bei B eine höhere Investition nötig, so dass für einen Vergleich die Alternativanlage für die 100.000 einzubeziehen ist, die anfangs weniger durch Investition A gebunden sind.

Aufgabe 27

	A	B
Umsatz	600.000	800.000
Fixkosten	70.000	120.000
Var. Kosten	240.000	400.000
Kalk. Abschr.	150.000	150.000
Kalk. Zinsen	30.000	30.000
Gesamtkosten	490.000	700.000
Gewinn	110.000	100.000
Durchschnittlich gebundenes Kapital	300.000	300.000
Rentabilität	$110.000 / 300.000 = 36{,}7\%$	$100.000 / 300.000 = 33{,}3\%$

Investition A ist eindeutig zu wählen, da eine höhere Rentabilität erwartet werden kann.

Aufgabe 28

	A	B
Umsatz	600.000	800.000
Fixkosten	70.000	200.000
Var. Kosten	360.000	400.000
Kalk. Abschr.	100.000	120.000
Kalk. Zinsen	25.000	30.000
Gesamtkosten	555.000	750.000
Gewinn	45.000	50.000
Durchschnittlich gebundenes Kapital	250.000	300.000
Rentabilität	$45.000 / 250.000 = 18\%$	$50.000 / 300.000 = 16,7\%$

Investition B ist nach der Gewinnvergleichsrechnung zu wählen, Investition A nach der Rentabilitätsvergleichsrechnung. Es stellt sich das Problem, dass für Investition A eine geringere Investitionssumme benötigt wird, so dass durchschnittlich 50.000 mehr Kapital für andere Investitionen zur Verfügung stehen. Wenn hieraus ein zusätzlicher Gewinn von mehr als 5.000 erwirtschaftet werden könnte, wäre Investition A vorzuziehen.

Aufgabe 29
Bei A wird die Anschaffungsauszahlung im sechsten Jahr amortisiert. Nach fünf Jahren sind 750.000 eingezahlt, so dass mit der Zahlung im sechsten Jahr von 300.000 die Anschaffungsauszahlung wieder erreicht wird. Bei Investition B wird die Anschaffungsauszahlung dagegen erst im siebten Jahr amortisiert. Nach sechs Jahren sind erst 6 × 150.000 = 900.000 eingezahlt, so dass die Zahlung im siebten Jahr die Amortisierung sichert.

Aufgabe 30
Die Amortisationsdauer beträgt in beiden Fällen zwei Jahre. Hier zeigt sich ein elementares Problem der Amortisationsdauer: Sie zeigt nicht den Erfolg einer Investition an, sondern kann nur als Risikomaß dienen.

Aufgabe 31

	Alternative A	Alternative B	Alternative C
Umsatz	683.333,33	750.000	833.333,33
Var. Kosten	235.000	452.500	630.000
Fixkosten	120.000	40.000	10.000
Kalk. Abschr.	200.000	150.000	100.000

Kalk. Zinsen	60.000	45.000	30.000
Kosten	615.000	687.500	770.000
Gewinn	68.333,33	62.500	63.333,33
Rentabilität	21,39%	23,89%	31,11%
Amortisationszeit	3,65 Jahre	3,49 Jahre	3,1 Jahre

Die Abschreibungsmethode beeinflusst die statische Rechnung nicht, da Durchschnittszahlen verwendet werden.

Aufgabe 32

Es findet die Kostenvergleichsrechnung Anwendung, da die Absatzseite hier zur Entscheidungsfindung nicht relevant ist. Da die Summe der Abbruchkosten und Abfindungszahlungen bei allen drei Alternativen gleich hoch ist, kann auf eine Berücksichtigung verzichtet werden. So ergeben sich folgende Alternativen:

1. A schließen, B minimieren: 347,5 Mio.
2. A minimieren, B schließen: 365 Mio.
3. C schließen, A minimieren: 390 Mio.
4. C schließen, B minimieren: 392,5 Mio.
5. A schließen, C minimieren: 355 Mio.
6. B schließen, C minimieren: 370 Mio.

Die Entscheidung fällt somit für Alternative 1, da dort die geringsten Kosten anfallen.

Aufgabe 33

Es findet die Gewinnvergleichsrechnung Anwendung, da die Absatzseite hier zur Entscheidungsfindung relevant ist. So ergeben sich folgende 8 Alternativen:

1. keine schließen: 14,4 Mrd. – 5,5 Mrd. – 8,9 Mrd. – 0 = 0
2. alle schließen: -4,5 Mrd. / 5 Jahre = -0,9 Mrd.
3. A schließen: 12,12 Mrd – 0,3 Mrd. – 3,5 Mrd. – 8,32 Mrd. = 0
4. B schließen: – 0,14 Mrd.
5. C schließen: – 0,32 Mrd.
6. A und B schließen: -0,72 Mrd.
7. A und C schließen: – 0,6 Mrd.
8. B und C schließen: – 0,8 Mrd.

Die Entscheidung fällt somit für Alternative 1 oder 3, da dort zumindest kein Verlust gemacht wird. Welche der beiden Alternativen vorgezogen werden soll, ist von strategischer Seite zu beurteilen und kann nicht mit der Gewinnvergleichsrechnung beantwortet werden.

Aufgabe 34

a)

	A	B
Zahlungsüberschuss	50,333	50
Kalk. Abschr.	30	30
Kalk. Zinsen	4,5	4,5
Gewinn	15,833	15,5

Nach der Gewinnvergleichsrechnung ist Investition A zu wählen.

b)
- keine Berücksichtigung des zeitlichen Anfalls
- keine Berücksichtigung unterschiedlicher Planungsdauern
- keine Berücksichtigung unterschiedlicher Anschaffungsinvestitionen

c)

Barwert A = -90 + $\frac{40}{1,1} + \frac{50}{1,1^2} + \frac{61}{1,1^3}$ = 33,52

Barwert B = -90 + $\frac{60}{1,1} + \frac{50}{1,1^2} + \frac{40}{1,1^3}$ = 35,92

Nach der Barwertberechnung ist Barwert B zu wählen.

d) Der minimale Preis des Verkäufers beträgt 35,92, der maximale Preis des Käufers ebenfalls 35,92.

Aufgabe 35

Barwert A = -100 + $\frac{50}{1,1} + \frac{40}{1,1^2} + \frac{40}{1,1^3}$ = 8,56

Barwert B = -150 + $\frac{40}{1,1} + \frac{40}{1,1^2} + \frac{60}{1,1^3} + \frac{60}{1,1^4}$ = 5,48

Barwert A ist wegen des höheren Barwertes auszuwählen. Nach den statischen Investitionsrechenverfahren wäre ein solcher Vergleich aufgrund der unterschiedlichen Nutzungsdauern problematisch gewesen.

Aufgabe 36
Barwert A = -4.250

Barwert B = $\dfrac{-1.800}{1,1} + \dfrac{-1.000}{1,1^2} + \dfrac{-800}{1,1^3} + \dfrac{-700}{1,1^4} + \dfrac{-600}{1,1^5} + \dfrac{-500}{1,1^6} = -4.196,76$

Bei einem Zinssatz von 10% wäre die Versicherung vorzuziehen.

Barwert A = -4.250

Barwert B = $\dfrac{-1.800}{1,08} + \dfrac{-1.000}{1,08^2} + \dfrac{-800}{1,08^3} + \dfrac{-700}{1,08^4} + \dfrac{-600}{1,08^5} + \dfrac{-500}{1,08^6} = -4.397,03$

Bei einem Zinssatz von 8% wäre die Selbstregulierung vorzuziehen.

Aufgabe 37
Es gibt mehrere Möglichkeiten, diese Aufgabe zu bearbeiten.
Zum einen lässt sich der Barwert über die normale Barwertberechnung ermitteln:

Barwert = $\dfrac{8.000}{1,08} + \dfrac{8.000}{1,08^2} + \dfrac{8.000}{1,08^3} + \dfrac{8.000}{1,08^4} + \dfrac{8.000}{1,08^5} + \dfrac{8.000}{1,08^6} + \dfrac{8.000}{1,08^7} + \dfrac{8.000}{1,08^8} = 45.973,11$ €

Zum anderen lässt sich der Barwert über die ewige Rente berechnen:

Barwert = $\dfrac{8.000}{0,08}$ = 100.000 €. Da die ewige Rente nicht besteht, sondern nur acht Jahre gezahlt wird, muss von den berechneten 100.000 € der Wert der Rente von Jahr 9 bis Jahr ∞ abgezogen werden:

Barwert$_{9...\infty}$ = $\dfrac{100.000}{1,08^8}$ = 54.026,89 €.

Der Barwert der ersten acht Jahre ergibt sich damit zu 100.000 € – 54.026,89 € = 45.973,11 €.

Aufgabe 38
Der Endwert lässt sich am einfachsten über den Barwert berechnen:

Barwert = $\dfrac{4.000}{0,07} - \dfrac{\frac{4.000}{0,07}}{1,07^{10}}$ = 28.094,33 €. Der Endwert nach zehn Jahren ergibt sich damit zu Endwert = Barwert × $1,07^{10}$ = 55.265,79 €.

Aufgabe 39
Barwert × $(1+i)^n$ = 2 × Barwert → $(1+i)^n$ = 2 → i = $\sqrt[n]{2}$ -1. Bei n = 10 Jahren ergibt sich der Zinssatz zu i = 7,18%.

Aufgabe 40
Barwert A = 10.000 €

Barwert B = 70.000 € $- \dfrac{10.000}{1,04} - \dfrac{10.000}{1,04^2} - \dfrac{10.000}{1,04^3} - \dfrac{10.000}{1,04^4} - \dfrac{10.000}{1,04^5} - \dfrac{10.000}{1,04^6} =$
17.578,63 €
Der Kredit über 70.000 € ist die bessere Alternative.

Aufgabe 41
Barwert = $\dfrac{20.000}{1,08^2} + \dfrac{50.000}{1,08^5} + \dfrac{40.000}{1,08^7}$ =74.515,55 €

Aufgabe 42
Barwert A = 240.000 €
Barwert B = $\dfrac{300.000}{1,08^5}$ = 204.174,96 €
Barwert C = $\dfrac{360.000}{1,08^6}$ = 226.861,07 €
Das Angebot von A ist das Beste.

Aufgabe 43
Barwert = $-20.000 + \dfrac{5.000}{1,06} + \dfrac{5.000}{1,06^2} + \dfrac{5.000}{1,06^3} + \dfrac{13.000}{1,06^4}$ = 832,09 €. Die Investition lohnt sich.

Aufgabe 44
Der Endwert nach 20 Jahren Anlage beträgt
Endwert = 200.000 × $1,08^{20}$ = 932.191,43 €. Die jährlichen Zinsen betragen danach 74.575,31 €.

Aufgabe 45
a) Barwert = $-1.000.000 + \dfrac{325.000}{1,08} + \dfrac{325.000}{1,08^2} + \dfrac{325.000}{1,08^3} + \dfrac{325.000}{1,08^4}$ = 76.441,22 €.
b) Der Barwert für die BWM-AG beträgt
$-1.000.000 + \dfrac{400.000}{1,08} + \dfrac{400.000}{1,08^2} + \dfrac{400.000}{1,08^3} + \dfrac{400.000}{1,08^4}$ = 324.850,74 €
Die BWM-AG könnte maximal diesen Preis für das Unternehmen bezahlen, der Verkäufer verlangt mindestens 76.441,22 €. Es wird deshalb definitiv zu einer Einigung kommen.

Aufgabe 46

a)

t	Alternative A:	Alternative B:	Kassazins	Abz.-Faktor	Barwerte A	Barwerte B
0	-100,00	-120,00			-100,00	-120,00
1	20,00	30,00	0,05	0,9524	19,05	28,57
2	30,00	40,00	0,07	0,8734	26,20	34,94
3	40,00	40,00	0,08	0,7938	31,75	31,75
4	50,00	50,00	0,09	0,7084	35,42	35,42

b) Barwerte: <u>12,43</u> <u>10,68</u>

$X * 1{,}05 * (1+i) = X * 1{,}07^2$

$i_{1,2} = 1{,}07^2 / 1{,}05 - 1$

$i_{1,2} = 9{,}0381\%$

Aufgabe 47

a)
$$i_{0,4} = 4\sqrt{\frac{1000}{777}} - 1 \quad 6{,}51107\% \qquad \text{Kassazinssatz}$$

$$i_{0,3} = 3\sqrt{\frac{1000}{840}} - 1 \quad 5{,}98398\% \qquad \text{Kassazinssatz}$$

b) $X^3 = 1{,}0598398 * (1+i) = X * 1{,}0651107$

$i_{3,4} = 1{,}0651107^4 / 1{,}0598398^3 - 1$

$i_{3,4} = 8{,}10812\%$

Aufgabe 48
Der interne Zinssatz beträgt 10%.

Aufgabe 49
Projekt A: Interner Zinssatz = $10/1 - 1 = 900\%$
Projekt B: Interner Zinssatz = $25/10 - 1 = 150\%$
Die Berechnung der Kapitalwerte ergibt bei A 8,09 und bei B 12,73, so dass die Entscheidung genau anders herum ausfallen würde. Dieses Problem besteht wiederum durch die nicht berücksichtigten Opportunitäten.

Aufgabe 50
Sobald Zahlungsreihen mehr als eine Periode umfassen, kann das Problem von mehrdeutigen Ergebnissen auftreten. Zur Lösung müssen mehrdeutige

Polynomgleichungen aufgelöst werden, worauf hier im Detail verzichtet werden soll. Es sei an Tabellenkalkulationsprogramme bzw. auf mathematische Grundlagenliteratur dazu verwiesen. Werden die Polynomgleichung aufgelöst, ergeben sich als Lösungen -200% und 10%. Betriebswirtschaftlich wird hier allerdings die Lösung -200% ausgeschlossen.

Aufgabe 51
Hier zeigt sich die Problembehaftung der internen Zinssätze ganz deutlich: als Ergebnisse errechnen sich 4% bzw. 5%, so dass eine Entscheidung auf betriebswirtschaftlicher Grundlage auszuschließen ist. Die Kapitalwertmethode weist diese Probleme nicht auf, deswegen sollte sie immer bevorzugt werden.

Aufgabe 52
Bei einer Gewinnerwartung von 1 Mrd. € pro Jahr und einer Renditeerwartung von 10% ergibt sich der faire Wert über die ewige Rentenformel: 1 Mrd. € / 0,1 = 10 Mrd. €. Der Aktienkurs beträgt somit 20 €, das KGV ist 10.

Aufgabe 53

0	1	2	3	4	5	6	7	Unendlich
1.000,00	1.200	1.440	1.728	2.074	2.488	2.986	3.583	6.192
Barwerte 0,1	1091	1190	1298	1416	1545	1686	1839	
Barwerte 0,15	1043	1089	1136	1186	1237	1291	1347	
Barwert bei i=0,1	40.518	/500 =	81,04		KGV	40,5		
Barwert bei i=0,15	22.935	/500 =	45,87			22,9		

8	9	10	11	...
4.299,82	5.159,78	6.191,74	6.191,74	6.191,74
2005,8963	2188,2506			
Summe bis 9	14259,0067			
ewige Rente ab Jahr 10:				
6191,74/0,1/Potenz(1,1;9)	26259,0067			
	40518,0134			
1405,6178	1466,7316			
Summe bis 9	11201,5586			
ewige Rente ab Jahr 10:				
6191,74/0,15/Potenz(1,15;9)	11733,8529			
	22935,4115			

Aufgabe 54

0	1	2	3	4	5	6	7
1.000	1.180	1.392	1.643	1.939	2.288	2.700	3.185
Barwerte 0,1	1.073	1.151	1.234	1.324	1.421	1.524	1.635
Barwerte 0,15	1026	1053	1080	1109	1137	1167	1198
Barwert bei i=0,1	35.192	/500 =	70,38		KGV	35,2	
Barwert bei i=0,15	20.178	/500 =	40,36			20,2	

8	9	10	11	...	unendlich
3.759	4.435	5.234	5.234	5.234	5.234
1754	1881				
Summe bis 9	12996				
ewige Rente ab Jahr 10:					
6191,74/0,1/Potenz(1,1;9)	22197				
	35192				
1229	1261				
Summe bis 9	10259				
ewige Rente ab Jahr 10:					
6191,74/0,15/Potenz(1,15;9)	9919				
	20178				

Aufgabe 55:

0	1	2	3	4	5	6	7
1.000	1.100	1.320	1.584	1.901	2.281	2.737	3.285
Barwerte 0,1	1000	1091	1190	1298	1416	1545	1686
Barwerte 0,15	957	998	1042	1087	1134	1183	1235
Barwert bei i=0,1	37.142	/500 =	74,28		KGV	37,1	
Barwert bei i=0,15	21.024	/500 =	42,05			21	

8	9	10	11	...	unendlich
3.942	4.730	5.676	5.676	5.676	5.676
1839	2006				
Summe bis 9	13070,7561				
ewige Rente ab Jahr 10:					

6191,74/0,1/Potenz(1,1;9)	24071			
	37142			
1288	1345			
Summe bis 9	10268			
ewige Rente ab Jahr 10:				
6191,74/0,15/Potenz(1,15;9)	10756			
	21024			

Aufgabe 56

a) Das Problem basiert auf dem Leverage-Effekt, der nachfolgend hergeleitet wird:

$$r_{EK} = \frac{\text{Gewinn}}{\text{Eigenkapital}} \qquad r_{GK} = \frac{\text{Gewinn} + \text{FZ-Zinsen}}{\text{Gesamtkapital}}$$

$$\text{Gewinn} = (EK \times r_{GK} + FK \times r_{GK}) - FK \times r_{FK}$$

$$r_{EK} = \frac{EK \times r_{GK} + FK \times (r_{GK} - r_{FK})}{EK}$$

$$r_{EK} = r_{GK} + \frac{FK}{EK} \times (r_{GK} - r_{FK})$$

b) Die Gesamtkapitalrentabilität beträgt $\frac{4.560.000}{24.000.000} = 19\%$.

Bei Fremdkapitalkosten von 8% beträgt die Eigenkapitalrentabilität
- im Fall I $19\% + \frac{18}{6} \times (19\% - 8\%) = 52\%$
- im Fall II $19\% + \frac{12}{12} \times (19\% - 8\%) = 30\%$
- im Fall III $19\% + \frac{6}{18} \times (19\% - 8\%) = 22,67\%$

Die Entscheidung sollte somit für Fall I fallen.

c)
- Insolvenzgefahr durch zuviel FK
- mangelnde rentable Alternative für übriges EK
- keine anderen sollen Unternehmensdaten sehen

– Bankkredite sollen nicht komplett ausgenutzt werden

Aufgabe 57
- Spreizung der Kreditkonditionen durch unterschiedliche Eigenkapitalunterlegung
- durch Einbezug der Ausfallwahrscheinlichkeit steigt das Risikobewusstsein auf Bankenseite
- Unternehmen müssen stärker auf „weiche" Faktoren eingehen und diese dem Kreditberater vermitteln können => Strategie etc. muss ausgearbeitet vorliegen

Aufgabe 58
- bildet Rendite einer Investition ab => leicht vermittelbar
- mathematisch maximal so viele Lösungen wie betrachtete Zahlungszeitpunkte => im Regelfall keine eindeutige Lösung
- Lösung entspricht nicht der tatsächlichen Rendite => Fehlsteuerung möglich

Aufgabe 59
Geeignet sind Gewinn- und Rentabilitätsvergleichsrechnung. Kostenvergleichsrechnung aufgrund unterschiedlicher Umsätze nicht einsetzbar.

	A	B
Umsatz	600.000	800.000
Fixkosten	70.000	200.000
Var. Kosten	360.000	400.000
Kalk. Abschr.	125.000	120.000
Kalk. Zinsen	25.000	30.000
Gewinn	20.000	50.000
Rentabilität	$\dfrac{20.000+25.000}{250.000}=18\%$	$\dfrac{50.000+30.000}{300.000}=26{,}7\%$

Lösung ist nicht eindeutig, da A nur vier Jahre Nutzungsdauer hat und 50.000 Kapital weniger gebunden ist. Allerdings muss A einen Gewinnnachteil von 170.000 € über die fünf Gesamtjahre aufholen. B ist somit aus Risikogesichtspunkten vorzuziehen.

Aufgabe 60

a)

$$i_{0,4} = 4\sqrt{\frac{100}{79,21}} - 1$$

= 5,9998%   Kassazinssatz

$$i_{0,2} = 2\sqrt{\frac{100}{90,70}} - 1$$

= 5,0017%   Kassazinssatz

b)   X * $1,050017^2$ * (1+i)   = X * $1,059998^4$

$i_{2,4}$ = $1,059998^4 / 1,050017^2 - 1$
$i_{2,4}$ = 14,0581%

Aufgabe 61

	Neue Maschine	Alte Maschine
Betriebskosten	120.000	200.000
Kalk. Abschr.	62.000	-
Kalk. Zinsen	15.500	-
Gesamtkosten	197.500	200.000

Die neue Maschine sollte verwendet werden, da die Gesamtkosten unter denen der alten Maschine liegen.

Aufgabe 62

a) Zahlungsreihe: 2,28; 2,60; 2,96; 3,38; 3,85; …
       Barwert = 35,06 Mrd. €

b) Aktienkurs = $\dfrac{35,06 \text{ Mrd. €}}{0,5 \text{ Mrd. Aktien}}$ = 70,12 € /Aktie => Aktie verkaufen

Aufgabe 63

	A	B
Umsatz	520.000	580.000
Fixkosten	10.000	115.000
Var. Kosten	312.000	290.000
Kalk. Abschr.	100.000	150.000
Kalk. Zinsen	25.000	30.000
Gewinn	73.000	-5.000
Rentabilität	$\dfrac{73.000+25.000}{250.000}=39,2\%$	$\dfrac{-5.000+30.000}{300.000}=8,3\%$

A ist eindeutig zu wählen, da B einen negativen Gewinn erzielt.

Aufgabe 64

Der Fondsmanager hält die Kassa-Position aufrecht und investiert in einen BUND- oder einen BUXL-Future. Diese erfüllen die Anforderungen des Portfolio-Managers – ein Rückgang der Renditen führt zu einem Anstieg des Kurses. Die Strategie ist natürlich mit einem gewissen Risiko verbunden, da eine gegenteilige Renditeentwicklung zu einem hohen Kursverlust führen würde.

Aufgabe 65

Es sollte in einen BOBL-Future investiert werden, da dieser der Struktur des Underlyings im Wesentlichen entspricht. Da der Schutz gegen steigende Renditen beabsichtigt wird, muss eine Absicherung gegen einen Kursrückgang angestrebt werden. Somit ist der BOBL-Future zu verkaufen. Der Future darf dabei frühestens in zwei Monaten verfallen. Bei einem Anstieg (Rückgang) der Rendite erhält die Industrie-AG aus der Emission der Schuldverschreibung weniger (mehr) Kapital. Bei einer idealen Absicherung wird das geringere (höhere) Kapital exakt durch den Gewinn (Verlust) aus dem BOBL-Future kompensiert.

Aufgabe 66

Üblicherweise entspricht die Struktur des Futures nicht exakt der Struktur des Renten-Portfolios, so dass allein dadurch nicht ein „Perfect Hedge" erreicht wird. Darüber hinaus muss exakt ein Vielfaches des Nominalvolumens des Futures erworben werden. Andere fehlerhafte Entwicklungen können durch eine falsche Bepreisung der Futures entstehen.

Lösungen

Aufgabe 67
Der Finanzmanager schließt einen FRA „3 gegen 6" ab und nimmt die Rolle des Verkäufers ein. Liegt der Referenzzinssatz unter der Forward Rate, so erhält der Manager eine Ausgleichszahlung. Alternativ könnte auch ein Future abgeschlossen werden, sofern ein passendes Produkt existiert.

Aufgabe 68
Es wird ein FRA „12 gegen 24" und ein FRA „24 gegen 36" abgeschlossen, wobei das Unternehmen die Rolle des Käufers einnimmt.

Aufgabe 69
a) Da der Manager des Rentenportfolios dem Risiko einer Zinssenkung gegenübersteht und die Geschäftsbank dem Risiko eines Zinsanstieges, passt die Situation genau zusammen. Der Manager muss somit von einem sinkenden Zins profitieren, die Geschäftsbank von einem steigenden Zinssatz. Es ist somit ein FRA abzuschließen, wobei der Fondsmanager die Position des Verkäufers und die Geschäftsbank die Rolle des Käufers einnimmt.

b) Bei einem Zinssatz von 9% zahlt der Manager an die Geschäftsbank eine Ausgleichszahlung von

$$\frac{(7\% - 9\%) \times 10 \text{ Mio. } € \times 360 \text{ Tage}}{360 \text{ Tage}}$$

= 200.000 €. Bei einem Zinssatz von 6% erhält der Manager dagegen von der Geschäftsbank eine Ausgleichszahlung von

$$\frac{(7\% - 6\%) \times 10 \text{ Mio. } € \times 360 \text{ Tage}}{360 \text{ Tage}}$$

= 100.000 €.

Aufgabe 70
a) Der effektive Zinssatz ist gleich hoch, wenn gilt:
  Euribor + 2% = Euribor + 2% – 0,8% + (6% – Euribor)
  => Euribor = 5,2%
  Der Floor lohnt sich damit bei Zinssätzen unter 5,2%.

b) Der effektive Zinssatz ist gleich hoch, wenn gilt:
  Euribor + 2% = Euribor + 2% + 1,5% – (Euribor – 8%)
  => Euribor = 9,5%
  Der Cap lohnt sich damit bei Zinssätzen unter 9,5%.

Aufgabe 71

Bei einem vollständigen Verzicht ergibt sich die Zinsbelastung zu 12-Monats-Euribor + 1,5%.

Aus dem Cap ergibt sich eine Ausgleichszahlung zu -1,5% + (12-Monats-Euribor − 8%) für 12-Monats-Euribor > 8% und -1,5% für einen 12-Monats-Euribor ≤ 8%.

Aus dem Floor ergibt sich eine Ausgleichszahlung zu +0,6% − (5% − 12-Monats-Euribor) für 12-Monats-Euribor < 5% und +0,6% für einen 12-Monats-Euribor ≥ 5%.

Aus dem Long Collar ergeben sich damit folgende Ausgleichszahlungen:
-1,5% + (12-Monats-Euribor − 8%) + 0,6% = 12-Monats-Euribor − 8,9% für 12-Monats-Euribor > 8%
-1,5% + 0,6% = -0,9% für 5% ≤ 12-Monats-Euribor ≤ 8%
-1,5% + 0,6% − (5% − 12-Monats-Euribor) = 12-Monats-Euribor − 5,9% für 12-Monats-Euribor < 5%

Bei Zinssätzen unter 8% ist die Ausgleichszahlung immer negativ, so dass der effektive Zinssatz nicht gleich groß werden kann.

Bei Zinssätzen über 8% ist dagegen der effektive Zinssatz gleich, wenn gilt:
  12-Monats-Euribor + 1,5% = 12-Monats-Euribor + 1,5% + (12-Monats-Euribor − 8,9%) => 12-Monats-Euribor = 8,9%.

Bei einem 12-Monats-Euribor von 8,9% ist der effektive Zinssatz somit gleich groß.

Aufgabe 72

a) Das Risiko besteht in einem Anstieg des Referenzzinssatzes, da ein solcher zu einem Absinken des Zinssatzes führt. Ein Anstieg (Rückgang) des Referenzzinssatzes führt zu einem Absinken (Anstieg) der Zinserträge.

b) Ein Cap Long mit einem Volumen von 20 Mio. Euro (2fache des Volumens des Reverse Floaters) aufgrund des 2fachen Hebels im Zinssatz.

c)

	3%	8%	12%
Zinsertrag des Reverse Floaters	+9,0%	0,0%	0,0%
Cap-Prämie	2,4%	-2,4%	-2,4%
Ausgleichszahlung aus dem Cap	0,0%	+8,0%	+16,0%
Effektiver Zinsertrag	+6,6%	+5,6%	+13,6%

Lösungen

Die Zinssätze beziehen sich dabei immer auf das Nominalvolumen des Reverse Floaters.

d) Die Geschäftsbank würde mit dem Cap Short eine Prämie für Zinssätze unter 12% erhalten, aber bei Zinssätzen über 12% Ausgleichszahlungen leisten müssen. Damit wäre diese Vorgehensweise bei Zinssätzen unter 12% vorteilhaft.

	3%	8%	12%	16%
Zinsertrag des Reverse Floaters	+9,0%	0,0%	0,0%	0,0%
Cap-Prämie	-2,4%	-2,4%	-2,4%	-2,4%
Ausgleichszahlung aus dem Cap	0,0%	+8,0%	+16,0%	+24,0%
Cap-Prämie	+0,4%	+0,4%	+0,4%	+0,4%
Ausgleichszahlung für den Cap	0,0%	0,0%	0,0%	-4,0%
Effektiver Zinsertrag	+7,0%	+6,0%	+14,0%	+18,0%

Die Zinssätze beziehen sich dabei immer auf das Nominalvolumen des Reverse Floaters.

Aufgabe 73
a) Der Manager empfängt den variablen Zins und zahlt den Festzins von 5%.

b) Der Manager erhält aus der festverzinslichen Bundesanleihe einen Kupon von 4%. Aus dem Interest Rate Swap erhält eine Zahlung von (12-Monats-Euribor – 5%). Der Break-Even-Zinssatz beträgt damit
4% = 4% + (12-Monats-Euribor – 5%) => 12-Monats-Euribor = 5%.

Stichwortverzeichnis

„Earnings before"-Kennzahlen 23

Abzinsungssatz 5
Aktienanleihen 58
Außenfinanzierung 33

Barwert 4, 5, 13, 14
Barwertgedanke 3
Basel II 35, 36
Bedingte Termingeschäfte 87
Beta-Faktor 7, 9, 10, 12

Call 87
Capital Asset Pricing Model 6, 11
Cash-flow 5
Credit Crunch 35

Derivative Finanzinstrumente 83
Devisentermingeschäfte 84
Diversifikation 10
Duration 101

EBIT 23
EBITA 23
EBITDA 24
Eigenfinanzierung 33
Eigenkapitalfinanzierung 44
Eigenkapitalkosten 6, 7, 9, 10, 36
Eigenkapitalquote 29, 39, 40
Eigenkapitalrendite 41
Eigenkapitalrentabilität 25

Forwards 84, 85
Fremdfinanzierung 33
Fremdkapitalfinanzierung 70
Fremdkapitalkosten 7
Fremdkapitalquote 29
Fremdwährungsrisiko 92
Futures 84

Genussrechtskapital 62
Gewinnerwartung 25
Gewinnvergleichsrechnung 20, 21
Giftpillen 69

Hybridkapital 65

Innenfinanzierung 33
Interner Zinssatz 13
Investitionsrechnung 3

Kalkulatorische Abschreibungen 19
Kapitalkosten 6, 11, 12
Kapitalmarkttheorie 11
Kostenvergleichsrechnung 19, 20
Kurs-Gewinn-Verhältnis 24, 25

Länderrisiko 122
Leverage-Effekt 29, 31, 41

Marktkapitalisierung 25
Mezzanine-Kapital 62
Multiple-Betrachtung 23
Multiples 28

Ökonomisches Wechselkursrisiko 97

Opportunität 3
Opportunitätskostensatz 12
Optionsanleihen 57

Pensionsrückstellungen 46
Politische Risiken 126
Put 87

Rating 37, 39, 40, 41
Rendite 4
Rentabilitätsvergleichsrechnung 21, 22
Risiko 3, 4, 5
Risikokosten 36, 37, 41

Stichwortverzeichnis

risikoloser Zinssatz 7
Risikomanagement 91
Risikoprämie 7

Spartenkapitalkosten 12
statische Amortisationsdauer 25
Statische Amortisationsrechnung 22
Statische Investitionsrechenverfahren 14
Swaps 85

Tax Shield 7
Transaktionsrisiko 96
Translationsrisiko 95

Umtauschanleihen 61
Unbedingte Termingeschäfte 83
Unsicherheit 3
Unternehmensbewertung 23

Währungssysteme 93
Wandelanleihen 48
Wechselkursrisiken 91
Wertminderungstest 28
Wirtschaftliche Risiken 130

Zins 3
Zinsänderungsrisiko 97, 101
Zinsstrukturkurven 99

ESV-Studienliteratur

Jetzt in 12. Auflage!

Kostenrechnung I

**Einführung –
mit Fragen, Aufgaben,
einer Fallstudie und Lösungen**

Von Prof. Dr. Lothar
Haberstock,
bearbeitet von Prof.
Dr. Volker Breithecker

12. Auflage 2005,
X, 382 Seiten,
EUR (D) 18,40/sfr. 32,–.
ISBN 3 503 08376 6

In diesem Standard-Lehrbuch zur Kostenrechnung werden zunächst die Grundbegriffe der Kostenrechnung und deren Herleitung aus der Produktions- und Kostentheorie erläutert.

Eine erhebliche Bedeutung kommt dabei der Diskussion der verschiedenen Kostenbegriffe zu (wobei der Zweck der Rechnung nicht aus den Augen verloren werden darf). Danach werden die Kostenarten-, die Kostenstellen- und die Kostenträgerrechnung in anschaulicher Weise dargestellt. Den Schluss des Textteils bildet eine Einführung in die Kostenrechnungssysteme.

Der umfangreiche Übungsteil mit einer umfassenden Fallstudie und Lösungen macht aus diesem Lehrbuch ein bewährtes Lernbuch.

*Bestellmöglichkeit online unter
www.ESV.info/3 503 08376 6*

In 9., neu bearbeiteter Auflage!

Kostenrechnung II

**(Grenz-) Plankostenrechnung
mit Fragen, Aufgaben und Lösungen**

Von Prof. Dr. Lothar
Haberstock,
bearbeitet von Prof.
Dr. Volker Breithecker

9., neu bearbeitete
Auflage 2004, XII,
571 Seiten, mit zahlreichen Abbildungen,
EUR (D) 24,80/sfr. 43,–.
ISBN 3 503 07817 7

Aufbauend auf der „Kostenrechnung I" vermittelt dieses Lehrbuch grundlegende Kenntnisse der (Grenz-)Plankostenrechnung.

Neben der Vorstellung der Systeme der starren und flexiblen Plankostenrechnung werden ausführlich die Planung und die Kontrolle von Kosten behandelt. Den Abschluss des Textteils bilden Vorstellungen zur Kalkulation innerhalb der Plankostenrechnung sowie zur Verrechnungstechnik der Kosten.

Umfangreiche Fragen und Übungsaufgaben mit Lösungen machen das Lehrbuch zu einem Lern- und Übungsbuch.

*Bestellmöglichkeit online unter
www.ESV.info/3 503 07817 7*

Bestellungen bitte an den Buchhandel
oder direkt an:
Erich Schmidt Verlag GmbH & Co.
Genthiner Str. 30G, 10785 Berlin
Fax 030/25 00 85-275

ERICH SCHMIDT VERLAG
www.ESV.info
E-Mail: ESV@ESVmedien.de

Der BUCHHOLZ
bereits in 5. Auflage!

Übersichtliche, anschauliche und schnelle Vermittlung der Lehrinhalte

Internationale Rechnungslegung

Die Vorschriften nach IFRS und HGB im Vergleich – mit Aufgaben und Lösungen

Von **Prof. Dr. Rainer Buchholz**, StB, FH Würzburg
5., vollständig überarbeitete u. ergänzte Aufl. 2005,
XVI, 510 Seiten, EUR (D) 24,80 / sfr. 43,–. ISBN 3 503 09035 5

Die Neuauflage dieses Klassikers bietet u. a.

- die aktualisierten IFRS-Vorschriften und ein neues Kapitel zum internationalen Konzernabschluss nach IFRS
- über 150 Abbildungen, viele Merksätze und zahlreiche Beispiele für eine anschauliche Stoffvermittlung
- eine Gegenüberstellung der Vorschriften von IFRS und HGB
- einen umfangreichen **Aufgaben- und Lösungsteil** und zwei englische Klausuren mit Lösungen zur Wissensüberprüfung

Das Buch ist für **Studenten, Dozenten und Praktiker** hervorragend geeignet, um den Einstieg in die internationale Rechnungslegung zu finden. Auch beim Selbststudium leistet es wertvolle Unterstützung!

Spezieller Leserservice:

Die Änderungen des HGB durch das kommende Bilanzrechtsmodernisierungsgesetz werden für das Buch im Internet präsentiert. Sie erhalten die aktuellen handelsrechtlichen Vorschriften!

ESV

ERICH SCHMIDT VERLAG

Postfach 30 4240 • 10724 Berlin
Fax 030 / 25 00 85-275
www.ESV.info
E-Mail: ESV@ESVmedien.de

Bestellmöglickeit online unter
www.ESV.info/3 503 09035 5